O PAPEL DO MINISTÉRIO PÚBLICO NA CONCRETIZAÇÃO DEMOCRÁTICA DO ORÇAMENTO

RUBIN LEMOS

O PAPEL DO MINISTÉRIO PÚBLICO NA CONCRETIZAÇÃO DEMOCRÁTICA DO ORÇAMENTO

Belo Horizonte

FÓRUM

CONHECIMENTO JURÍDICO

2021

© 2021 Editora Fórum Ltda.

É proibida a reprodução total ou parcial desta obra, por qualquer meio eletrônico, inclusive por processos xerográficos, sem autorização expressa do Editor.

Conselho Editorial

Adilson Abreu Dallari
Alécia Paolucci Nogueira Bicalho
Alexandre Coutinho Pagliarini
André Ramos Tavares
Carlos Ayres Britto
Carlos Mário da Silva Velloso
Cármen Lúcia Antunes Rocha
Cesar Augusto Guimarães Pereira
Clovis Beznos
Cristiana Fortini
Dinorá Adelaide Musetti Grotti
Diogo de Figueiredo Moreira Neto (*in memoriam*)
Egon Bockmann Moreira
Emerson Gabardo
Fabrício Motta
Fernando Rossi
Flávio Henrique Unes Pereira

Floriano de Azevedo Marques Neto
Gustavo Justino de Oliveira
Inês Virgínia Prado Soares
Jorge Ulisses Jacoby Fernandes
Juarez Freitas
Luciano Ferraz
Lúcio Delfino
Marcia Carla Pereira Ribeiro
Márcio Cammarosano
Marcos Ehrhardt Jr.
Maria Sylvia Zanella Di Pietro
Ney José de Freitas
Oswaldo Othon de Pontes Saraiva Filho
Paulo Modesto
Romeu Felipe Bacellar Filho
Sérgio Guerra
Walber de Moura Agra

FÓRUM

CONHECIMENTO JURÍDICO

Luís Cláudio Rodrigues Ferreira
Presidente e Editor

Coordenação editorial: Leonardo Eustáquio Siqueira Araújo
Aline Sobreira de Oliveira

Av. Afonso Pena, 2770 – 15º andar – Savassi – CEP 30130-012
Belo Horizonte – Minas Gerais – Tel.: (31) 2121.4900 / 2121.4949
www.editoraforum.com.br – editoraforum@editoraforum.com.br

Técnica. Empenho. Zelo. Esses foram alguns dos cuidados aplicados na edição desta obra. No entanto, podem ocorrer erros de impressão, digitação ou mesmo restar alguma dúvida conceitual. Caso se constate algo assim, solicitamos a gentileza de nos comunicar através do *e-mail* editorial@editoraforum.com.br para que possamos esclarecer, no que couber. A sua contribuição é muito importante para mantermos a excelência editorial. A Editora Fórum agradece a sua contribuição.

Dados Internacionais de Catalogação na Publicação (CIP) de acordo com a AACR2

L557p	Lemos, Rubin
	O papel do Ministério Público na concretização democrática do orçamento / Rubin Lemos– Belo Horizonte : Fórum, 2021.
	252p.; 14,5cm x 21,5cm.
	ISBN: 978-65-5518-177-7
	1. Direito Financeiro. 2. Direito Constitucional. I. Título.
	CDD: 341.38
	CDU: 346

Elaborado por Daniela Lopes Duarte - CRB-6/3500

Informação bibliográfica deste livro, conforme a NBR 6023:2018 da Associação Brasileira de Normas Técnicas (ABNT):

LEMOS, Rubin. O papel do Ministério Público na concretização democrática do orçamento. Belo Horizonte: Fórum, 2021. 252 p. ISBN 978-65-5518-177-7.

Dedico este trabalho aos meus filhos Michel Fliguentaub Lemos e Sofia Fliguentaub Lemos pela paciência e entendimento sobre o momento de ausência e por serem a razão do meu desenvolvimento pessoal, e à minha esposa, Mariângela Rosa Santos e Lemos, pela compreensão, carinho, força e amor.

Agradeço aos doutores Antônio Henrique Graciano Suxberger e Patrícia Perrone Campos Mello, ambos professores do Centro Universitário de Brasília (UniCEUB), por todo o aprendizado e conhecimento que, com paciência e didática, souberam transmitir, possibilitando que o trabalho fosse desenvolvido com a lucidez e a profundidade exigidas no trato do tema, que tem importância não só acadêmica, mas social.

SUMÁRIO

PREFÁCIO
Weder de Oliveira 11

1   Introdução 17
1.1   Justificativa e contextualização do problema 17
1.2   Problema, objetivo e objetivos específicos 27
1.3   Categorias operacionais 30
2   Os desafios da concretização dos direitos sociais previstos na
Constituição Federal brasileira 39
2.1   Direitos sociais constitucionalizados e sua prestação ou fornecimento
pelo Estado 39
2.2   A limitação econômica do Estado na concretização dos direitos
sociais 47
2.2.1   A imperatividade do planejamento público na concretização dos
direitos sociais 51
2.2.2   As categorias normativas das políticas públicas e sua vinculação
com o orçamento 54
2.3   A finalidade constitucional do orçamento na concretização dos
direitos sociais e idiossincrasias do sistema 57
2.3.1   O planejamento orçamentário previsto na Constituição Federal e
suas especificidades 58
2.3.2   O orçamento como processo para consecução dos interesses
democráticos 62
2.3.3   As funções dos Poderes Executivo e Legislativo e do Ministério
Público no processo orçamentário 66
2.3.4   A manipulação do orçamento e suas consequências 77
2.4   A problemática atuação do Judiciário na concretização dos direitos
sociais 83
2.4.1   O princípio da reserva do possível e sua influência na concretização
de um direito social previsto no orçamento 86
2.4.2   O mínimo existencial 94
3   A necessidade de superação do entendimento conservador na
aplicação do direito financeiro e orçamentário – o orçamento
impositivo e o papel do Ministério Público 101
3.1   A necessária vinculação entre a Lei Orçamentária e os direitos
fundamentais 102
3.2   A merecida importância do aspecto jurídico do orçamento público ... 105

3.2.1 A natureza jurídica do orçamento diante da constitucionalização do direito..................107
3.2.2 Os direitos públicos subjetivos..................123
3.2.3 A densidade normativa constitucional do direito social inscrito no orçamento..................126
3.2.4 A previsão constitucional do orçamento impositivo..................129
3.3 Um novo olhar para o desenho institucional do processo orçamentário constitucional..................130
3.3.1 O espaço institucional na fiscalização jurídica do orçamento público..................131
3.3.2 O papel institucional do Ministério Público como órgão responsável pela tutela dos direitos sociais e pela fiscalização e controle dos poderes públicos..................148
4 O Ministério Público como instituição indutora dos compromissos democráticos firmados no orçamento público..................155
4.1 A fiscalização do Ministério Público como órgão de controle externo jurisdicional..................160
4.2 O exercício da sua função sob o aspecto da defesa do cidadão perante os demais órgãos e poderes públicos..................180
4.3 O desenvolvimento de suas competências sob o aspecto do controle social na promoção de ações efetivas para fomentar e integrar os cidadãos ao processo orçamentário..................194
4.4 As ferramentas administrativas, procedimentais e legais à disposição do Ministério Público para exigir dos poderes públicos posições jurídicas democráticas..................198
4.5 A estrutura, formas e contribuições preventiva e corretiva da atuação do Ministério Público no decorrer do processo orçamentário – uma sugestão de atuação institucional..................209
5 Conclusão..................217

REFERÊNCIAS..................229

APÊNDICES

APÊNDICE 1 – DISTRITO FEDERAL..................241
APÊNDICE 2 – PORTO ALEGRE..................243
APÊNDICE 3 – FORTALEZA..................245
APÊNDICE 4 – MANAUS..................247
APÊNDICE 5 – SÃO PAULO..................249
APÊNDICE 6 – GOVERNO FEDERAL..................251

PREFÁCIO

Recebi com muita honra o convite que me fez Rubin Lemos, promotor de Justiça do Ministério Público do Distrito Federal e Territórios, para prefaciar seu livro.

Embora um pouco relutante, pela responsabilidade, decidi aceitar, felizmente. O texto limpo, a leitura agradável e a abordagem rica de interligações permitiram-me compreender bem os eixos e a pertinência de suas ideias, e enriquecer minha compreensão sobre temas aos quais há muitos anos dedico minha experiência profissional e acadêmica.

Rubin Lemos, com este livro, *O papel do Ministério Público na concretização democrática do Orçamento*, traz uma valiosa e inédita contribuição a diferentes campos de discussões teóricas e pragmáticas sobre as relações do Orçamento Público com a implementação de políticas públicas, os direitos sociais e a atuação do Ministério Público.

Uma obra que fará pensar.

Uma obra que induzirá o Ministério Público, instituição a que pertence o autor, a avançar e "preencher um vazio institucional que se apresenta claro, diante da dificuldade do Poder Legislativo e do seu órgão auxiliar em fazer o Poder Executivo cumprir as normas orçamentárias".

Rubin buscou investigar se "a atuação do Ministério Público, com fundamento na falta de entrega de bens e serviços, relativos a direitos sociais previstos no orçamento, pode elidir desvios no cumprimento das normas orçamentárias por parte dos poderes públicos".

Abordou, com muita propriedade, mantendo o texto claro, um sistêmico rol de análises sobre políticas públicas, direitos fundamentais, natureza jurídica do orçamento, apresentou conceitos orçamentários e fiscais imprescindíveis, discutiu as ideias de eficiência e *accountability*, os desafios de concretização dos direitos sociais em suas relações com o financiamento do Estado e o processo de decisões coletivas.

Reuniu, honestamente, seu conhecimento das forças e fraquezas de sua instituição e pesquisas normativas e teóricas, e vinculou-os a dados empíricos para sustentar suas conclusões, pragmáticas, como devem ser para quem quer fazer diferença efetiva e rápida, característica da personalidade do amigo Rubin Lemos.

Comprovou o autor que a inexecução das programações das escolhas políticas realizadas por meio do processo orçamentário pode redundar em prejuízos de ações governamentais relevantes para a concretização de direitos sociais, como a educação fundamental e o saneamento básico.

Rubin deseja e demonstra que o Ministério Público pode atuar como "catalisador de uma maior compreensão e demanda social sobre o processo orçamentário, desde sua elaboração e execução até seu controle". Mostra que há um espaço institucional que deve ser ocupado por sua instituição, "assegurado por determinações constitucionais de defesa da ordem jurídica, do regime democrático e dos interesses sociais", que "há um rol de dispositivos constitucionais e legais a serem postos em prática, cujo objetivo é preservar as normas orçamentárias", e afirma que o Ministério Público, em sua visão contagiada pelo bom corporativismo dos que se orgulham do que fazem, "é a instituição que possui todo o aparato e instrumental necessários para uma atuação eficiente frente à exigência dos poderes públicos do *accountability* e da responsabilização".

Concluiu em sua pesquisa que o atendimento dos direitos sociais, constitucionalmente previstos, para serem atendidos de "forma alargada (expansiva) e sempre crescente, como prestações positivas estatais", requer planejamento, "com o estabelecimento de prioridades e de metas de atuação, ou seja, com a inserção daqueles direitos em políticas públicas sob a perspectiva do dever do Estado". E o Orçamento "aparece como instrumento jurídico de concretização das deliberações de políticas públicas".

Até aqui colacionei análises e conclusões do rico texto que Rubin produziu. A seguir, adicionarei um pouco do que já escrevi em livros que puderam ser citados em sua obra para corroborar um dos pilares em que se sustenta a atuação mais profícua que propugna para o Ministério Público: a impositividade da Lei Orçamentária.

O orçamento, como disse Aaron Wildavsky, o grande cientista político americano que tão bem compreendeu e ensinou sobre a natureza do processo orçamentário e de toda a constelação de questões que em torno dele orbitam, "é como o sangue circulando nas veias do corpo, mantendo-o vivo", é, "por definição, política pública e se não houver orçamento, não há política pública", "orçar é governar".

O modelo jurídico-constitucional brasileiro não é o do orçamento autorizativo, porque não se pode extrair da Constituição de 1988 a noção de que o Orçamento possa simplesmente não ser executado na parte em que não interesse ao Poder Executivo fazê-lo. O arcabouço constitucional está alicerçado em pressupostos de vinculação do Orçamento, e sua execução, a etapas prévias de planejamento, sendo a execução orçamentária a ponta de uma linha de racionalidade alocativa cujo começo está no plano plurianual, passando pela Lei de Diretrizes Orçamentárias e pela elaboração do Orçamento.

Desse modo, qualquer ação política omissiva do Poder Executivo implica tornar, ilegitimamente, sem eficácia o modelo constitucional no que se refere ao concerto institucional decisório sobre políticas públicas e à racionalidade alocativa de recursos. A Constituição não tratou o condomínio orçamentário como seara de predominância normativa do Poder Executivo e subserviência dos demais poderes.

Foi necessário que se formulasse uma proposta de emenda constitucional, a PEC nº 22, de 2000, do Senado Federal, para explicitar que o Orçamento é mandatório, como se vê na justificativa da proposta, que merece ser transcrita como reforço a tudo que Rubin muito bem defendeu em sua obra sobre a centralidade do Orçamento na concretização de direitos sociais:

> Na concepção moderna de Orçamento, essa lei adquire ainda mais relevância, na medida em que representa o programa de trabalho do governo, onde são listadas todas as ações que têm em vista suprir as carências e realizar as aspirações da sociedade. Tais ações consubstanciam-se em objetivos e metas da administração pública. Essa interação, entretanto, depende, pelo menos, de duas condições que nos parecem relevantes: 1) que o programa de trabalho seja implementado já nos primeiros dias do exercício financeiro; e 2) que esse mesmo programa de trabalho seja integralmente posto em execução, salvo circunstâncias especiais. (...) É até compreensível e aceitável que as autoridades econômicas primem pelo uso do poder discricionário para ajustar a programação do Orçamento aos meios disponíveis para executá-la. Entretanto, *quando o uso dessa faculdade transforma em arbitrário o poder discricionário ela realmente se torna insustentável,* pois hipertrofia os poderes de Ministros — ou de simples burocratas — submetendo as decisões do Congresso Nacional aos desígnios desses mesmos agentes públicos. (...) Em razão das distorções observadas estamos sugerindo, na presente proposta de emenda constitucional, a criação de mecanismo para explicitar a natureza mandatória da lei orçamentária anual e, assim, suprir eventual lacuna que dá vezo a interpretação distorcida da lei, como vem ocorrendo.

Demorou muito para que se aceitasse na doutrina o que precisou ser inscrito na Constituição, pela emblemática centésima emenda (EC nº 100, de 2019): "A administração tem o dever de executar as programações orçamentárias, adotando os meios e as medidas necessários, com o propósito de garantir a efetiva entrega de bens e serviços à sociedade".

Orçamento mandatório, impositivo, nunca significou que a Administração está obrigada a despender cada centavo de dotação aprovada no Orçamento. Sempre significou que a Administração não pode deixar de executar o programa orçamentário sem razões e, se as tiver, deve requerer as alterações necessárias na forma da Constituição.

Todo o processo de alocação de recursos construído coletivamente, na forma determinada pela Constituição, não pode ser refeito pela ação omissiva deliberada e político-partidária do Poder Executivo de não dar curso a determinadas programações.

Na maior parte das democracias ocidentais, onde predomina o entendimento de que, uma vez aprovada a Lei Orçamentária pelo Parlamento, a programação ali contida será posta em execução pelo governo até que seja modificada pelos devidos instrumentos político-legislativos de retificação orçamentária, o que se discute são mecanismos de fiscalização e *accountability*, os meios de vincular dotações orçamentárias ao cumprimento de metas e de utilizar informações sobre desempenho dos programas no processo decisório, como quer o autor deste livro.

A autorizatividade (não execução discricionária) reduz a eficiência da ação estatal, frustra expectativas sociais legítimas e desacredita as instituições, e essa cultura está sendo aos poucos desfeita, para o que contribui as reflexões desta obra.

Rubin propõe que a "atividade de fiscalização a ser realizada pelo Ministério Público sobre as finanças públicas e, especialmente, a orçamentária, cujo papel já tarda a acontecer, deve ocorrer de forma coordenada, racional e contínua, observando, pelo menos, três aspectos, como parâmetros mínimos de atuação: a) fiscalização, como órgão de controle externo jurisdicional sobre as políticas públicas; b) defesa do cidadão, perante os demais órgãos e poderes públicos, no cumprimento de políticas públicas e direitos fundamentais previstos no orçamento; c) controle social, fomentando e incentivando, por meio de maior transparência de dados e informações orçamentárias públicas".

Destaca-se em seu pensamento a visão do Ministério Público como fomentador do controle social, indutor da participação popular e da conscientização da relevância do processo orçamentário.

Ele dá exemplos desse papel a partir da pesquisa empírica que realizou. Ao analisar os dados sobre a política pública de saneamento básico de um dos municípios analisados, constatou que, no período de 2014-2018, "não houve a intenção de implantação real dessa política pública". O Orçamento não foi instrumento de concretização dessa política, "uma vez que ela não foi estabelecida como prioridade", "deixando a Administração Pública de entregar o serviço essencial". Em casos como esse, defende, o Ministério Público "tem o dever de fomentar a discussão e de adotar as medidas cabíveis", e poderia, "utilizando de suas prerrogativas e instrumentos, chamar a atenção da população e de seus representantes a respeito do fato, exigindo a justificação para o desinteresse".

O autor não desconhece a complexidade do sistema orçamentário e das políticas públicas, e, por isso, com os pés no chão, vê a ação do Ministério Público ser viabilizada por "pesquisas e trabalhos realizados de forma técnica e científica, tanto por órgãos e entidades públicas quanto privadas" que "monitoram atividades de interesse público, como a educação, o saneamento, a saúde e outros, e produzem conhecimento que deve servir para o desenvolvimento das atividades essenciais à sociedade".

O relevante papel do Ministério Público em muitos casos, observa, será "o de, essencialmente, propiciar a discussão pública do tema, vinculado às necessidades básicas sociais, e de sua implantação progressiva, numa concretização democrática dos direitos". Nem sempre a melhor atuação da instituição será uma "providência judicial, mas, sim, a função de fazer com que as informações sejam disponibilizadas e haja um debate público".

Toda a atuação que preconiza para o Ministério Público somente será efetiva se for fomentado, como bem observou, o trabalho na área do direito financeiro e orçamentário, "por sua essencialidade nos dias atuais e sua relação direta com as necessidades dos cidadãos perante o Estado".

A pragmaticidade do trabalho e das propostas do autor está expressa em duas acuradas percepções de realismo institucional. A atuação do Ministério Público "deve ser aproximada dos organismos fazendários do Poder Executivo, do Tribunal de Contas e do Parlamento, com a intenção de alertar e de trazer para o debate público situações que afetem a concretização dos direitos fundamentais" e não pode pretender "substituir as demais instituições de controle e da administração", mas, ao contrário, deve com elas somar esforços.

A obra de Rubin, lucidamente, assenta que a "superação do 'idealismo constitucional', que entende poder pensar juridicamente os direitos fundamentais sem levar em conta a dimensão financeira, e o 'pragmatismo ou legalismo do orçamento', sem levar em conta os direitos fundamentais, é a fórmula para a resposta sobre o equilíbrio entre necessidade e escassez de recursos".

A pesquisa que resultou neste livro nasceu, como explicou o autor, de seu trabalho profissional e também, como eu acrescento, de sua consciência de cidadão, pois, no Ministério Público do Distrito Federal e Territórios, como Promotor de Justiça de Defesa da Ordem Tributária desde 2004, "deparou-se com reiterados descumprimentos das normas orçamentárias que implicam, em última instância, falta de entrega de prestações positivas relacionadas com direitos sociais, sem que os órgãos de controle externo, apesar das constatações, conseguissem alterar o modo como o Poder Executivo trata o orçamento".

Rubin fez um trabalho de grande reflexão para fornecer elementos teóricos e analíticos consistentes, com a finalidade de suscitar mudanças institucionais no Ministério Público.

Merece todos os elogios e votos de que suas ideias e propostas avancem!

Weder de Oliveira
Doutorando e Mestre em Direito pela
Universidade de São Paulo. Ministro-Substituto
do Tribunal de Contas da União. Professor
do Mestrado em Administração Pública do
Instituto Brasileiro de Ensino, Desenvolvimento
e Pesquisa (IDP), em Brasília.

1 Introdução

1.1 Justificativa e contextualização do problema

A partir de 1988, quando a Constituição brasileira passou a dispor de um grande número de direitos sociais a serem concretizados e não representar uma mera expressão de vontade ou carta de intenções,[1] vários entraves surgiram no sentido da efetivação desses direitos. Um dos entraves será abordado neste trabalho, pois a necessidade da alocação de recursos públicos em direitos sociais, com o fim de diminuir as desigualdades na sociedade brasileira, além de enfrentar a escassez de recursos em si, própria de um país subdesenvolvido, convive com descumprimentos das normas orçamentárias por parte da Administração Pública. Esta, ao contrário, deveria ser responsável e estar vinculada ao atendimento das políticas públicas. Esse aspecto do problema merece estudo e reflexão.

O tema traz à discussão o diálogo necessário entre finanças públicas, economia, política e aspectos sociais, tendo o direito como meio de conformação dos interesses conflitantes, no sentido de viabilizar uma solução que busque atender os princípios do Estado Democrático de Direito. Nessa perspectiva, o orçamento público, que é resultado das escolhas democráticas entre diversos interesses, torna-se instrumento de concretização dos direitos sociais, dado que nele se encontram os requisitos jurídicos necessários para que esses direitos sejam exigidos.

No Brasil, ao Poder Executivo cabe fazer cumprir o planejamento e as políticas públicas que foram inseridas no orçamento a fim de se realizarem as prestações positivas na área social e de se concretizar a vontade popular democraticamente estabelecida. Entretanto, o Executivo insiste na tese de que tem a autonomia para alterar o orçamento

---

[1] Ver BARROSO, Luís Roberto. Neoconstitucionalismo e constitucionalização do Direto (O triunfo tardio do direito constitucional no Brasil). *Revista de Direito Administrativo*, v. 240, p. 1-42, 2005. Disponível em: http:// bibliotecadigital.fgv.br/. Acesso em: 5 jul. 2020.

e a execução das políticas públicas[2] sem levar em conta os anseios sociais. Isso traz efeitos negativos para a entrega das prestações positivas estatais, especialmente no que concerne aos direitos sociais, pois, à medida que esse poder controla e conforma as escolhas dos gastos públicos, deixa de exercer as funções alocativas e distributivas de forma democrática.[3]

O fundamento principal utilizado pelo Executivo está no argumento genérico da necessidade de cumprimento das metas fiscais, o que lhe daria a prerrogativa de deixar de executar vários programas e políticas públicas de concretização de direitos fundamentais.[4] Dentre esses, encontram-se os direitos sociais, garantidos na Constituição e essenciais para possibilitar uma vida mais digna às coletividades carentes de serviços básicos. É o caso do fornecimento obrigatório da educação infantil e da implantação de estruturas de saneamento básico, programas que serão abordados nesta pesquisa como premissas.

Diante da necessidade de se cumprir o orçamento deliberado e da falta de compromisso do Poder Executivo com essa obrigação, surgiu o interesse pela realização desta pesquisa. Isso se deu no exercício do cargo público que exerço no Ministério Público do Distrito Federal e Territórios como Promotor de Justiça de Defesa da Ordem Tributária desde 2004. Deparei-me com reiterados descumprimentos das normas orçamentárias, que implicam, em última instância, falta de entrega de prestações positivas relacionadas com direitos sociais, sem que os órgãos de controle externo, apesar das constatações, conseguissem alterar o modo como o Poder Executivo trata o orçamento.

Daí a inquietação e uma busca de comprovação, de motivos e de solução para os descumprimentos das normas orçamentárias, que foram detectados tanto na fase de elaboração do orçamento quanto na de sua execução. Identificou-se que o Poder Executivo tem se utilizado de suas atribuições para dar finalidades distintas a gastos públicos que deveriam servir, entre outras destinações, às políticas voltadas ao atendimento de direitos fundamentais.

Esse é o foco desta pesquisa, e os fatos acima delineados foram essenciais para que ela se concentrasse na área de políticas públicas,

---

[2] MENDONÇA, Eduardo. Da faculdade de gastar ao dever de agir: o esvaziamento contramajoritário de políticas públicas. *In:* SOUZA NETO, Cláudio Pereira; SARMENTO, Daniel (Coord.). *Direitos sociais:* fundamentos, judicialização e direitos sociais em espécie. Rio de Janeiro: Lúmen Juris, 2010. p. 233.

[3] GIACOMONI, James. *Orçamento público.* 16. ed. São Paulo: Atlas, 2012. p. 23-25.

[4] MENDONÇA, *op. cit.*, p. 231.

Estado e desenvolvimento (1) e na linha de pesquisa de políticas públicas, Constituição e organização do Estado (1) do Programa de Pós-Graduação *Stricto Sensu* em Direito do Centro Universitário de Brasília (UniCEUB). Foi possível direcionar os estudos para os ramos específicos do direito constitucional, financeiro e orçamentário, bem como para princípios e regras constitucionais e infraconstitucionais que regulam a organização do Estado, os poderes e os órgãos e instituições públicas no que concerne à elaboração e à execução orçamentária.

No que concerne à delimitação do estudo, definiram-se como recorte dogmático o descumprimento das normas orçamentárias, a análise do conteúdo jurídico do orçamento sob a lente da Constituição Federal e a necessária mudança do entendimento teórico e prático do arranjo institucional de controle da gestão de recursos públicos, com a inclusão do Ministério Público como ator imprescindível ao processo. Do ponto de vista das políticas voltadas ao atendimento de direitos fundamentais, a pesquisa foi limitada às áreas da educação e do saneamento básico por constituírem prioridades para a população em termos desses direitos. O aspecto temporal da investigação cingiu-se às demonstrações orçamentárias do período de 2014 a 2018, últimos cinco anos (com dados já consolidados), e a área geográfica abrangeu cinco capitais, representativas das cinco regiões do Brasil: Brasília (DF), Fortaleza (CE), Manaus (AM), São Paulo (SP) e Porto Alegre (RS).[5] Com isso, pretendeu-se representar na discussão o âmbito nacional de análise do tema.

Quanto à sua finalidade, a pesquisa é definida como exploratória e explicativa: a primeira, por enfocar aspectos sobre os quais não foram encontradas informações na bibliografia pesquisada nem em trabalhos acadêmicos – como a visualização de prejuízos para os direitos fundamentais do cidadão causados pelo desvio de gastos de sua finalidade original; a segunda, por analisar os aspectos e as condições que cercam a questão. Roberto Jarry Richardson define pesquisas exploratórias como as que investigam assuntos sobre os quais não há informação ou as informações são poucas e pesquisas explicativas como as que analisam atores que contribuem para a ocorrência de determinado fato.[6] Quanto aos procedimentos, a pesquisa é caracterizada como bibliográfica e documental: aquela, por subsidiar, teoricamente, a demonstração do descumprimento das regras e princípios orçamentários na sua elaboração

---

[5] Ver planilhas no Apêndice.

[6] RICHARDSON, Roberto Jarry. *Pesquisa social*: métodos e técnicas. São Paulo: Atlas, 2012. p. 63.

e execução e compreender os sentidos atribuídos à modelagem institucional dos atores incumbidos da fiscalização orçamentária, com destaque ao papel desempenhado pelo Ministério Público; essa, para justificar a eleição do tema, seu recorte e problematização, bem como indicar a relação entre a compreensão das decisões dos tribunais sobre o tema e a conformação dos enunciados normativos.

Respectivamente, foram feitas consultas a publicações de renomados autores nacionais e internacionais sobre o tema e realizados levantamentos em documentos oficiais, acesso aos portais de transparência das capitais selecionadas, com dados extraídos dos sítios da Secretaria de Orçamento Federal e das secretarias de Planejamento e Orçamento das capitais pesquisadas e do governo federal e dos Relatórios Resumidos da Execução Orçamentária (RREO). Os dados se referem à alocação de recursos públicos relacionados com programas em educação infantil e saneamento básico urbano. Apesar de esses programas terem tratamentos distintos em função da normatividade específica de cada um, eles acabam se inter-relacionando, uma vez que, por exemplo, a educação infantil prestada em local que não possui saneamento básico – logo, sem as condições mínimas de salubridade – tem como resultado o prejuízo direto na qualidade do ensino e do aprendizado. Os dados de 2019 serviram para a elaboração da planilha específica sobre o superávit financeiro com o fim de verificar a execução do orçamento de 2018, uma vez que esse dado é calculado no fim do exercício e pode servir para abertura de créditos adicionais. Os resultados analisados podem servir de parâmetros para novas análises relacionadas com os aspectos voltados à atuação do Ministério Público.

A importância no trato da questão e que justifica, em termos acadêmicos, a análise empreendida neste estudo jurídico-compreensivo[7] encontra-se, inicialmente, no fato de que ela possui repercussão na vida das pessoas. A inexecução orçamentária, como deliberada, afeta áreas essenciais da vida em sociedade, tanto no campo do investimento público – por exemplo, o saneamento básico – quanto nas áreas sociais relacionadas com a educação (educação infantil) e com a saúde, com impacto, inclusive, na dignidade da pessoa humana. Além desse aspecto, o estudo e seu resultado podem ter aplicação prática no trabalho a ser desenvolvido pelo Ministério Público, uma vez que indicam, na atuação da instituição, uma possibilidade jurídica de tratar a questão.

---

[7] GUSTIN, Miracy Barbosa de Sousa; DIAS, Maria Tereza Fonseca. *(Re)pensando a pesquisa jurídica*: teoria e prática. 3. ed. Belo Horizonte: Del Rey, 2010. p. 28.

Depois, teoricamente, a pesquisa traz como diferencial temático, por meio de uma análise jurídica, dedutiva e compreensiva, a ideia de trabalhar com o direito social, descrito na Constituição Federal como direito fundamental inserido no orçamento. O orçamento, com suas características, torna-se capaz de exigir o direito público subjetivo, isto é, o direito social ganha maior grau de densidade normativa e alcança a exigibilidade.

Além disso, o trabalho realça um novo olhar sobre o desenho institucional, conformado na Constituição Federal, ao delinear uma solução jurídica para o problema enfocado. Para tal, é necessário um entendimento que inclua, no arranjo institucional de controle dos atos gestão de recursos públicos, o papel do Ministério Público como catalizador e indutor das ações que levam ao cumprimento das normas, isso sem implicar, necessariamente, a judicialização de políticas públicas, mas também que não a descarte.

A análise dos dados orçamentários propicia a constatação de que as dotações orçamentárias não foram devidamente cumpridas e que parte de seus valores serviu para incrementar outras dotações orçamentárias ou até criar novas por meio de créditos adicionais, desvinculando gastos originariamente estabelecidos com desvio de finalidade. De um lado, demonstrou-se a correlação entre os bens e serviços decorrentes de direitos fundamentais sociais que deixaram de ser entregues ou fornecidos e a existência da destinação de recursos (montantes previstos), ou seja, a dotação orçamentária efetivada e a não executada. De outro lado, foi feita a relação entre os valores que constituíram superávit financeiro, como créditos adicionais, e os que deixaram de ser aplicados em direitos sociais, o que esclareceu, ao menos em parte, sua desvinculação do que havia sido deliberado para aplicação nas políticas públicas de educação infantil e saneamento.

No que se refere à elaboração do orçamento, a dissertação aborda questões relacionadas com a renúncia de receita, com alterações nos planos orçamentários da Lei de Diretrizes Orçamentárias (LDO) e Lei Orçamentária Anual (LOA) e com a falta de previsões orçamentárias realistas. Como exemplo, cita-se a concessão de benefícios fiscais federais, referida no relatório do Tribunal de Contas da União (TCU) de 2019, que analisou as contas do governo federal e destacou:

> Em 2018, o total de benefícios concedidos projetado foi de R$ 314,2 bilhões, correspondendo a 25,6% sobre a receita primária líquida e a 4,6% do PIB. Foram R$ 292,8 bilhões de benefícios tributários e R$ 21,4 bilhões de benefícios financeiros e creditícios. Desse total, R$ 62 bilhões

são fruto de renúncias de contribuições previdenciárias. O volume de incentivos fiscais concedidos no Brasil é superior ao que é gasto com Saúde, Segurança e Educação juntos.[8]

Antes de passar à análise dos dados coletados, apresentam-se informações de 2018 que são importantes para uma avaliação dos programas de educação e de saneamento, porque demonstram suas realidades frente às necessidades. Ressalte-se que a análise se dá sob a ótica do cumprimento dos programas orçamentários nas áreas da educação infantil – creches e pré-escola – e do saneamento básico urbano – coleta de esgoto.

A educação infantil visa ao desenvolvimento e à formação de crianças de 0 a 5 anos, cujo direito abarca a divisão em creches, para crianças entre 0 e 3 anos, e em pré-escolas, para crianças entre 4 e 5 anos. Assim, essas fases são obrigatórias e gratuitas, de acordo com o art. 208, I, da CF/88.[9]

Já o saneamento básico urbano tem uma diferenciada cobertura no Brasil, uma vez que mais de 47% da população não possui coleta de esgoto. Desse total, 90% da população está na região Norte, e 72%, na região Nordeste. A região Sudeste tem a maior parte da população com serviços de saneamento básico, em torno de 80%. As regiões Centro-Oeste e Sul têm entre 47% e 54% da população sem acesso a esse serviço. O panorama aponta a gravidade do problema que afeta várias áreas, principalmente a saúde, educação e a economia, fato que demanda um cuidado especial com essa política pública.

O Instituto Nacional de Estudos e Pesquisas Educacionais Anísio Teixeira (Inep), em seu censo escolar, comprovou que a aplicação de recursos públicos está alterando a realidade, pelo menos na acepção quantitativa, se analisados os últimos 10 anos. Segundo o censo de 2018, são pelo menos 103 mil estabelecimentos de ensino no Brasil que ofertam a pré-escola, alcançando 5,2 milhões de alunos. A faixa-etária regular para essa etapa, de 4 e 5 anos, atende a 91,7% de crianças,

---

[8]   SECOM. Tribunal de Contas da União. TCU alerta sobre falta de transparência na concessão de benefícios fiscais. *Portal*, 22 jun. 2019. "Apesar de serem concedidas por instrumentos legais, a Corte de Contas percebeu que parte das concessões dos últimos anos estava em desacordo com o que diz a Lei de Responsabilidade Fiscal (LRF)." Disponível em: https://portal.tcu.gov.br/. Acesso em: 22 jun. 2020.

[9]   MARCHETTI, Rafaela. *Obrigatoriedade da educação infantil a partir de quatro anos de idade*: percepções de educadores e familiares. 2015. 101 f. Dissertação (Mestrado em Ciências Humanas) – Faculdade de Educação. Universidade Federal de São Carlos, São Carlos, 2015. p. 36.

chegando próximo à universalização da educação determinada na Constituição Federal.[10]

Já a pesquisa feita pelo Instituto Brasileiro de Geografia e Estatística (IBGE) em 2018, por meio da Pesquisa Nacional por Amostra de Domicílio (Pnad) contínua 2018, demonstrou que, no ensino básico, a educação infantil ainda é para poucos. Segundo o IBGE, 34,3% das crianças de 0 a 3 anos frequentavam creches e, no período de 2014 a 2018, as matrículas dessa faixa etária cresceram 23,8%. Nessa faixa, a meta do Plano Nacional de Educação (PNE) é de 50% da população até 2024. A pesquisa na faixa etária de 4 a 5 anos comprovou que 92,4% frequentava a pré-escola.[11]

Neste momento, passa-se a discorrer sobre os resultados obtidos pela análise dos dados orçamentários, dispostos nas planilhas em apêndice, fazendo uma abordagem comparativa e utilizando, como ponto central, o Distrito Federal, pois é o local da realização deste trabalho.

Em Brasília (DF) (Apêndice 1, Planilha 1), os montantes destinados à educação infantil são bastante relevantes, considerando os destinados pelas demais capitais analisadas, exceto se comparados com São Paulo e com o governo federal. O percentual de inexecução não ultrapassou os 20% nos cinco anos analisados. Entretanto, apesar dos percentuais baixos de inexecução, valores vultosos deixaram de ser destinados a essa política pública, dado que entre 50 e 160 milhões de reais deixaram de ser aplicados.

Em relação ao saneamento básico (planilha 2), os valores destinados não são relevantes nem tampouco sua execução é efetiva. Em 2017 e em 2018, por exemplo, os percentuais de inexecução chegaram a mais de 50%, podendo significar que essa política pública não necessita do volume de dinheiro alocado para ela e pode ser utilizado em outra necessidade. A Organização da Sociedade Civil de Interesse Público (OSCIP) paulista Trata Brasil[12] esclarece que, em 2018, a parcela da população urbana do DF que contava com serviço de coleta esgoto era de 89,3%, ou seja, apenas 10,7% da população urbana não possuía coleta de

---

[10] BRASIL. Instituto Nacional de Estudos de Pesquisas Educacionais Anísio Teixeira INEP/MEC. *Censo escolar 2018 revela crescimento de 18% nas matrículas em tempo integral no ensino médio*. 2019. Disponível em: http://portal.inep.gov.br/. Acesso em: 22 jun. 2020.

[11] BRASIL. Instituto Brasileiro de Geografia de Estatística. IBGE. Agência IBGE Notícias. Estatísticas sociais. *PNAD. Contínua 2018*: educação avança no país, mas desigualdades raciais e por região persistem. 2019. Disponível em: https://agenciadenoticias.ibge.gov.br/. Acesso em: 22 jun. 2020.

[12] TRATA BRASIL. *Painel saneamento Brasil*. 2018. Disponível em: https://www.painelsaneamento.org.br/. Acesso em: 22 jun. 2020.

esgoto. Esse fato pode explicar a falta de observância no cumprimento da política pública, uma vez que parcela pequena da população urbana ainda não possui saneamento (coleta de esgoto).

Uma das questões que se levantam, no caso, analisa se o investimento nessa política pública não está superdimensionado, uma vez que, nos últimos cinco anos, principalmente nos dois últimos, o DF deixou de aplicar mais de 50% do valor autorizado. Em decorrência, o saldo serviu para aumentar o superávit financeiro no fim do ano e, como descrito, pôde ser utilizado como créditos adicionais (planilha 3). Entre 2015 e 2018, esses créditos ficaram na casa de 1 bilhão de reais.

Em Porto Alegre (RS) (Apêndice 2, planilha 4), os montantes destinados à educação infantil são menores que no DF, e o percentual de inexecução nos últimos três anos analisados não ultrapassou os 15%, o que corresponde a um valor em torno de 20 milhões de reais. Aqui, a inexecução acabou ficando, em termos percentuais, menor do que a do DF.

Em relação ao investimento e à aplicação em saneamento básico (planilha 5), os valores foram superiores aos destinados à educação infantil, e sua inexecução variou entre 18 e 34%, correspondendo a valores entre 70 a 142 milhões de reais que deixaram de ser executados. Isso significa, no mínimo, um superdimensionamento, levando em conta que a população do município é atendida em mais de 90% pela coleta de esgoto desde 2014 (89,4%, de acordo com o Instituto Trata Brasil).[13] Os valores que deixaram de ser executados não foram, em termos globais, utilizados para créditos adicionais como no DF. Os montantes utilizados como superávit financeiro (planilha 6) foram menores, entre 50 e 126 milhões de reais, demonstrando que não houve, ao que tudo indica, valor financeiro suficiente para gerar a possibilidade de sua utilização como de praxe.

Em Fortaleza (CE) (Apêndice 3, planilha 7), os montantes destinados à educação infantil foram menores que os do DF, sendo que o percentual de inexecução, nos últimos três anos analisados, não ultrapassou os 28,2%, o que correspondeu ao valor de pouco mais de 56,6 milhões de reais. Aqui, a inexecução acabou ficando, em termos percentuais, maior do que a do DF, inclusive porque a dotação original era bem inferior.

Em relação ao investimento e à aplicação em saneamento básico (planilha 8), valores ínfimos foram alocados em 2014, 2015 e 2018, mas

---

[13] Ibidem.

não foram gastos. Em 2016 e 2017, sequer apareceram como função e subfunção no orçamento. Pode-se notar, então, a prática da alocação incremental e sem qualquer preocupação com a política pública. O resultado é que, em 2018, Fortaleza tinha menos de 49% das residências com coleta de esgoto, aparecendo em 65º lugar no *ranking* das 100 maiores cidades do Brasil.[14] A planilha dos saldos dos exercícios anteriores registra que foram utilizados como créditos adicionais (planilha 9) valores superiores ao que se investiu a título de saneamento básico, resultado que chega perto dos aplicados em educação infantil; portanto, valores relevantes deixaram de ser aplicados em direitos sociais.

Em Manaus (AM) (Apêndice 4, planilha 10), os montantes destinados à educação infantil foram menores do que os do DF, e o percentual de inexecução, nos últimos três anos analisados, não ultrapassou os 16,3%, o que correspondeu a pouco mais de 44,7 milhões de reais. A inexecução ficou, então, em termos percentuais, menor do que a do DF, embora o valor dela seja relevante em função das dotações serem menores.

Sobre o investimento e a aplicação em saneamento básico (planilha 11), diferentemente de Fortaleza, valores maiores foram aplicados, e a inexecução da dotação foi alta, entre 24,4% e 71%. O resultado é que, em 2018, Manaus tinha menos de 10,23% das residências com coleta de esgoto, figurando em 98º lugar no *ranking* das 100 maiores cidades do Brasil, ou seja, dois lugares abaixo do pior índice.[15] Outro fator relevante demonstrado na planilha dos saldos dos exercícios anteriores de Manaus foi a utilização desses valores como créditos adicionais (planilha 12), um volume superior ao que se investiu em saneamento básico. Esse volume de recursos chegou perto aos aplicados em educação infantil; portanto, valores bastante relevantes para aplicação em direitos sociais.

Em São Paulo (SP) (Apêndice 5, planilha 13), os montantes destinados à educação infantil foram muito superiores às médias das outras capitais analisadas, e o percentual de inexecução, nos últimos três anos, foi o mais baixo de todos, não ultrapassando os 14,7%. Em 2018, chegou a atingir 0,89%, apesar de o valor nominal ser alto, de 63 milhões de reais.

Já ao investimento e à aplicação em saneamento básico (planilha 14), diferentemente da educação infantil, foram destinados valores

---

[14] TRATA BRASIL. *Ranking do saneamento*. 2018. Disponível em: www.tratabrasil.org.br/. Acesso em: 22 jun. 2020.

[15] Ibidem.

bem inferiores, e sua inexecução também foi baixa, entre 9% e 19,4%. Ocorre que a aplicação infinitamente menor é resultado do fato de 97% das residências terem coleta de esgoto. São Paulo encontra-se em 23º lugar no *ranking* das 100 maiores cidades em 2018.[16] A planilha dos saldos dos exercícios anteriores comprovou que foram utilizados para créditos adicionais (planilha 15 em Apêndice) valores de 2017 e de 2018 equivalentes aos utilizados em saneamento básico. Também o valor de 2019 ficou em 1,8 bilhão de reais, valor extremamente alto, que poderia cobrir outra dotação na área social.

O governo federal (Apêndice 6, planilha 16) também apresentou um nível alto de inexecução das dotações em educação infantil, variando de 25% a 98%, sendo que, em 2018, a inexecução foi de 55,32%, um dos mais altos percentuais entre os pesquisados. Em relação ao investimento em saneamento básico (planilha 17), a inexecução ficou entre 21,43% e 89,50%; em 2018, foi de 39,7%. Esses valores são extremamente relevantes em virtude de os volumes movimentados pela esfera federal serem em torno de 200 a 330 milhões de reais. Quanto aos saldos de exercícios anteriores, ficou demonstrado que seus valores têm sido utilizados, como de praxe, para gerar superávit (planilha 18). Somente em 2018, o valor utilizado como crédito e proveniente do superávit foi de 5,8 bilhões de reais, os quais deixaram de ser aplicados em direitos sociais.

É importante ressaltar que o Tribunal de Contas da União (TCU), em 2004, estabeleceu, de acordo com proposta de sua Secretaria de Macroavaliação Governamental (Semag), que o cumprimento do orçamento em 75% seria satisfatório, e os demais, insatisfatórios.[17] Assim, Brasília, Manaus e Porto Alegre atenderam, de forma geral, esse patamar de execução dos programas de educação infantil. Já São Paulo cumpriu o nível estabelecido nas duas áreas analisadas, enquanto Fortaleza não o atendeu nas duas. Entretanto, os dados constantes das planilhas apontam que valores significativos deixaram de ser aplicados em educação e em saneamento básico. Parte dos recursos foi, no ano seguinte, destinado para outras aplicações.

Os resultados acima confirmaram o descumprimento do orçamento e o prejuízo na entrega de bens e serviços representativos de direitos sociais, previstos para as políticas públicas.[18] Desse modo, a

---

[16] Idem.

[17] OLIVEIRA, Weder de. *Curso de responsabilidade fiscal*. v. I. Brasília: Fórum, 2013. p. 504.

[18] BUCCI, Maria Paula Dallari. O conceito de política pública em Direito. *In*: BUCCI, Maria Paula Dallari (org.). *Políticas públicas*: reflexões sobre o conceito jurídico. São Paulo: Saraiva, 2006. p. 1-47.

investigação do tema se torna necessária para descortinar um caminho jurídico possível, na busca de um realinhamento do papel do Executivo aos limites da sua atuação constitucional e na observância das normas orçamentárias.

1.2 Problema, objetivo e objetivos específicos

O desvio de finalidade praticado pelo Poder Executivo em seu papel constitucional necessita de intervenção por parte de instituição com poder de fiscalização e de controle dos atos executivos, com base nas normas da Constituição e das leis, bem como na exigência do respeito por parte dos poderes públicos aos cidadãos.[19]

Daí nasce a premente atuação do Ministério Público (MP) brasileiro, com o fim de preencher um vazio institucional que se apresenta claro, diante da dificuldade do Poder Legislativo e do seu órgão auxiliar em fazer o Poder Executivo cumprir as normas orçamentárias. Até então, o MP tem uma presença bastante tímida, quase inobservada na área de fiscalização orçamentária.

Com base no descrito, esta pesquisa parte do seguinte problema: a atuação do Ministério Público, com fundamento na falta de entrega de bens e serviços, relativos a direitos sociais previstos no orçamento, pode elidir desvios no cumprimento das normas orçamentárias por parte dos poderes públicos?

O objetivo geral da pesquisa é identificar e analisar a conexão dos desvios praticados pelo Poder Executivo com os prejuízos às políticas públicas e aos direitos sociais, esses previstos no orçamento impositivo. Analisa-se, ainda, sua relação com o arranjo institucional ordinário de controle da gestão desses recursos e com a democracia, apresentando uma solução jurídica para o problema com a inserção do papel do Ministério Público nesse arranjo.

Nesse contexto, o primeiro objetivo específico é analisar os principais desafios na concretização dos direitos sociais por meio de estudos críticos realizados sobre a exigibilidade dos direitos sociais, a limitação econômica dos recursos públicos e a impositividade do planejamento, esse como estratégia obrigatória para o setor público, cuja finalidade é concretizar os direitos sociais viabilizados nas políticas públicas.

---

[19] BARCELLOS, Ana Paula de. Constitucionalização das políticas públicas em matéria de direitos fundamentais: o controle político-social e o controle jurídico no espaço democrático. *In*: SARLET, Ingo Wolfgang; TIMM, Luciano Benetti (Orgs.). *Direitos fundamentais*: orçamento e "reserva do possível". 2. ed. Porto Alegre: Livraria do Advogado, 2010. p. 114.

Afora isso, será correlacionado o orçamento como instrumento jurídico que viabiliza a realização dos direitos sociais às funções dos poderes públicos e do Ministério Público com a finalidade de comprovar as consequências da manipulação do orçamento pelo Poder Executivo e também os efeitos produzidos pela atuação do Poder Judiciário.

O próximo objetivo é elencar as argumentações jurídicas no sentido de vencer os desafios apresentados, o que será descrito indicando a necessidade de um novo olhar do direito financeiro e orçamentário, sob a lente da Constituição Federal, sobre a vinculação entre a Lei Orçamentária e os direitos fundamentais pelo aspecto jurídico do orçamento, ou seja, por sua natureza jurídica e impositiva e pelos direitos subjetivos dele advindos. Ainda se insere aí a análise do arranjo institucional de controle da gestão de recursos públicos com o fim de demonstrar a necessidade de integração do Ministério Público.

O último objetivo é definir o papel do Ministério Público como indutor da exigibilidade dos compromissos democráticos previstos no orçamento público e sua instrumentalização. Para tanto, discrimina as ferramentas à disposição da instituição, tanto administrativas quanto judiciais, e apresenta uma proposta de atuação institucional. Sugere, para essa, uma estrutura mínima com base nas atribuições específicas e formas para atuar no processo orçamentário.

A hipótese a ser verificada é que os desvios no cumprimento das normas do orçamento causam prejuízo à concretização de direitos sociais, os quais são direitos subjetivos veiculados em políticas públicas, bem como ao processo democrático. Tais fatos legitimam, pelo interesse social e pela atribuição de defesa da ordem jurídica, a atuação do Ministério Público, uma vez que o controle externo ordinário não tem sido capaz de alterar o problema.

A análise parte do princípio do descumprimento da execução orçamentária, mas não se limita a ele, uma vez que não há como abordar o tema sem uma análise mais ampla. O orçamento, por mais específico que seja em sua função de destinar os recursos públicos para diversos fins, acaba tendo limitações e vinculações firmadas em sua concepção (fase da elaboração). Da mesma forma, é na execução dinâmica do instrumento que aparecem dificuldades e oportunidades de correção, não só durante o exercício (execução), mas também nas próximas fases (elaboração), muito em função do próprio sistema de planejamento que foi dimensionado para o processo orçamentário, cujos controle e avaliação devem ser renovados constantemente.

A conclusão do trabalho demonstra a necessidade de atuação do Ministério Público na exigibilidade das prestações positivas pelo Estado, na concretização de direitos sociais, não só pelo aspecto da defesa de interesses sociais, mas pelo cumprimento de suas atribuições na defesa da ordem jurídica e do regime democrático.

Passo agora a demonstrar, objetivamente, o que cada parte do texto busca discutir: na primeira, aborda-se a relação entre o dever do Estado e os direitos sociais previstos na Constituição Federal, suas limitações, sua eficácia normativa e a respectiva exigibilidade. Demonstram-se as diretrizes essenciais que o Estado Constitucional trouxe para a observância obrigatória nas relações entre os poderes e entre os poderes e o cidadão, as quais devem servir de parâmetro na atuação da Administração Pública. Além disso, analisa-se a importância, cada vez mais crescente, do planejamento na atividade pública, isto é, dos procedimentos democráticos para se formatarem políticas públicas e de seu cumprimento, principalmente quando se referirem aos direitos fundamentais.

A partir daí, apresentam-se os desafios na concretização dos direitos sociais e descrevem-se os pontos de entraves no cumprimento dos direitos fundamentais sociais. É preciso esclarecer que os itens escolhidos para tratar da temática não excluem outros também possíveis. Porém, por uma questão metodológica, foram delineados os principais motivos a serem enfrentados. Na perspectiva orçamentária, serão enfocados os temas da elaboração, execução, da fiscalização e das funções dos poderes públicos diante desse instrumento jurídico.

Nesse ponto, elencam-se as consequências negativas da manipulação do orçamento pelo Poder Executivo, bem como se demonstra que a atuação do Judiciário tem como consequência o desarranjo no planejamento das políticas públicas. Além disso, são trazidos para a discussão conceitos importantes, como a reserva do possível e o mínimo existencial, em uma abordagem voltada, especificamente, para a análise do orçamento, utilizando o resultado da pesquisa empírica.

Na segunda parte do trabalho, enfoca-se o tema sob a perspectiva da análise de uma solução jurídica para os problemas descritos. O caminho indicado é a superação de uma cultura conservadora no tratamento do direito financeiro e orçamentário que deve ter como parâmetro a Constituição, suas regras e princípios, e não mais ser calcado unicamente na lei. Essa alteração foi proposta ante a análise da necessária vinculação entre a Lei Orçamentária e os direitos fundamentais, a qual impõe o entendimento da real natureza jurídica do orçamento e dos deveres e direitos que ela gera.

Além disso, argumenta-se que a exigibilidade do direito fundamental deve ser concretizada por meio do orçamento, o qual, como será evidenciado, congrega os requisitos necessários da densidade normativa adequada, de um lado, a sua prestação e, de outro, sua cobrança por parte dos cidadãos e do Ministério Público.

Igualmente, noticia-se o término, pelo menos em termos legislativos, da infindável discussão acerca da natureza jurídica do orçamento, uma vez que foi aprovada, em 2019, a Emenda Constitucional nº 100, segundo a qual o orçamento é impositivo.

Nesse ponto, também será abordada a existência de um espaço institucional não exercido pelo Ministério Público, mas que faz parte de suas atribuições constitucionais e infraconstitucionais relacionadas à defesa dos direitos coletivos, do regime democrático, da ordem jurídica e dos interesses individuais indisponíveis. Esses necessitam de tratamento, pois a responsabilização dos agentes públicos contribui para uma gestão de recursos públicos de forma transparente e responsável.

O último tema que será abordado descreve padrões mínimos de atuação a serem seguidos pelo Ministério Público, como instituição de controle externo jurisdicional, no exercício de sua função de defesa do cidadão perante os demais órgãos e poderes públicos, além do desenvolvimento do controle social. Nesse sentido, ressalte-se a promoção de ações efetivas para aproximar e integrar os cidadãos ao processo orçamentário.

Afora isso, descrevem-se as principais ferramentas administrativas, procedimentais e legais à disposição do Ministério Público, visando exigir, dos poderes públicos, posições jurídicas democráticas e consentâneas com as diretrizes da Constituição Federal.

Ao final, apresenta-se como sugestão propositiva uma estrutura mínima, baseada nas atribuições específicas, e forma de atuação do Ministério Público, no sentido de contribuir para a fiscalização preventiva e corretiva no decorrer do processo orçamentário.

Descrevem-se, a seguir, as principais categorias operacionais que serão trabalhadas ao longo do texto.

1.3 Categorias operacionais

A fim de facilitar a compreensão do leitor, faz-se uma aproximação conceitual das categorias operacionais utilizadas no texto, especialmente aquelas que não possuem um detalhamento maior ao longo da dissertação.

O termo "orçamento contemporâneo", relativo àquele que se adequa aos tempos atuais, é um instrumento democrático de dimensionamento, aplicação e gasto do dinheiro público e que põe em prática as políticas públicas homologadas no campo majoritário.

Políticas públicas, por sua vez, são as definidas por Eduardo Appio como instrumento "de execução de programas políticos baseados na intervenção estatal na sociedade com a finalidade de assegurar igualdade de oportunidades aos cidadãos, tendo por escopo assegurar as condições materiais de uma existência digna a todos os cidadãos".[20] Essa dimensão conceitual está diretamente relacionada com a concepção do chamado Estado Constitucional, que deve ser entendido, na perspectiva de Luís Roberto Barroso, como:

> (...) o produto da fusão de duas ideias que tiveram trajetórias históricas diversas, mas que se conjugam para produzir o modelo ideal contemporâneo. Constitucionalismo significa Estado de direito, pode limitado e respeito aos direitos fundamentais. Democracia, pois sua vez traduz a ideia de soberania popular, governo do povo, vontade da maioria. O constitucionalismo democrático, assim, é uma fórmula política baseada no respeito aos direitos fundamentais e no autogoverno popular. E é também um modo de organização social fundado na cooperação de pessoas livres e iguais.[21]

Já direitos fundamentais são normas de eficácia imediata que possuem o condão de criar direitos e deveres, independentemente de regulamentação para tal. A edição de uma não retira o caráter eficacial anterior, ao contrário, agrega densidade normativa condizente com a sua exigibilidade. Nas palavras de Barroso, "(...) em todas as hipóteses em que a Constituição tenha criado direitos subjetivos – políticos, individuais, sociais ou difusos – são eles, como regra, direta e imediatamente exigíveis, do poder público ou do particular (...)".[22] É essencial esclarecer que o termo "direitos sociais", também utilizado, constitui uma espécie de direitos fundamentais, não se fazendo diferenciação substancial entre eles na linha defendida por Ingo Wolfgang Sarlet.[23]

---

[20] APPIO, Eduardo. *A ação civil pública no Estado Democrático de Direito*. Curitiba: Juruá, 2005. p. 136.

[21] BARROSO, Luís Roberto. O constitucionalismo democrático no Brasil: crônica de um sucesso imprevisto. *Caderno da Escola Superior da Magistratura do Estado do Pará*, v. 6, n. 10, p. 39-59, 2013.

[22] Ibidem, p. 6.

[23] SARLET, Ingo Wolfgang. *A eficácia dos direitos fundamentais*. Uma teoria geral dos direitos fundamentais na perspectiva constitucional. 12. ed. Porto Alegre: Livraria do Advogado, 2015. p. 289.

Além disso, trabalha-se com uma visão de centralidade da pessoa humana, devendo o sistema jurídico ser construído e interpretado tanto em termos constitucionais quanto infraconstitucionais. Parte-se da importância do ser humano como fundador e destinatário do Estado. Igualmente, deve-se esclarecer o aspecto da democracia representativa que será abordado, realçando a concepção dada por Robert Dahl[24]e Sen Amartya[25] de que ela constitui um meio utilizado pelo Estado para alcançar os interesses fundamentais do ser humano, tendo esses interesses igual consideração. Os interesses seriam: a autodeterminação social e moral; o desenvolvimento pleno do ser humano, das suas capacidades e potencialidades; e a satisfação de outros interesses dentro dos limites da viabilidade e da justiça.

Retratando o papel das instituições republicanas na discussão acerca da natureza do orçamento e sua vinculação ou não pelo Poder Executivo, de início, é necessário esclarecer o que a teoria clássica de Paul Laband[26] sedimentou como expressão do constitucionalismo do século XIX: a fim de enfrentar a crise prussiana entre o governo e Parlamento e de propiciar um campo de discricionariedade maior ao governo, cunhou-se a tese, em termos genéricos, de que o Poder Executivo poderia descumprir o orçamento sem qualquer sanção. Essa doutrina trouxe o conceito de lei material e formal e separou o orçamento em partes, receita e despesa, com naturezas distintas, respectivamente, uma material e outra formal. Então, as referências a Laband dizem respeito a essa teoria do século XIX que deu um enfoque meramente formal ao orçamento na época, dotando de força o poder governamental, o Executivo. Com isso, criou-se um escudo contra as investidas do Parlamento e sua fiscalização no cumprimento do citado orçamento. O conceito de lei material é, para Laband, o que gera efeitos, direitos e obrigações. O conceito formal é aplicado ao orçamento, dado que seguiu os procedimentos legislativos para sua edição, mas não gera deveres. Separa o direito da política.[27]

É certo que, nos dias atuais, a aplicação da teoria de Laband não se coaduna com a evolução das instituições democráticas nem

---

[24] DAHL, Robert A. *A democracia e seus críticos*. Tradução: Patrícia de Freitas Ribeiro. São Paulo: WMF/ Martins Fontes, 2012. p. 136.

[25] AMARTYA, Sen. Democracy as a universal value. *Journal of Democracy*, v. 10, n. 3, 1999, p. 1-17. Disponível em: https://www.journalofdemocracy.org/. Acesso em: 6 jul. 2020.

[26] LABAND, Paul. *Derecho presupuestario*. Tradução: José Zamit. Instituto de Estudios Fiscales, 1979. p. 23.

[27] LEITE, Harrison Ferreira. *Autoridade da lei orçamentária*. Porto Alegre: Livraria do Advogado, 2011. p. 32-36.

com as competências normativas estabelecidas para cada poder. Além disso, deve-se ressaltar que o direito retrata o pensamento jurídico, moral, social e político de uma época e uma cultura e que, por isso, é ele dinâmico, e não estático. Cada época e cada cultura influenciam o direito nacional. Portanto, não há como se adequar a teoria de Laband aos dias atuais; muito se modificou em termos sociais, políticos, morais, jurídicos e, principalmente, o entendimento sobre o papel do Estado na sociedade.

Dessa sorte, a distância é enorme sobre o entendimento do conceito de lei na definição dada no Brasil, pois é baseada apenas em sua formalidade, e sua vinculação não se discute. Também há o fato de que o próprio Parlamento brasileiro definiu que o orçamento é impositivo na EC nº 100/19,[28] como veremos com mais detalhes no decorrer da dissertação.

Ressalte-se que a discussão acerca da natureza jurídica do orçamento abrigada no Brasil – na linha defendida por Laband e pautada por doutrinadores do porte de Ricardo Torres[29] e Regis Fernandes de Oliveira[30] – foi objeto de críticas acirradas, nos últimos anos, pelo dissenso de doutrinadores, como Guilhermo Corti, Ana Paula de Barcellos,[31] Eduardo Mendonça[32] e até o próprio Regis Fernandes Oliveira. Não se aceita mais, diante da nova ordem constitucional, que o Poder Executivo deixe de cumprir o orçamento, como deliberado no processo democrático, sem uma justificativa plausível e fundamentada, vez que implica a falta de entrega de bens e serviços aos cidadãos.

Nessa senda, a vinculação e a impositividade do texto retratam a necessidade de a ação administrativa procurar cumprir o que foi deliberado com o aval do Parlamento. Para tanto, devem ser adotadas todas as providências exigíveis para entregar à coletividade os objetos das políticas públicas que foram deliberadas e são esperados, como serviços e aparelhos que o Estado deve fornecer à sociedade, para cumprir com os direitos fundamentais previstos na CF/88. Aqui não há referência

---

[28] BRASIL. EC nº 100/19. Incluiu o §10 ao art. 165 da CF, que determinou o cumprimento do orçamento por parte do Executivo.

[29] TORRES, Ricardo Lobo. *Tratado de Direito Constitucional Financeiro e Tributário*: orçamento na Constituição. 3. ed. v. 5. Rio de Janeiro: Renovar, 2008.

[30] OLIVEIRA, Régis Fernandes de. *Manual de Direito Financeiro*. 3. ed. São Paulo: Revista dos Tribunais, 1999.

[31] BARCELLOS, Ana Paula de. *Constitucionalização das políticas públicas em matéria de direitos fundamentais*: o controle político-social e o controle jurídico no espaço democrático. Rio de Janeiro: Renovar, 2002. p. 101-132.

[32] MENDONÇA, *op. cit.*, p. 231-278.

específica à imposição do gasto da dotação orçamentária como um fim em si mesmo, mas, sim, que esse gasto sirva para cumprir o objetivo informado para o crédito orçamentário como obrigação vinculada a suas finalidades, ou seja, em atender as necessidades sociais.

O orçamento a que nos referimos ao longo do texto é o relacionado com a LOA, que possibilita a execução das receitas e das despesas. Já quanto aos planos, planejamento orçamentário ou orçamentos, refere-se a todos eles, ou seja, ao Plano Plurianual (PPA), à LDO e à LOA.[33]

Além disso, como se trata do descumprimento de dotação orçamentária, prevista no crédito orçamentário aprovado pelo Parlamento, é preciso pontuar o que seja dotação orçamentária e crédito orçamentário para melhor compreensão do que estamos a tratar.

Créditos orçamentários e dotações orçamentárias não são a mesma coisa: créditos orçamentários, de acordo com Giacomoni, são constituídos pelo "conjunto de categorias classificatórias e contas que especificam as ações e operações autorizadas pela lei orçamentária"; "dotação é o montante de recurso financeiro com que conta o crédito orçamentário".[34] Assim, crédito orçamentário seria o destino e o modo que determinado limite de verba, dotação orçamentária, deve ser aplicado. Esclarece-se que dotação orçamentária não é sinônimo de disponibilidade financeira, pois essa, para ser utilizada como dotação orçamentária, necessita ser realizada de fato, ou seja, é preciso o ingresso efetivo de valor nos cofres públicos.

Superávit financeiro, de acordo com o art. 43 da Lei nº 4.320/64, é a diferença positiva entre o ativo financeiro (dinheiro disponível e valores a receber no curto prazo) e o passivo financeiro (dívidas de curto prazo). O superávit é apurado em balanço patrimonial do exercício anterior.

A utilização dos valores não gastos no exercício pode ser realizada pela via dos créditos adicionais, que são abertos por decretos do Poder Executivo dentro de um limite estabelecido antecipadamente. Os créditos adicionais somente podem ter como fonte de recursos, de acordo com o art. 43 da Lei nº 4.320/64, as seguintes: valores de superávit financeiro apurado em balanço patrimonial do exercício anterior; valores provenientes do excesso de arrecadação do exercício; valores de resultados da anulação parcial ou total de dotações orçamentárias ou de créditos adicionais, autorizados em lei; valores do produto de operações de crédito autorizadas, de forma que juridicamente

---

[33]   O conceito de cada um deles será feito no tópico específico durante a dissertação.
[34]   GIACOMONI, James. *Orçamento público*. 16. ed. São Paulo: Atlas, 2012. p. 303.

possibilite ao Executivo realizá-las. Esses créditos adicionais puderam ser identificados por meio da extração de dado orçamentário que destaca o superávit financeiro do exercício anterior como fato contábil descrito nos documentos, circunstância que facilitou a pesquisa e a abordagem sobre o descumprimento do orçamento com a utilização do superávit.

Já os créditos suplementares servem para corrigir distorções na previsão original, destinando reforço de dotação orçamentária ou para alteração de políticas públicas. Eles servem para criar novos programas ou ações que não possuem dotação orçamentária na LOA, ou seja, indica mudança na política pública original.

Ao se abordar a elaboração do orçamento, a referência é ao processo de elaboração, da escolha das políticas públicas que farão parte do orçamento e sua relação com a sua efetividade na entrega dos bens e serviços, ou seja, com o montante previsto para sua alocação. Essa análise abarca todos os planos orçamentários: PPA, LDO e LOA. A execução do orçamento tem referência direta com a concretização do orçamento, ou seja, com a LOA.

Os contingenciamentos de gastos, utilizados como fatos que propiciam a não execução do orçamento, estão previstos no art. 9º da Lei de Responsabilidade Fiscal. Trata-se de bloqueios de realização de empenho e de movimentação financeira que devem seguir os passos descritos em seus parágrafos, respeitando os prazos e sendo proporcionais, tanto no bloqueio como no desbloqueio, com a finalidade de se adequar ao cumprimento das metas fiscais, ou seja, do resultado primário ou nominal.

Acerca das metas fiscais, deve-se esclarecer que o resultado primário é a meta fiscal que avalia se o governo está gastando mais do que arrecada; é a diferença entre as despesas e as receitas fiscais primárias ou não financeiras. A receita primária ou não financeira é aquela decorrente da atividade fiscal do governo. Como exemplo, citam-se as receitas tributárias, as transferências recebidas de outros entes públicos e *royalties*. A despesa não financeira é aquela que não está vinculada ao pagamento de juros.

O resultado nominal, por sua vez, representa a diferença entre receitas e despesas totais no exercício. Sua apuração possibilita a avaliação do impacto da política fiscal nas contas públicas e o montante de recursos que o setor público necessita captar para fazer face a seus dispêndios, ou seja, a necessidade de se endividar para pagar as despesas.

Afora isso, a própria CF/88 impõe que os direitos fundamentais são de aplicação imediata e de observância obrigatória para os poderes públicos,[35] o que gera direitos subjetivos. Esses, por vezes, não são concretizáveis de maneira individualizada, mas com fins coletivos, os quais são passíveis de justiciabilidade contra o Estado e seus agentes. Em alguns casos, inclusive, como a educação infantil, a própria CF já descreve como direito subjetivo (art. 208).

A justiciabilidade, de acordo com Cláudio Pereira de Souza Neto, é a possibilidade de o Poder Judiciário condenar a administração pública a prover as prestações sociais.[36] Importa ressaltar que a organização estatal capaz de produzir os resultados necessários ao desenvolvimento social e econômico de uma coletividade se constitui pelos poderes públicos, responsáveis pela engrenagem institucional que move toda a estrutura criada para atingir aos anseios dos cidadãos.

Dessa forma, os poderes públicos têm uma função primordial e, principalmente, o Poder Executivo, mas não é só ele o responsável por decidir sobre a alocação dos recursos e sua execução. A função do Poder Legislativo é a de coautor na elaboração e na execução do orçamento como representante do povo, devendo ser o fiscal de suas deliberações.

O controle de gestão ordinário de recursos públicos referido no texto diz respeito ao entendimento do arranjo institucional do controle externo, entendido de forma limitada, ou seja, aquele que é restrito às atribuições do Poder Legislativo e dos tribunais de contas; não conta com o Ministério Público nem com o Poder Judiciário.

No contexto da dotação orçamentária e da implementação das políticas públicas, ainda cabem os conceitos de eficiência, de efetividade e de economicidade que serão utilizados na vertente jurídica do trabalho. Weder de Oliveira, ao analisar tais conceitos no âmbito do controle externo do TCU, explica que a eficiência, segundo o manual desse órgão, "é definida como a relação entre os produtos (bens e serviços) gerados por uma atividade e os custos dos insumos empregados para produzi-los em um determinado período de tempo, mantidos os padrões de qualidade". Ressalta que o princípio constitucional não se limitaria a um conceito restrito operacional, mas congregaria todos os "Es" (eficácia, eficiência, economicidade e efetividade) e se aproximaria do princípio ao direito à boa governança. A eficácia, de acordo com o

---

[35] HESSE, Konrad. *A força normativa da Constituição*. Porto Alegre: Sergio Antonio Fabris Ed., 1991.

[36] SOUZA NETO, Cláudio Pereira de. A justiciabilidade dos direitos sociais. Críticas e parâmetros. *In*: SOUZA NETO, Cláudio Pereira de; SARMENTO, Daniel (Coord.). *Direitos sociais*: fundamentos, judicialização e direitos sociais em espécie. Rio de Janeiro: Lúmen Juris, 2010. p. 515.

referido manual, "é o grau de alcance das metas programadas (bens e serviços) em um determinado período de tempo, independentemente dos custos implicados". Esse conceito tem relação com a capacidade de cumprimento dos objetivos imediatos, as metas de produção ou de atendimento, ou seja, com a capacidade de prover bens ou serviços de acordo com o estabelecido no planejamento. A efetividade "diz respeito ao alcance dos resultados pretendidos, a médio e longo prazo". Entende que ela tem relação com os resultados de um programa, em termos de impactos observados e esperados, traduzidos pelos objetivos finalísticos da intervenção. Com a análise da efetividade, pretende-se verificar se os resultados observados foram realmente causados pelas ações desenvolvidas, e não por outros fatores. Entretanto, o autor afirma que, em termos de avaliação do controle, ela depende das metas estabelecidas e de exame do contexto externo, ponderando a não existência do programa. A economicidade, também conforme o manual do TCU, "é a minimização dos custos dos recursos utilizados na consecução de uma atividade, sem comprometimento dos padrões de qualidade. Refere-se à capacidade de uma instituição gerir adequadamente os recursos financeiros colocados à sua disposição".[37]

Portanto, quando se estiver utilizando o conceito de eficiência ou eficácia, estar-se-á abordando o grupo dos quatro "Es", haja vista a necessidade de uma análise conjunta dos conceitos e sempre com a preocupação de avaliar o resultado ou a alteração da realidade com as políticas públicas.

O conceito de interesse público utilizado no texto é aquele que tem vinculação não com o interesse do Estado, mas com as necessidades básicas dos cidadãos ou com os direitos de cidadania, entendidos como bilhete de entrada, oportunidades de acesso e garantia de inclusão no mundo de liberdade real, como pontuou João Carlos Espada.[38]

Por fim, devemos esclarecer que, ao usar a categoria operacional da *accountability*, estamos nos referindo ao conceito de Ana Carolina Y. H. de A. Mota como *accountability* política, isto é, a que trata do mecanismo de controle do poder com a natureza jurídica de uma relação obrigacional objetiva extracontratual (ou seja, legal). Coage os agentes encarregados da administração de interesses públicos (bastando terem

---

[37] OLIVEIRA, Weder de. *Lei de diretrizes orçamentárias*: gênese, funcionalidade e constitucionalidade. Belo Horizonte: Fórum, 2017. p. 466-495.

[38] ESPADA, João Carlos. Direitos Sociais de Cidadania: Uma Crítica a F. A Hayek e R. Plant. *Análise social*. Instituto de Ciências Sociais da Universidade de Lisboa, v. XXX, n. 131-132, p. 265-287, 1995.

múnus público) para explicarem seus atos discricionários, tornando públicas suas motivações, quando provocados institucionalmente, sob pena de punição legal (previsão de punição = sanção em potencial). É, em síntese, a análise das dimensões da publicidade, da motivação justificada dos atos e da potencialidade de punição pelos agentes públicos.[39]

Já o conceito de responsabilização que lançamos mão no texto se refere à capacidade do agente sofrer efetivamente a punição, a aplicação da punição no sentido estrito, descrita no ordenamento jurídico, seja administrativa cível ou de cunho criminal, e não só a responsabilidade em responder pelos atos de gestão pública ou de prestar contas.

---

[39] MOTA, Ana Carolina Y. H de Andrade. *Accountability no Brasil*: os cidadãos e seus meios institucionais de controle dos representantes. 2006. 250 f. Tese (Doutorado em Ciência Política) – Faculdade de Filosofia, Letras e Ciências Humanas, Universidade de São Paulo, São Paulo, 2006, p. 58.

2 Os desafios da concretização dos direitos sociais previstos na Constituição Federal brasileira

O primeiro ponto a ser tratado é o desafio na concretização dos direitos sociais, no qual se esclarece quais são esses direitos, bem como se descrevem os entraves mais relevantes na discussão da transformação da realidade social, desejada pela Constituição de 1988. Os argumentos escolhidos para tratar da temática não excluem outros também possíveis. Porém, por questões metodológicas, são destacados os principais entraves a serem enfrentados.

Aborda-se a necessidade de investimentos ou gastos em direitos sociais, o necessário e fundamental planejamento de políticas públicas e o instrumento orçamentário. Além disso, na perspectiva orçamentária, são analisados os temas da elaboração, execução, fiscalização e as funções dos poderes públicos em relação a esse instrumento jurídico. Aí revela-se importante cuidar das consequências práticas, demonstradas pelos dados orçamentários e provenientes da pesquisa realizada, cuja manipulação, pelo Poder Executivo, tem causado graves prejuízos à entrega e ao fornecimento dos direitos sociais.

Em síntese, faz-se uma análise de aspectos jurídicos, políticos e econômicos que acarretam dificuldades de concretização dos direitos sociais.

2.1 Direitos sociais constitucionalizados e sua prestação ou fornecimento pelo Estado

Os direitos fundamentais foram, ao longo do tempo, forjados como respostas jurídicas para a proteção do ser humano na busca da justiça e da igualdade. Eles são calcados nas experiências da evolução civilizatória e nos ensinamentos tirados das diferentes formas e de regimes de governos, enfrentados na organização política do Estado.

A partir das ideias iluministas dos séculos XVII e XVIII, baseadas nos direitos de liberdade, direitos individuais, oponíveis ao Estado, e identificados como direitos negativos ou de defesa, nasceu a concepção de direitos fundamentais de primeira dimensão.[40]

Os direitos sociais, então, no século XX, especialmente depois da Segunda Guerra mundial, foram incorporados às constituições das sociedades ocidentais. Surgiu, à época, a necessidade de maior intervenção do Estado na economia, com o fim de incorporar compromissos de ordem social e econômica, visando à melhoria da condição de vida dos mais carentes.

Os direitos fundamentais, inicialmente entendidos de defesa, se dirigem a uma obrigação de abstenção por parte dos poderes públicos, implicando, para esses, um dever negativo de respeito a determinados bens e interesses da pessoa humana. Com a evolução, os direitos sociais, culturais e econômicos, então, passaram a integrar o rol dos direitos fundamentais, especialmente a partir da Constituição Mexicana de 1917, da alemã Constituição de Weimar de 1919, seguindo previstos em declarações, convenções e pactos internacionais.[41]

O Pacto Internacional dos Direitos Econômicos, Sociais e Culturais de 1966, que conta com a adesão de mais de 150 países, incluindo o Brasil, expandiu o rol de direitos sociais veiculados na Declaração Universal de Direitos Humanos de 1948, atribuindo responsabilidade aos Estados pelo descumprimento de suas regras.

O Decreto nº 591, de 1992, por meio do qual o Estado brasileiro internalizou no direito o Pacto Internacional, em seu preâmbulo, assevera que o ideal de ser humano livre não pode se realizar "(...) a menos que se criem condições que permitam cada um gozar de seus direitos econômicos, sociais e culturais, assim como de seus direitos civis e políticos".[42]

Em 1988, o denominado Protocolo de São Salvador, ratificado em 1999, acrescentou novas regras à Convenção Americana de Direitos Humanos em matéria de direitos econômicos, sociais e culturais, reconhecendo os direitos sociais à saúde, alimentação, educação e constituição e proteção da família como prioritários, no que tange à progressividade de suas prestações pelo Estado.[43]

---

[40] SARLET, 2015, *op. cit.*, p. 46.

[41] BARROSO, Luís Roberto. *A dignidade da pessoa humana no Direito Constitucional Contemporâneo*: natureza jurídica, conteúdos mínimos e critérios de aplicação. 2010, p. 4. Disponível em: https://luisroberto barroso.com.br/. Acesso em: 22 jun. 2020.

[42] BRASIL. *Decreto nº 591*, 6 de julho de 1992. Promulga o Pacto Internacional sobre Direitos Econômicos, Sociais e Culturais. Presidência da República, Casa Civil. Subchefia de Assuntos jurídicos, 1992. Disponível em: http://www.planalto.gov.br/. Acesso em: 22 jun. 2020.

[43] BRASIL. *Decreto nº 3.321*, 30 de dezembro de 1999. Promulga o Protocolo Adicional à Convenção Americana sobre Direitos Humanos em Matéria de Direitos Econômicos,

Dessa obrigação de progressividade na implementação dos direitos econômicos, sociais e culturais, extrai-se a chamada "cláusula de proibição de retrocesso social", que veda aos Estados retroceder no campo da implementação desses direitos. Como diz com precisão Piovesan, "a progressividade dos direitos econômicos, sociais e culturais proíbe o retrocesso ou a redução de políticas públicas voltadas à garantia de tais direitos".[44]

De acordo com Canotilho, o Estado constitucional democrático é "conformado por uma lei fundamental escrita (constituição juridicamente constitutiva das estruturas básicas da justiça) e pressupõe um modelo de legitimação tendencialmente reconduzível à legitimação democrática".[45]

Esse novo enfoque de preocupação da atuação do Estado foi incorporado à Constituição brasileira de 1988, tendo em vista a aproximação histórica entre os ideais constitucionalistas e os ideais democráticos. É essa a dimensão utilizada neste trabalho, com a concepção descrita por Luís Roberto Barroso, na terminologia da Constituição brasileira que molda o Estado Democrático de Direito como um constitucionalismo democrático.[46]

Os direitos sociais e econômicos não cuidam mais apenas de uma dimensão negativa de atuação do Estado, mas também da garantia de que o ente irá realizar prestações positivas para garantir a liberdade por meio do Estado. Daí a complementariedade entre os direitos de primeira e segunda gerações.[47]

Ingo Sarlet classifica os direitos sociais como de segunda dimensão. Tais direitos outorgam "ao indivíduo direitos a prestações sociais estatais, como assistência social, saúde, educação, trabalho, etc., revelando uma transição das liberdades formais abstratas para as liberdades materiais concretas utilizando-se a formulação preferida na doutrina francesa".[48]

Sociais e Culturais, "Protocolo de São Salvador", 17 nov. 1988. Presidência da República, Casa Civil. Subchefia de Assuntos Jurídicos, 1999. Disponível em: http://www.planalto.gov.br/. Acesso em: 22 jun. 2020.

[44] PIOVESAN, Flávia. *Direitos humanos e Direito Constitucional internacional*. São Paulo: Saraiva, 2012. p. 178.

[45] CANOTILHO, J. J. Gomes. *Direito Constitucional*. Coimbra: Livraria Almedina, 1993. p. 43.

[46] BARROSO, 2013, *op. cit.*, p. 1-2.

[47] LAFER, Celso. *A Reconstrução dos Direitos Humanos*: um diálogo com o pensamento de Hannah Arendt. São Paulo: Companhia das Letras, 1988. p. 127-128.

[48] SARLET, 2015, *op. cit.*, p. 47-48.

Esses direitos, aos quais a partir de agora se refere, são os que, na categorização de José Afonso da Silva, se denominaram direitos sociais do "homem consumidor", não porque se cuida de uma conceituação de cidadão-consumidor de maneira estrita, mas, sim, porque é o cidadão que espera e cobra a fruição das demandas sociais a serem atendidas por meio de ações positivas do Estado.[49] Diferentemente de constituições que não fazem menção a direitos sociais, como a dos Estados Unidos da América e a da Alemanha, o Brasil tem um rol alargado de direitos sociais previstos na Constituição da República de 1988, com capítulos dedicados à sua discriminação. O art. 6º, por exemplo, identifica uma série de direitos sociais em espécie, nos quais se incluem educação, saúde e outros. Desses, apenas dois serão tomados como parâmetro neste trabalho, pelas respectivas representatividades, como já explicado: o direito à educação infantil e o direito ao saneamento básico urbano.

Dessa sorte, a abordagem trata da ótica do Estado calcada na intervenção social que busca, numa atuação direta, a resolução ou a diminuição dos problemas sociais, das desigualdades e das injustiças. Trata-se de uma atuação sempre progressiva e crescente, o que impacta, também de forma crescente, nas contas públicas.

Nesse sentido, o olhar que se impõe à análise é o do desafio na concretização dos direitos sociais pelo Estado em prol do cidadão, e não o contrário. Pela ótica do cidadão, outros elementos entram em jogo nessa concretização, como se verá no tópico relacionado com a problemática da atuação do Judiciário.

Dito isso e na perspectiva da imposição dos direitos fundamentais sociais ao Estado, Cláudia Gonçalves explica que o paradigma adotado na Constituição Federal não é compatível com a noção do mínimo social, mas, sim, tem relação direta com as necessidades humanas básicas. Tal visão "trouxe à tona toda uma normatividade tendente não apenas a manter patamares mínimos de prestações sociais, mas, sobretudo, a universalizar a médio e longo prazo as prestações no interior de um determinado grupo que possui seu direito reconhecido constitucionalmente".[50]

Não há que se alegar qualquer diferenciação de tratamento jurídico constitucional substancial entre direitos que didaticamente são

---

[49] SILVA, José Afonso. *Curso de Direito Constitucional Positivo*. 9. ed. São Paulo: Malheiros, 1993. p. 275.

[50] GONÇALVES, Cláudia Maria da Costa. *Direitos fundamentais sociais*. Releitura de uma Constituição Dirigente. 2. ed. Curitiba: Juruá, 2011. p. 186.

entendidos, por alguns, como de primeira e segunda geração e, por outros, em dimensões, além da distinção entre a natureza negativa ou positiva dos direitos, pois os direitos se complementam, tornando-se interdependentes e indivisíveis.[51]

Igualmente, não é possível fazer distinção entre direitos fundamentais sociais em função de seus custos, uma vez que as prestações positivas teriam custos, e as negativas, não. Holmes e Sunstein, no livro *The cost of rights: why liberty depends on taxes*, deixam bem claro que todas as atividades do Estado envolvem custos, isto é, todos os direitos têm custos.[52]

Importa entender que, como os direitos fundamentais, os direitos sociais são também normas constitucionais de eficácia e aplicabilidade imediatas. Portanto, devem ser observados nas práticas jurídica, administrativa e legislativa. A aplicabilidade direta e imediata dos direitos fundamentais previstos na Constituição é uma realidade assentada não só na doutrina, como também na jurisprudência do Supremo Tribunal Federal (STF).[53] Ainda está descrita no art. 5º, §1º, da CF: "As normas definidoras dos direitos e garantias fundamentais têm aplicação imediata".

Além disso e mesmo que haja, em alguns casos, previsão específica formal de que se trata de direito subjetivo – como o direito à educação básica, constante do art. 208 da CF –, outros dispositivos, que cuidam também de direitos fundamentais e não estão assim especificados, não deixam de ser materialmente direitos fundamentais. É o caso do direito à moradia (art. 6º da CF), que também é de aplicabilidade imediata, pelo menos em uma vertente de prestação negativa por parte do Estado.[54]

Assim, o direito fundamental pode ser observado sob dois prismas diversos, de acordo com Daniel Hashem:

> (...) pela perspectiva subjetiva – do titular do bem jurídico protegido – ela propicia uma multiplicidade de posições jurídicas autônomas

---

[51] CORTI, Horácio Guillermo. Derechos Fundamentales Y Presupuesto Público: Una Renovada Relación en el marco del neocontitucionalismo periférico. *In*: CONTI, José Mauricio; SCAFF, Fernando Facury. (Coord.). *Orçamentos públicos e Direito Financeiro*. São Paulo: Revista dos Tribunais, 2011. p. 138.

[52] HOLMES, Stephen; SUNSTEIN, Cass. *The cost of rights*: why liberty depends on taxes. New York/London: W.W. Norton & Company, 1999. p. 15.

[53] BRASIL. Supremo Tribunal Federal. *Ação de Descumprimento de Preceito Fundamental. ADPF nº 45-9 Distrito Federal*, Argte.: Partido da Social Democracia Brasileira – PSDB. Argdo: Presidente da República. Min. Celso de Mello. Brasília, DF, 29 de abril de 2004. Diário da Justiça, Brasília-DF, 04 de maio de 2004 (PP-00012 RTJ VOL-00200-01 PP-00191). Disponível em: https://stf.jusbrasil.com.br/ Acesso em: 7 jul. 2020.

[54] CANOTILHO, 1993, *op. cit.*, p. 528.

que atribuem a ele situações de vantagem. Se visto pela ótica objetiva – do objeto que ela visa a tutelar – a norma faz espargir um plexo de deveres jurídicos ao Estado, impondo-lhe diversas obrigações expressas ou implícitas quanto à salvaguarda do direito fundamental, independentemente de qualquer reivindicação subjetiva por parte do seu titular. Sob esse segundo ponto de vista, a norma jusfundamental compele objetivamente o Poder Público a criar condições reais e efetivas de fruição daquele bem jurídico pelos cidadãos, instituindo nos planos fático e jurídico estruturas organizacionais e mecanismos procedimentais adequados para a sua proteção contra investidas estatais e dos particulares, e ferramentais aptos a permitir que os seus titulares exijam do Estado a adoção de medidas positivas para a sua integral realização (...).[55]

Além disso, os direitos fundamentais podem sofrer restrições dentro do próprio sistema constitucional, principalmente no caso de colidência, ou seja, não são direitos absolutos.

Robert Alexy, ao formular um modelo para aplicação dos direitos fundamentais sociais, defende que "o indivíduo tem um direito definitivo à prestação quando o princípio da liberdade fática[56] tem um peso maior que os princípios formais e materiais colidentes, considerados em conjunto". Seu pensamento expressa o sopesamento dos princípios, a ponderação.[57]

Tais direitos fundamentais, do ponto de vista subjetivo e levando em conta que são capazes de gerar pretensões jurídicas jusfundamentais, são representados pelas tutelas subjetivas pessoais ou coletivas. Essas tutelas possibilitam exigir as prestações positivas do Estado na busca pelo reconhecimento dos direitos, além de maior justiça social e igualdade.[58]

Luís Roberto Barroso[59] e Ingo Sarlet[60] defendem, inclusive, que os direitos fundamentais são direitos subjetivos, isto é, são, *lato sensu*,

---

[55] HACHEM, Daniel Wunder. São os direitos sociais "direitos públicos subjetivos"? Mitos e confusões na teoria dos direitos fundamentais. *Revista de Estudos Constitucionais, Hermenêutica e Teoria do Direito (RECHTD)*, v. 11, n. 3, p. 425, 2019. Disponível em: http://revistas.unisinos.br/. Acesso em: 22 jun. 2020.

[56] ALEXY, Robert. *Teoria dos direitos fundamentais*. Tradução: Virgílio Afonso da Silva. 5. ed. São Paulo: Malheiros, 2008. p. 503. Expressão utilizada como "possibilidade fática de escolher entre as alternativas permitidas".

[57] Ibidem, p. 517.

[58] SILVA, 1993, *op. cit.*, p. 258-259.

[59] BARROSO, Luís Roberto. *Curso de Direito Constitucional Contemporâneo*. Os conceitos fundamentais e a construção do novo modelo. São Paulo: Saraiva, 2009. p. 221.

[60] SARLET, 2015, *op. cit.*, p. 313-317.

posições jurídicas de exigência por parte do titular e de dever por parte do Estado, na relação jurídica entre Estado e cidadão.

Carlos Bernal Pulido, na crítica à concepção de Fernando Atria[61] de que os direitos sociais são mais bem compreendidos como deliberações políticas do que como direitos subjetivos, traz os ensinamentos de Tugendhat,[62] que fundamenta os direitos sociais não só como meio para proteger as liberdades, mas como fundamento independente. Isso porque ele visualiza um duplo efeito de irradiação nos deveres de atuar para concretização dos direitos sociais, um individual ou comunitário e outro Estatal.[63]

O reconhecimento do direito subjetivo para exercício dos direitos fundamentais sociais, utilizado pelo cidadão contra o Estado, por falta de outras categorias normativas, passou a ser caracterizado, também, como direito subjetivo, mas com o viés de defesa de um direito coletivo.[64] Entretanto, a defesa dos direitos sociais, com base na ideia de direito público subjetivo, enfrentou dificuldades em sua subsunção, porque não se encaixava na originária concepção de direito individual, calcada na proteção de direitos de propriedade. Essa formulação era dependente da presença de um sujeito ativo, qual seja, Estado e objeto. Esse fato dificultou a aceitação e a aplicação, pelos operadores do direito, dessa concepção.[65]

---

[61] ATRIA, Fernando. Existen derechos sociales? XVI Jornadas Argentinas de Filosofia Jurídica y Social. *Caderno n 2*, Buenos Aires, 2002. Disponível em: https://www.amprs.com.br/. Acesso em: 6 jul. 2020.

[62] TUGENDHAT, Ernst. *Lecciones de ética*. Barcelona: Gedisa, 1997. p. 341 e ss.

[63] PULIDO, Carlos Bernal. Fundamento, Conceito e Estrutura dos Direitos Sociais: Uma crítica a "Existem direitos sociais?" *In*: SOUZA NETO, Cláudio Pereira de; SARMENTO, Eduardo *et al.* (Coord.). *Direitos Sociais*. Fundamentos: Judicialização e Direitos Sociais em Espécie. Rio de Janeiro: Lúmen Juris, 2010. p. 146-148.

[64] FAGUNDES, Miguel Seabra. *O controle dos atos administrativos pelo Poder Judiciário*. Rio de Janeiro: Forense, 1967. p. 171: "Os direitos que o administrado tem diante do Estado, a exigir prestações positivas ou negativas, constituem, no seu conjunto, os chamados direitos públicos subjetivos". CRETELLA JÚNIOR, José. *Dos atos administrativos especiais*. Rio de Janeiro. Forense, 1998. p. 428. "Quando o poder de exigir é do particular como sujeito ativo e se tem a Administração Pública no polo passivo, estaremos diante do que a doutrina denomina de direito público subjetivo".

[65] HACHEM, 2019, *op. cit.*, p. 420. "A noção de direitos públicos subjetivos é insuficiente, por não contemplar a complexidade dos direitos fundamentais da teoria atual. A visão sobre os direitos fundamentais desenvolvida no Estado Social de Direito, principalmente após a segunda metade do século XX, afasta-se da categoria dos direitos públicos subjetivos por apresentar contornos mais amplos e incorporar novos elementos. Essa transição de modelos de Estado vai abandonando, progressivamente, o emprego de tal figura (...)." Disponível em: http://revistas.unisinos.br/. Acesso em: 7 jul. 2020.

A dificuldade no enquadramento jurídico das novas situações impostas pela modernidade e na concreção de direitos fundamentais deve ser vencida com a utilização de novos institutos processuais e de princípios e regras estabelecidos pela Constituição, os quais viabilizam os direitos sociais. Deve-se levar em conta, para tal, a perspectiva do conceito e da estruturação desses direitos que não possuem só um sujeito ativo, mas vários e, por vezes, não são individualizáveis, como ocorre com o direito ao meio ambiente saudável ou no caso do direito abstrato à educação e ao saneamento.

No Brasil, evolutivamente, a criação de instrumentos processuais que abarcaram essa nova dimensão constitucional do direito sem personificação ganhou força e passou a ser utilizada a partir de 1990, com o Código de Defesa do Consumidor, que atualizou a Lei da Ação Civil Pública, Lei nº 7.347/85. As legislações que se seguiram aumentaram, inclusive, o rol de legitimados para a defesa da coletividade, como a Lei nº 11.448/2007.[66]

A alteração e a mudança na natureza do direito vindicado, do privado para o público, prevendo a defesa de direitos difusos e coletivos, possibilitaram a atuação de órgãos e instituições do Estado em nome dos indivíduos. Com isso, moldou-se uma nova realidade, que passou a permitir a exigibilidade desses direitos de forma e com consequências coletivas, extinguindo a ideia de que, na relação jurídica com o Estado, sempre deveria haver um indivíduo com interesse e vontade.

Nesse sentido, no estágio atual do direito, no qual não se discute a possibilidade de relação jurídica entre os integrantes da coletividade e o Estado, é necessário estabelecer, como ponto pacífico, que direitos sociais são exigíveis por instituições que detêm essas atribuições em nome da coletividade. Além disso, essa relação será mais vinculante quanto maior for o grau de densidade normativa[67] que se conforma com a existência de pretensões jurídicas jusfundamentais, mesmo que não individualizáveis.

Em relação à densidade normativa, aborda-se aqui apenas sua relação direta com a concretização dos direitos, dado que o assunto é tratado em tópico específico. O grau de densidade pode flutuar entre o mais abstrato e o mais concreto, entre nível mais fraco e mais forte,

---

[66] Amplia os legitimados para propor a ação civil pública, como a Defensoria Pública e outros.

[67] A densidade referida é o nível ou grau de possibilidade na materialização jurídica e fática de um direito, bem como caraterizado por sua razoabilidade, como melhor será objeto de análise em tópico específico.

conforme as circunstâncias que cercam aquele direito. Por exemplo: o direito à moradia, previsto na Constituição, apesar de estar prescrito, caso não esteja integrado a circunstâncias jurídicas, fáticas e de ordem prática razoável, não pode ser concretizado, pelo menos sob a ótica de uma prestação positiva do Estado. A moradia, em si, é um direito. Porém, quais circunstâncias fáticas e jurídicas podem integrar o direito em sua concretização? Onde, como, que tipo, de que forma, qual o ônus, financiamento, juros, previsão orçamentária, entre outros, conformam a condição para a concretização desse direito?

O direito social, previsto na Constituição, tem uma densidade normativa que necessita ser integrado por circunstâncias fáticas e jurídicas para sua concretização, como é o caso do direito à educação. Essa dependência não retira a eficácia de sua aplicação jurídica imediata, ou seja, independentemente de uma prestação positiva do Estado, o cidadão tem direito à educação que não lhe pode ser negado, quando disponível. Entretanto, para que se possa exigir uma prestação positiva do Estado, se faz necessário outros elementos, como se pode exemplificar no caso de dotação orçamentária para a construção de uma escola no bairro X, no valor de X milhões, para uma quantidade determinada de alunos da 3ª a 6ª série do ensino fundamental. Aqui é fácil perceber que o direito social à educação é imediatamente aplicável. Porém, a construção daquela escola específica impõe outros elementos que possibilitam sua concretização, o que não significa a perda da sua essência ou sua condição de estar vinculada a um direito fundamental.[68]

Diante das conformações aqui delineadas sobre os direitos sociais e suas implicações, passa-se a analisar as questões que têm relação direta com a respectiva concretização.

2.2 A limitação econômica do Estado na concretização dos direitos sociais

Cuida-se da questão relacionada com a assimetria entre a quantidade e a qualidade dos direitos sociais a serem atendidos pelo Estado e a quantidade de recursos disponíveis para fazer face a esses gastos públicos de maneira sustentável.

De início, pontue-se que, diferentemente de outros momentos da história, hoje se vive sob a égide da gestão responsável dos recursos públicos. Especialmente no Brasil, diversas regras de várias hierarquias

---

[68] ALEXY, *op. cit.*, p. 514.

e comandos disciplinam, com bastante detalhe, o trato das finanças públicas. A derradeira legislação foi a Lei de Responsabilidade Fiscal (LRF), Lei Complementar nº 101/2000.

A gestão de recursos públicos com base nessa lei demanda dos governos a máxima responsabilidade e respeito aos princípios e regras de planejamento, como transparência, eficiência, eficácia, efetividade e economicidade vinculadas aos fins constitucionais estabelecidos, levando em conta um equilíbrio financeiro sustentável.[69]

Dessa sorte, pode-se afirmar que, apesar da possibilidade de se gastar mais do que se arrecada, não se justifica ou se autoriza o gasto desmedido e sem vinculação com o interesse público.[70] Essa prática já demonstrou às nações sua prejudicialidade ao sistema econômico, com graves consequências para a área social.

Quando um governo gasta mais do que arrecada, gera déficit, e o déficit não pago constitui-se em dívida pública. Geralmente, esse desequilíbrio na gestão pública tem como consequências o crescimento e a rolagem de dívidas, a elevação da taxa de juros, o aumento da carga tributária e o comprometimento da capacidade de investimentos por parte dos governos. Isso dificulta ou elimina o atendimento das necessidades fundamentais do cidadão, como saúde, educação e outros.[71]

Assim, mesmo em momentos de graves crises sociais e econômicas,[72] o endividamento público deve ser feito de forma transparente e eficiente no atendimento a áreas atingidas por eventos, como a saúde, a economia familiar e a de mercado, mas sempre calcado em preceitos constitucionais e nas regras e princípios de direito financeiro. Pode-se afirmar que, ainda que se atravessem momentos de graves crises, não é possível, ao governante, gastos desmedidos e descomprometidos com o interesse público, sob pena de se retroceder em aspectos civilizatórios já experimentados.

---

[69] OLIVEIRA, W., 2017, *op. cit.*, p. 466-495.

[70] ESPADA, João Carlos. Direitos Sociais de Cidadania - Uma Crítica a F. A Hayek e R. Plant. *Análise Social*. Instituto de Ciências Sociais da Universidade de Lisboa, v. XXX, n. 131-132, p. 265-287 (2º, 3º), 1995. "O conceito de interesse público utilizado no texto será aquele que tem vinculação não com o interesse do Estado, mas com as necessidades básicas dos cidadãos ou dos direitos de cidadania, sendo entendidos como bilhete de entrada, oportunidades de acesso, garantia de inclusão no mundo de liberdade real, como pontuou."

[71] MARINO, Leonardo Romero. Moldando a "reserva do possível" no tempo: a sustentabilidade fiscal como direito difuso fundamental. *Revista Brasileira de Políticas Públicas*, v. 5, n. 1, p. 174-180, 2015.

[72] A referência é feita nesse momento porque estamos passando pela pandemia de COVID-19.

Além disso, é importante ressaltar o entendimento de que os direitos sociais prestacionais, mesmo que de cunho negativo (não demandam uma ação do Estado) ou neutro (cobrança de taxas ou tarifas), têm relevância econômica, porque dependem de gastos como qualquer atividade estatal.[73]

A assertiva não conduz à afirmação de que a concretização de um direito fundamental social depende única e exclusivamente de recursos para seu gasto,[74] mas, sim, ao entendimento de que a concretização desses direitos, na ótica do dever do Estado, deve considerar a possibilidade e a disponibilidade de recursos econômicos respectivos.[75]

A existência, a manutenção, a ampliação e a estruturação do Estado com os fins previstos na Constituição dependem, de fato, dos recursos advindos, principalmente, da cobrança dos tributos dos cidadãos. Sua arrecadação servirá para aplicação e distribuição no sistema econômico da sociedade, que pretende ser mais justa e igualitária, bem como para sua estabilidade.

Aqui, a dimensão moderna da concepção de Estado Social Democrático de Direito mostra que ele é o instrumento de realização dos anseios de seus cidadãos e não mais dono do seu próprio destino. Deve, portanto, executar as políticas públicas escolhidas pelos meios democráticos, levando em conta os ditames constitucionais, as demandas sociais e a escassez de recursos.

Nessa perspectiva, os direitos sociais descritos na Constituição, mesmo como espécies de direitos fundamentais e com eficácia e aplicabilidade constitucional imediatas, dependem, para sua real concretização, de outros elementos agregadores que definem os aspectos políticos, administrativos, econômicos e jurídicos da prestação positiva pelo Estado; fornecem os requisitos necessários à sua exigência. Por certo, todos os direitos sociais possuem, desde sempre, efeito jurídico imediato, no que concerne à sua irradiação para as demais normas jurídicas e a seu poder de constituir-se em objeto de cobrança judicial, pelo menos no que se refere à omissão praticada pelos poderes públicos.

Ocorre, entretanto, que os direitos sociais são, na essência, prestações positivas do Estado aos indivíduos de uma coletividade. Há que se fornecerem bens e serviços, ampliando os que já se ofertam ou criando

---

[73] HOLMES; SUNSTEIN, 1999, *op. cit.*, p. 15.

[74] A afirmação refere-se ao fato de que determinados direitos sociais, como o direito à saúde, por vezes são concretizados independentemente de previsão orçamentária do recurso, quando garantido por decisão judicial.

[75] SARLET, 2015, *op. cit.*, p. 294-295.

outros. Assim, não basta afirmar sua imediata eficácia e aplicabilidade jurídico-constitucional sem demonstrar como será concretizada na realidade. Para isso, é necessário que os recursos arrecadados sejam aplicados nessas demandas. Inclusive, aqui há grande discussão sobre qual é o tamanho do Estado ideal. Porém, como não é o foco do trabalho, não será abordado.

Ingo Sarlet afirma que o limite fático à efetivação dos direitos sociais é a existência de recursos e que o limite jurídico é a possibilidade do Estado de dispor de recursos. A conjugação desses dois elementos constituiria a "reserva do possível", que significa a existência e a disponibilidade de recursos para aplicação nos gastos.[76]

Diante da necessidade de afetação dos recursos públicos, quer dizer, da escolha de onde, como e quanto destinar ao atendimento dos anseios sociais e levando em consideração os aspectos sociais e econômicos vigentes, Ingo Sarlet, citando J. J. Gomes Canotilho, evidencia o papel do Poder Legislativo nesse sentido: "(...) ao legislador compete, dentro das reservas orçamentais, dos planos econômicos e financeiros, das condições sociais e econômicas do país, garantir as prestações integradoras dos direitos sociais, econômicos e culturais".[77]

Daniel Sarmento esclarece que a escassez de recursos faz com que o processo chegue a uma decisão sobre as escolhas a serem feitas, justamente porque toda atuação do Estado demanda recursos. Enfatiza que a depender do "(...) grau de escassez não há como realizar, *hic et nunc*, todos os direitos sociais em seu grau máximo". E continua: "A escassez obriga o Estado em muitos casos a confrontar-se com verdadeiras 'escolhas trágicas',[78] pois diante da limitação de recursos, vê-se forçado a eleger prioridades dentre várias demandas igualmente legítimas".[79]

Paulo Caliendo, entendendo que "(...) a característica fundamental da ordem econômica é a escassez, e não de abundância", explica que é "necessário estabelecer critérios constitucionais para a satisfação do

---

[76] SARLET, 2015, *op. cit.*, p. 295-296.

[77] Ibidem, p. 297.

[78] Expressão empregada por Guido Calabresi e Philip Bobbit para retratar as difíceis opções alocativas que devem ser realizadas num ambiente de escassez de recursos. Deu título à obra *Tragic Choices*. New York: Norton, 1978.

[79] SARMENTO, Daniel. A proteção judicial dos direitos sociais: alguns parâmetros éticos-jurídicos. *In*: SOUZA NETO, Claudio Pereira de; SARMENTO, Daniel (Coord.). *Direitos sociais*: fundamentos, judicialização e direitos sociais em espécie. Rio de Janeiro: Lúmen Juris, 2010. p. 555-556.

programa de maximização dos direitos fundamentais a prestações".[80] Utilizando o termo citado por Ana Carolina Olsen,[81] ele ressalta que, tal como a norma jurídica, caracterizada pela ordenação da realidade, a "reserva do possível" seria uma condição da realidade para o gasto público.[82] Diante disso, é possível ter com clareza que, pelo menos no âmbito do reconhecimento e da concretização dos direitos sociais pelos poderes Executivo e Legislativo, o planejamento das disponibilidades de recursos públicos e sua real observância são fundamentais para tornar real o que formalmente a Constituição garantiu.[83] Esses poderes são os responsáveis pelas "escolhas trágicas" e pela implementação das políticas públicas necessárias ao fornecimento de bens ou serviços públicos que garantam esses direitos.

O Estado Constitucional brasileiro, já referido, não pode deixar de cumprir fielmente o que os instrumentos de planejamento dimensionam para se alcançar o bem social e a diminuição das desigualdades. Ele é calcado na força legitimadora do cidadão, que é fonte e destino de todo o esforço governamental para a organização, o aparelhamento e a distribuição do produto dos esforços de toda a sociedade.

Passa-se, agora, à apreciação da importância do planejamento público na concretização dos direitos sociais.

2.2.1 A imperatividade do planejamento público na concretização dos direitos sociais

A Constituição Federal de 1988 determinou que o desenvolvimento nacional fosse não só uma meta econômica, mas um pilar da própria República Federativa do Brasil como nação democrática que é. Basicamente, a ação interventiva do Estado busca, agora, a alocação de recursos, a estabilidade e sua distribuição.[84]

---

[80] CALIENDO, Paulo. Reserva do possível, direitos fundamentais e tributação. In: SARLET, I.; TIMM, L. (Org.). *Direitos fundamentais, orçamento e "reserva do possível"*. 2. ed. Porto Alegre: Livraria do Advogado, 2010. p. 176.

[81] OLSEN, Ana Carolina Lopes. *A eficácia dos direitos fundamentais sociais frente à reserva do possível*. 2006. 206 p. Dissertação (Mestrado em Direito) – Faculdade de Direito. Universidade Federal do Paraná, 2006, p. 213.

[82] CALIENDO, 2010, *op. cit.*, p. 181.

[83] A questão relacionada com o reconhecimento e concretização dos direitos sociais pelo Poder Judiciário será objeto de apreciação em item específico.

[84] GIACOMONI, James. *Orçamento público*. 16 ed. São Paulo: Atlas, 2012. p. 22.

Os recursos públicos arrecadados para alocação, distribuição e redistribuição pelo Estado, a fim de atender os anseios sociais previstos na Constituição, necessitam de tratamento específico no que diz respeito à utilização de técnicas e de critérios de escolha. A perspectiva é a de um gradual desenvolvimento de fases que se ligam racionalmente e de forma coordenada, devendo, ao final, ser configurada a melhor tomada de decisão quanto ao destino dos gastos públicos.

Maria Paula Dallari Bucci entende que o planejamento é aquele tema que demonstra a "(...) relação entre economia e política, no plano institucional". Destaca que, a partir da segunda metade do século XX, principalmente depois da Segunda Guerra mundial, o planejamento como experiência foi "mais que um documento de orientação do Estado", foi a "expressão de um pacto que envolve as forças econômicas e o setor produtivo, na medida em que define um caminho de evolução, na forma de ação concertada".[85] Bucci acentua que a escola estruturalista da Comissão Econômica para a América Latina (CEPAL), nos anos 1950, com trabalho de Celso Furtado e sob a liderança de Raul Prebisch, trouxe para o âmbito dos países subdesenvolvidos a noção de que o planejamento, com o uso da força política do Estado, era "o mecanismo capaz de quebrar as estruturas que produziam e reproduziam o atraso econômico e social".[86] Após 1980, quando se superou a ideia de vinculação entre desenvolvimento econômico e gasto público na área social, passou-se a considerar que o gasto público, nessa área, deveria ser abordado de forma separada, com intervenção específica do Estado.[87]

Dessa sorte, o planejamento a que se refere a Constituição Federal nada tem a ver com a ideia de centralização de poder, como se entendia quando se falava em economia socialista.[88] A ideia atual é a de instrumentalização ou de técnica de ação racional para atender aos propósitos do constitucionalismo dirigente.[89]

No Brasil, a importância do planejamento das ações públicas foi, inclusive, constitucionalizada como regra. Encontra-se previsto

---

[85] BUCCI, Maria Paula Dallari. *Fundamentos para uma teoria jurídica das políticas públicas*. São Paulo: Saraiva, 2013. p. 185-186.

[86] Ibidem, p. 187.

[87] Idem, p. 188.

[88] Termo utilizado para identificar a época da planificação econômica do regime socialista, que significou a centralização do poder no Estado não só da propriedade, mas das leis de mercado, o que importa a substituição do mercado como mecanismo de coordenação do processo econômico pelo plano.

[89] GRAU, Eros Roberto. *A ordem econômica na Constituição de 1988*. Interpretação e Crítica. São Paulo: Revista dos Tribunais, 1990. p. 318-319.

no art. 174 da Constituição Federal, que o exige para o setor público diferentemente do que disciplina para a iniciativa privada.

Além disso, especificamente relacionado às finanças públicas, o planejamento não se encontra disposto de forma genérica, mas com regras e princípios bem definidos. Foi determinado que uma lei complementar fizesse, com base nos parâmetros do constitucionalismo democrático, o regramento mais detalhado das finanças públicas – art. 163, I, da CF – e de sua gestão responsável. Essa determinação foi cumprida com a Lei Complementar nº 101/2000, a referida LRF,[90] cujo art. 1º, por exemplo, determina o planejamento da ação governamental de forma vinculada à gestão responsável, transparente e com o estabelecimento de metas de resultado.

O desenvolvimento da sociedade brasileira depende então, na ótica de Conti, de um "(…) planejamento responsável", pois "(…) exige um conjunto de ações transparentes focadas no equilíbrio das contas, obedientes a limites e condições para renunciar receitas e despender recursos públicos".[91]

O planejamento do gasto público, que é parte da disciplina das finanças públicas – previstas no Capítulo II do Título VI da CF/88 –, tem uma vinculação umbilical com a elaboração e com a execução do orçamento público. Esse orçamento instrumentaliza o processo de alocação de recursos e o estabelecimento de metas, utilizando-se de técnicas de programação contábil e financeira e determinando o cumprimento de fases e as estratégias com o fim deliberado pelos representantes do povo.

Por certo, deve-se compreender que o planejamento existe para cumprir uma finalidade, um objetivo delineado. Não é um procedimento vazio de fundamento ou desvinculado do interesse público; ao contrário, ele cumpre um papel fundamental no sentido de fazer com que o Estado forneça ou entregue prestações positivas de bens e serviços representativos de direitos fundamentais, observando a centralidade do cidadão no discurso e o desenvolvimento das ideias no moderno papel do Estado Democrático e Social de Direito. Essa afirmação demonstra que todo planejamento determinado para a esfera pública não pode ser esvaziado por justificativas alheias ao cumprimento e à observância

---

[90] BRASIL. *Constituição da República Federativa do Brasil de 1988*. Presidência da República. Disponível em: http://www.planalto.gov.br/. Acesso em: 7 jul. 2020. "Art. 163. Lei Complementar disporá sobre: I finanças públicas."

[91] CONTI, José Mauricio. Planejamento e responsabilidade Fiscal. *In*: SCAFF, F. F; CONTI, J. M. (Coord.). *Lei de responsabilidade fiscal*: 10 anos de vigência questões atuais. São José: Conceito, 2010. p. 39-41.

dos processos estabelecidos e qualificados nas regras e nos princípios constitucionais. Em outras palavras, não pode o poder público alegar fatos ou trazer justificativas que não se encontrem delineados nas regras de finanças públicas.[92] Agora, passa-se a discorrer sobre as categorias normativas das políticas públicas e sua relação indissociável, no campo do direito financeiro, com o orçamento público.

2.2.2 As categorias normativas das políticas públicas e sua vinculação com o orçamento

Os direitos sociais, constitucionalmente previstos, necessitam, como se viu, de um planejamento para serem implementados de forma alargada (expansiva) e sempre crescente, como prestações positivas estatais; um planejamento com o estabelecimento de prioridades e de metas de atuação, ou seja, com a inserção daqueles direitos em políticas públicas sob a perspectiva do dever do Estado. Isso porque os direitos sociais, dispostos na Constituição, são garantidos sem uma definição específica de limite nem de amplitude, de prazo, de objeto, valores ou de outras nuances a serem enfrentadas para que o dever-ser se torne real.[93] Nesse sentido, Bucci traz um conceito de política pública como:

> (...) o programa de ação governamental que resulta de um processo ou conjunto de processos juridicamente regulados – processo eleitoral, processo de planejamento, processo de governo, processo orçamentário, processo legislativo, processo administrativo, processo judicial- visando coordenar os meios à disposição do Estado e as atividades privadas, para a realização de objetivos socialmente relevantes e politicamente determinados.[94]

Já de acordo com Barros, políticas públicas constituem:

> "(...) diretrizes de interesse público primário" que determinam "programas de ação para os governantes". (...) "indicam linhas de conduta para os governados", bem como visa todo o esforço "a ordenar e

---

[92] Trata-se do descumprimento ou do cumprimento das normas de maneira que atenda aos interesses do Poder Executivo, como ocorre nos contingenciamentos, estabelecimento da DRU, na concessão de REFIZ, na alteração dos fins propostos no orçamento que comprometem a concretização de direitos fundamentais.

[93] LEITE, *op. cit.*, p. 162.

[94] BUCCI, 2006, *op. cit.*, p. 39.

coordenar a realização de fins políticos e econômicos, sociais e culturais, relevantes para planificar o Estado Democrático de Direito".[95]

Para Eduardo Appio, pode-se definir políticas públicas "como instrumentos de execução de programas políticos baseados na intervenção estatal na sociedade com a finalidade de assegurar igualdade de oportunidades aos cidadãos, tendo por escopo assegurar as condições materiais de uma existência digna a todos os cidadãos".[96]

Santana, tendo por base a polissemia do termo, tenta abarcar conceitos e visualizar traços característicos das políticas públicas, esclarecendo que elas podem reunir os seguintes elementos: "a) atividade de governo; b) fixação de metas; c) realização dos fins primários do Estado; d) mediante leis, atos, projetos, programas, atividade; e) em benefício dos cidadãos".[97]

Tendo em conta que não é possível se falar em políticas públicas sem o traço característico da aplicação e da interpretação das normas jurídicas, é importante cuidar das categorias que abarcam as políticas públicas. De acordo com Santana, são três essas categorias:

a) normas materiais: normas constitucionais, legais e regulamentares definidoras dos conceitos das políticas públicas; b) normas instrumentais: normas criadoras e estruturadoras dos órgãos responsáveis pela implementação das políticas públicas e c) normas de efetivação: normas orçamentárias.[98]

As normas materiais constitucionais seriam aquelas advindas da "decisão política conformadora ou fundamental" ou atividade *policy determination*, no dizer de Loewenstein.[99] As normas materiais infraconstitucionais decorreriam dessa *policy determination*. Por exemplo: são os direitos sociais descritos na CF/88 e em leis infraconstitucionais, nas quais essas normas "(…) traçam diretrizes, objetivos e fins" mais

---

[95] BARROS, Sérgio Resende. *Contribuição dialética para o constitucionalismo*. Campinas: Millennium. 2007. p. 246.

[96] APPIO, Eduardo. *Controle judicial das políticas públicas no Brasil*. Curitiba: Juruá Editora, 2006. p. 136.

[97] SANTANA, Izaias José de. O princípio da separação de poderes e a implementação das políticas públicas no sistema orçamentário Brasileiro. *In*: CONTI, José Maurício; SCAFF, F. F. (Coord.). *Orçamentos públicos e Direito Financeiro*. São Paulo: Revista dos Tribunais, 2011. p. 1.120.

[98] Ibidem, p. 1.121.

[99] LOEWENSTEIN, Karl. *Teoria de la Constitución*. Tradução: Alfredo Gallego Anabitarte. Barcelona: Ariel, 1986. p. 62.

concretos. As "normas instrumentais são as que fornecem os meios para a efetivação das políticas públicas", como a criação de órgãos e de processos a serem observados na esfera administrativa para o fornecimento de bens e serviços. As normas de efetivação, por sua vez, "(...) são aqueles que conseguem concretizar o que disposto nas normas materiais e nas instrumentais". Aqui, o autor se refere ao orçamento como instrumento jurídico que autoriza, limita, especifica e quantifica o que se tornará realidade daquilo que constou em normas materiais.[100]

O orçamento aparece como instrumento jurídico de concretização das deliberações de políticas públicas, pois determina a atividade do Estado que demanda escolhas de prioridades e de gastos públicos a fim de tornar efetivo e real aquilo que consta no mundo jurídico, do dever-ser. Apesar de os direitos sociais, previstos na CF/88, terem aplicabilidade e eficácia jurídica imediata, as prestações positivas nessa seara, via de regra, necessitam de outra espécie de norma jurídica para sua efetivação e usufruto pelo cidadão, a depender da abertura do direito fundamental.[101]

O *lócus*, representado pelo orçamento para as políticas públicas, formaliza a apresentação das fases ou ciclos que identificam a formação da agenda, a formulação e a execução da própria política pública, dirigida à concreção dos direitos fundamentais. Por fim, a avaliação retroalimenta o sistema.

Esse instrumento jurídico – idealizado e conformado segundo as possibilidades e as disponibilidades financeiras, com o aval dos representantes do povo – é fruto de um planejamento no qual as forças políticas, econômicas e sociojurídicas se inter-relacionam. É, portanto, nicho de convergência de todos os interesses da sociedade.

Trata-se, pois, da decisão (e execução) de alocação de recursos para a implementação de garantias e de salvaguarda (e fruição) de direitos. A execução do orçamento materializa a política, o que segue pela análise e avaliação.[102] Assim, ficam patentes a inter-relação entre orçamento e políticas públicas e a importância do respeito ao cumprimento

---

[100] SANTANA, Izaias José de. *Op. cit.*, p. 1.122-1.123.

[101] SCAFF, Fernando Facury. A efetivação dos direitos sociais no Brasil: garantias constitucionais de financiamento e judicialização. *Jornada Internacional de Direito Constitucional Brasil/ Espanha/Itália*. 2010, São. Paulo. Anais. São Paulo: Quartier Latin, 2010. p. 1.123-1.124.

[102] Para uma discussão que aclara e mostra as distintas razões de se proceder à avaliação e à análise das políticas públicas, vale destacar as construções desenvolvidas nos capítulos 2 e 3 do trabalho de Ana Paula Arcoverde Cavacanti (2007, p. 43-242). Nele se observa que a inserção do papel do direito, como projeção normativa das políticas públicas, melhor se situa no debate analítico das políticas públicas.

das fases do ciclo de planejamento de políticas públicas para que, ao final, se alcance, no mundo dos fatos, a realização dos direitos fundamentais. E sob essa perspectiva, já se tem como assente a mudança do antigo viés que pautava a governança apenas pelas leis ou *governmment by law* para uma governança pautada, também, em políticas públicas ou *governmment by policies*.[103]

Dessa forma, viu-se a vinculação entre planejamento, políticas públicas e orçamento, verificando-se que o planejamento deve ser entendido como meio racional de se alcançar um objetivo de maneira mais geral, impondo a escolha de prioridades pelo sistema democrático, disposto na Constituição. A respectiva materialização depende do orçamento público, que engloba as questões políticas, econômicas e sociais em um único instrumento jurídico.

Aborda-se agora a finalidade do orçamento público irradiada pela Constituição quanto à efetivação dos direitos sociais.

2.3 A finalidade constitucional do orçamento na concretização dos direitos sociais e idiossincrasias do sistema

O orçamento tradicional ou clássico consistia em um plano contábil, rígido e limitativo para controlar gastos públicos. Em virtude de sua forte relação com o liberalismo econômico, ele não tinha uma dimensão de planejamento e de programação de gastos, ficando por isso conhecido como "lei dos meios".

Nesse tipo de orçamento, o planejamento não era desenvolvido, importando mais o equilíbrio financeiro, pois ele tinha como finalidade o controle dos gastos governamentais, de natureza bidimensional da despesa pública: 1) por unidade administrativa e 2) por objeto de gasto ou item de despesa.[104]

Após a Segunda Guerra mundial, houve a evolução conceitual concretizada a partir dos anos 1960, quando os processos orçamentários passaram a se preocupar com a eficiência. Isso se deveu ao fato de que ficou comprovada a necessidade da intervenção estatal em determinadas

---

[103] MASSA-ARZABE, Patrícia Helena. Dimensão jurídica das políticas públicas. *In*: BUCCI, Maria Paula Dallari. *Políticas públicas*: reflexões sobre o conceito jurídico. São Paulo: Saraiva, 2011. p. 21-71.

[104] CREPALDI, Silvio Aparecido; CREPALDI, Guilherme Simões. *Direito financeiro* – Teoria e Prática. Planejamento, elaboração, controle e gestão do Orçamento Público Exercícios e Questões com Respostas. Rio de Janeiro: Forense, 2009. p. 27-28.

situações para regular os mercados, principalmente depois da Grande Depressão de 1929, com os problemas surgidos no mundo, relacionados com excesso de oferta, com inflação, falta de produtos, crises de distribuição e outros.[105]

A Lei nº 4.320/64 adotou o conceito de orçamento-programa e foi complementado pelo Decreto-Lei nº 200/67, que determinou sua elaboração como plano de ação do governo federal, naquele momento com a preocupação gerencial e de planejamento administrativo, além da atividade intervencionista do Estado, utilizando-se da política fiscal.

A evolução dos conceitos e princípios aplicados ao orçamento contemporâneo passou a se desenvolver de acordo com a ressignificação do próprio conceito de Estado. No Estado Social Democrático de Direito, previsto na Constituição Federal de 1988, o ente estatal passou a ter uma finalidade voltada ao atendimento das demandas sociais com o fim de melhorar a situação de desigualdade. O parâmetro era toda a dogmática dos direitos fundamentais. Daí vem a finalidade precípua do planejamento orçamentário, que se passa a analisar.

2.3.1 O planejamento orçamentário previsto na Constituição Federal e suas especificidades

O orçamento público deixou de ser aquele instrumento meramente contábil para se transformar em peça fundamental de transformação social, de idealização e de concretização dos interesses sociais mais relevantes – devendo ser colocado em prática pelos poderes da República –, em sintonia com o constitucionalismo contemporâneo de 1988. Além disso, serve como instrumento democrático e legitimador da arrecadação e da alocação dos recursos públicos com fins distributivos e, também, como indução de investimentos privados na economia e estabilização do mercado.[106]

Neste ponto, far-se-á análise sob a perspectiva alocativa, já que as demais não estão relacionadas com o objeto de análise deste trabalho. De maneira geral, de acordo com André C. Carvalho, uma norma constitucional informa determinado direito (como a educação); a regra de direito constitucional financeiro e orçamentário faz a vinculação mínima do seu cumprimento (como a obrigação do repasse do percentual mínimo do Estado); e, por fim, uma regra de direito orçamentário

---

[105] Ibidem, p. 29.
[106] GIACOMONI, James. *Orçamento público*. 16. ed. São Paulo: Atlas, 2012. p. 23-27.

estabelece como será feito o gasto público, dando a densidade jurídica necessária à sua exequibilidade.[107] Esse direito orçamentário foi estruturado levando em conta o planejamento e execução de seus fins por meio de processos descritos na Constituição Federal, de maneira sequenciada e interligada, constituída por três instrumentos de planejamento que são interdependentes e se complementam. São eles, o PPA, a LDO e a LOA, instrumentos já referidos.

Apesar de a inclusão do PPA ser uma inovação, a LDO não preexistiu a nenhuma figura do processo orçamentário brasileiro. Ela serve para vincular o orçamento ao planejamento. A cada ano, parcela do planejamento plurianual se incorpora ao orçamento anual.[108]

O PPA é feito a cada quatro anos, com término no primeiro ano do mandato do próximo governante. Ele tem a função de estabelecer, em termos regionais, as diretrizes, os objetivos e metas da administração relativos às despesas de capital e a despesas de duração continuada, portanto, planejamento de médio prazo. Conhecido como planejamento estratégico, uma vez que está vinculado ao estabelecimento dos grandes objetivos, com o fim de produzir uma mudança na realidade, ele deve propor algo novo, como: forma de investimentos em áreas prioritárias, diferentes ideias, alterações de procedimentos para melhoria da eficiência, entre outros. Aqui se planeja o que deve ser realizado em termos de investimentos em obras que ultrapassam o exercício financeiro (art. 5º, §5º, da LRF) ou que aumentam a despesa (arts. 16, II, e 17, §4º, ambos da LRF). É o PPA a demonstração, para a sociedade, do que se apregoou em campanha eleitoral de vencedores, em termos de decisão de investimentos que devem ser objeto de cobrança pelas instituições de fiscalização e pela população que os elegeu.[109]

A Constituição Federal de 1988 inovou no papel institucional dos poderes públicos e incluiu um mecanismo novo de planejamento no processo orçamentário, a LDO, conforme previsto nos arts. 165 e seguintes. A LDO detalha como será feito o planejamento para elaboração, discussão, aprovação e execução do orçamento. Calcada no

---

[107] CARVALHO, André Castro. Uma teoria de Direito Constitucional Financeiro e Direito Orçamentário substantivo no Brasil. *In*: CONTI, José Mauricio; SCAFF, Fernando Facury (Coord.). *Orçamentos públicos e Direito Financeiro*. São Paulo: Revista dos Tribunais, 2011. p. 70.

[108] OLIVEIRA, W., 2013, *op. cit.*, p. 33.

[109] SILVA, Moacir Marques da. A lógica do planejamento público à luz da Lei de Responsabilidade Fiscal. *In*: CONTI, José Maurício; SCAFF, Fernando Facury (Coord.). *Orçamentos públicos e Direito Financeiro*. São Paulo: Revista dos Tribunais, 2011. p. 753-756.

PPA, tem a função de estabelecer as alterações na legislação tributária e de detalhar as metas e as prioridades da administração para o ano subsequente, servindo de norte à LOA. É um planejamento tático, pois enfrenta as questões mais relevantes do planejamento público, como: equilíbrio das contas públicas, limitação de empenho e controle de custos. Detalha, no anexo, as metas anuais para as receitas, as despesas, o resultado nominal e primário e o montante da dívida pública para o exercício seguinte e para mais dois subsequentes. Analisa os riscos fiscais como um "colchão" para despesas incertas. Além disso, deve orientar a elaboração da LOA, dispor sobre alterações na legislação tributária e estabelecer a política de aplicação das agências financeiras de fomento.[110]

A LOA, por sua vez, calcada nos parâmetros estabelecidos no PPA e na LDO, estima a receita e fixa a despesa a ser executada.[111] A peça orçamentária que concretiza o processo orçamentário e todo o planejamento público anual é a LOA. É ela o resultado do planejamento operacional que pretende viabilizar os objetivos e as metas dos planos.[112] Aqui, aborda-se a despesa orçamentária, foco principal do trabalho, que, para atender a seus fins de planejamento, é classificada sob três aspectos: a) pelo agente de execução do gasto; b) pela finalidade do gasto; c) pela natureza do dispêndio.[113] A classificação que importa a esta análise refere-se ao estudo da finalidade do gasto, para demonstrar em que nível de desagregação a despesa pode ocorrer. Essa classificação, assim, é a forma como se demonstra a divisão da despesa no nível funcional (função e subfunção) e a chamada programática. Nela estão os programas a que se vinculam os projetos, as atividades e as operações especiais.

A classificação funcional é importante porque apresenta cada ação que o gestor deve cumprir, classificada em finalidade do gasto (função e subfunção). A classificação é feita da mesma forma nos âmbitos federal, estadual, distrital e municipal, motivo pelo qual possibilita uma consolidação e uma análise nacional. São elas apresentadas nos Relatórios Resumidos de Execução Orçamentária (RREO), que são demonstrativos obrigatórios da despesa exigida pela LRF, confeccionados por todos os entes subnacionais.

---

[110] Ibidem, p. 756-759.
[111] CREPALDI; CREPALDI, 2009, *op. cit.*, p. 42-44.
[112] SILVA, *op. cit.*, p. 759-761.
[113] CREPALDI; CREPALDI, *op. cit.*, p. 143-144.

Essa classificação funcional, de acordo com Giacomoni, tem como finalidade "(...) fornecer as bases para apresentação de dados e estatísticas sobre os gastos públicos nos principais segmentos em que atuam as organizações do Estado". Giacomoni, referindo-se a Burkhead, explicita que "a classificação funcional pode ser chamada classificação para os cidadãos, uma vez que proporciona informações gerais sobre as operações do Governo, que podem ser apresentadas em uma espécie de orçamento resumido".[114]

Já a divisão programática do gasto público, que é parte da classificação por sua finalidade, pretende vincular esse gasto a um programa de trabalho. Ligados a esse, encontram-se os projetos, as atividades e as operações especiais.[115] Cada programa contém, no mínimo, um objetivo, indicador que quantifica a situação que se quer modificar e os produtos (bens ou serviços) que se pretende atingir.[116] Giacomoni explica que a "classificação por programas tem a finalidade de demonstrar as realizações do governo, o resultado final de seu trabalho em prol da sociedade".[117]

Os detalhes acima descritos servem para, em nível básico, dar ao leitor a oportunidade de entender que, pela agregação e pela desagregação da despesa fixada na lei orçamentária, é possível identificar a destinação dos valores que são incorporados a órgãos, por finalidade de gasto (função e subfunção), e a programas a serem desenvolvidos pelo Executivo. A respectiva fiscalização – contra eventuais desvios, que podem ser verificados por meio do *accountability* e exigidas as responsabilidades –, no âmbito político-administrativo, fica a cargo do Legislativo e de seus órgãos de controle. Também pode ser feita pelos cidadãos e por suas instituições de defesa, aqui incluindo-se o Ministério Público.

---

[114] GIACOMONI, *op. cit.*, p. 95-96.

[115] GIACOMONI, *op. cit.*, p. 100. Explica o conceito de programa, projeto, atividade e operações especiais. "Programa: o instrumento de organização da ação governamental visando à concretização dos objetivos pretendidos, sendo mensurado por indicadores estabelecidos no plano plurianual. Projeto: um instrumento de programação para alcançar o objetivo de um programa, envolvendo um conjunto de operações limitada no tempo, das quais resulta um produto que concorre par a expansão ou o aperfeiçoamento da ação do governo. Atividade: um instrumento de programação para alcançar o objetivo de um programa, envolvendo um conjunto de operações que se realizam de modo contínuo e permanente, das quais resulta um produto necessário à manutenção da ação do governo. Operações Especiais: as despesas que não contribuem para a manutenção das ações de governo, das quais não resulta um produto, e não geram contraprestação direta sob a forma de bens ou serviços".

[116] CREPALDI; CREPALDI, *op. cit.*, p. 146.

[117] GIACOMONI, *op. cit.*, p. 100.

A necessidade de justificação dos atos praticados na execução do orçamento deliberado, por parte do administrador público, ou seja, do planejamento deliberado e não realizado se faz premente, até porque se exige do Poder Público essa conduta como contrapartida à legitimação dada ao Estado, o que não vem sendo observado, especialmente pelo Poder Executivo.

O orçamento, em seu aspecto geral de planificação, constitui-se como um processo, formado por um conjunto de procedimentos que visam demonstrar as receitas e as despesas. Ambas devem ser inseridas na fase da elaboração para a execução e se complementam em seus meios e fins. A concretização se dá com a LOA, último passo do planejamento a ser colocado em prática. Por esse motivo, o descumprimento, a não observância e a interferência de alocações ou de gastos que não fizeram parte do planejamento original prejudicam seu resultado final e a entrega de bens e serviços. Em outras palavras, prejudicam a concretização dos direitos.

Nesse ponto, ressalte-se que o orçamento é lei e que, portanto, em um Estado Democrático de Direito como é o Brasil, a lei orçamentária é vinculante e exigível em suas fases e processos, além de seu conteúdo material e do resultado esperado. O resultado esperado deve ser concretamente realizado em respeito aos direitos subjetivos, de ordem individual ou coletiva, que dele se irradiam. O orçamento é, definitivamente, um instrumento impositivo ao Estado que, de maneira complexa, dá tratamento a dois aspectos indissociáveis, a receita e a despesa, com a finalidade de financiar os gastos impostos pela Constituição Federal.[118]

Por fim, o orçamento, como instrumento de concretização dos direitos, estará mais próximo do atendimento dessa finalidade quanto maiores forem sua transparência, sua fiscalização e seu controle por parte das instituições públicas e a participação do cidadão no processo de exigibilidade das deliberações democráticas.

Daí a importância de incluir o elemento e valor universal da democracia na discussão do processo orçamentário.

2.3.2 O orçamento como processo para consecução dos interesses democráticos

O aspecto conceitual de democracia que se traz para a discussão é aquele de que cuida Robert Dahl, ou seja, um processo democrático

---

[118] BUJANDA, Fernando Sainz de. *Lecciones de Derecho Financiero*. 7. ed. Madrid: Universidade Complutense, 1989. p. 454.

que proporciona, à maioria dos cidadãos, a força de "induzir o governo a satisfazer as preocupações políticas urgentes dessa maioria", tendo esses interesses igual consideração.[119]

Os interesses fundamentais estariam englobados na autodeterminação social e moral; na maximização das liberdades possíveis e na proteção a essas liberdades; no desenvolvimento pleno do ser humano, de suas capacidades e potencialidades; na satisfação de outros interesses, dentro dos limites da viabilidade e da justiça, e na interação com os demais membros da coletividade, o que possibilita a formação de valores e prioridades na coletividade.

Sem adentrar as questões político-filosóficas desse pensamento, por não ser o foco do trabalho, importante é ressaltar o conteúdo das características acima descritas para explicar como os interesses fundamentais do ser humano são impactados no Estado democrático, no sentido construtivista e instrumental que possui a democracia. Sen Amartya explica que a democracia é um valor universal e que, além das questões estruturantes, ela deve servir para atender a demandas complexas. Esclarece que a democracia é "(...) um sistema exigente e não apenas uma condição mecânica (como regra da maioria) tomada isoladamente. (...) a democracia tem importância construtiva, além de seu intrínseco valor para a vida dos cidadãos e sua importância instrumental nas decisões políticas".[120]

De forma geral, é possível perceber que todos os âmbitos dos interesses fundamentais que o cidadão busca por meio da democracia são interligados e se complementam. Sem a garantia das liberdades possíveis, não há possibilidade de desenvolvimento do ser humano, seja de suas capacidades ou das potencialidades. Por certo, isso afeta a autodeterminação social e a interação dos valores morais e prioridades que devem ser estabelecidas em coletividade.

O que se enfatiza é a ideia central de respeito aos processos, aos planejamentos e à inclusão efetiva do cidadão na participação da discussão e na tomada de decisão das questões públicas, por meio de representação ou até por deliberação, pois é o que garante a construção de uma sociedade mais justa e igualitária.

Além disso, a adoção de caminhos e de procedimentos democráticos sempre estará na via que reconhece os direitos fundamentais

---

[119] DAHL, Robert A. *A democracia e seus críticos*. Tradução: Patrícia de Freitas Ribeiro. São Paulo: WMF Martins Fontes, 2012. p. 136.

[120] AMARTYA, Sen. Democracy as a universal value. *Journal of Democracy*, v. 10, n. 3, 1999, p. 1-17. Disponível em: https://www.journalofdemocracy.org/. Acesso em: 6 jul. 2020.

dos cidadãos e que busca sua inclusão, não a calcada na pura igualdade material. A instrumentalização de processos que tornem iguais as oportunidades de participação nas escolhas e nas decisões é que propicia o desenvolvimento do ser humano. A relação comunicativa entre atores busca o interesse público, desviando-se do egocentrismo, como pregou Habermas.[121]

Como se percebe, o Estado constitucional é apenas o aparato institucional necessário para que a coletividade possa se beneficiar da democracia, sendo ela o próprio fundamento e a finalidade desse Estado. Não importa o estágio da democracia; importa que o Estado e sua estrutura governamental e política persigam sua concretização, aprimorando-se aos poucos, buscando os limites possíveis para cada sociedade, conforme o processo civilizatório.

Traduzindo melhor, a democracia tem a finalidade, entre outros aspectos, de garantir a autodeterminação dos cidadãos, com a aceitação das regras a que são submetidos, com o necessário entendimento e a participação no processo de tomadas de decisão que afetam diretamente os interesses, e com o desenvolvimento individual e social. Acrescente-se o respeito do Estado a esse processo para que seja possível melhorias nas estruturas e nas relações sociais.[122]

A democracia impõe, como postulado fundamental e no contexto do constitucionalismo, que o apego à mera legalidade seja ultrapassado para alcançar a legitimidade. A base da atividade estatal se desprende de um olhar meramente burocrático para um aspecto gerencial, agora preocupado com a eficiência, a eficácia e a efetividade, princípios que afetam o novo modelo de atuação estatal.[123] Diante da necessidade de efetivação da democracia nesse sentido, é preciso delinear que instrumento o Estado pode utilizar para fazer face a esses ideais.

A materialização dos fins constitucionais que produzem melhorias na vida das pessoas tem um paradigma concreto na questão financeira do Estado, sendo necessária a autorização da sociedade para a arrecadação a ser feita pelo ente estatal. Essa autorização teve início no conhecido fato histórico ocorrido na época de João Sem Terra

---

[121] HABERMAS, Jürgen. *Direito e democracia*. Entre facticidade e validade. Tradução: Flávio Beno Sienbeneichler. v. I. Rio de Janeiro: Tempo Brasileiro, 1997. p. 113-139.

[122] COELHO, Cristiane. O caráter democrático do Orçamento de Investimento. *In*: CONTI, José Mauricio; SCAFF, Fernando Facury (Coord.). *Orçamentos públicos e Direito Financeiro*. São Paulo: Revista dos Tribunais, 2011. p. 271.

[123] MASSA-ARZABE, Patrícia Helena. Dimensão jurídica das políticas públicas. *In*: BUCCI, Maria Paula Dallari (Org.). *Políticas públicas*: reflexões sobre o conceito jurídico. São Paulo: Saraiva, 2011. p. 21-71.

em 1215, na Inglaterra, mas hoje tem por fim justificar a arrecadação dos gastos realizados em prol da coletividade.[124] Aqui deve-se realçar a grande mudança no enfoque, pois o processo que importa não é só o da arrecadação, mas das despesas a serem feitas para atender as necessidades sociais.

O gasto público, então, passa a ter como finalidade atender os interesses coletivos, prescritos na Constituição Federal de 1988. Busca, principalmente, o tratamento das desigualdades sociais e econômicas, não havendo qualquer espaço para o Poder Executivo atingir objetivos alheios, já que deve respeito à soberania popular. Por isso, a vigente Constituição Federal estabelece, no art. 1º, parágrafo único, que a democracia, além de elemento fundante da construção do Estado, é também seu fundamento, uma vez que determina os limites e as finalidades do exercício estatal.

O constitucionalismo democrático impõe um arranjo institucional aos poderes constituídos, cujos papéis devem ser exercidos de forma independente. Preserva-se, porém, a harmonia, com o fim de propiciar, ao processo de tomada de decisão, a participação direta ou indireta do cidadão, visando atingir os anseios sociais. O controle dos atos de gestão de recursos públicos é parte essencial desse processo.

Essa afirmação se extrai da leitura do art. 3º da Carta Magna, segundo o qual se deve perseguir: a construção de uma sociedade livre, justa e solidária; o desenvolvimento nacional; a erradicação da pobreza e a marginalização e a redução das desigualdades sociais e regionais; a promoção do bem de todos, sem preconceitos de origem, raça, sexo, cor, idade e quaisquer outras formas de discriminação.

Dessa sorte, a difícil alocação de interesses políticos que ocorre no orçamento público, com a participação dos legítimos interessados – seja por meio de seus representantes eleitos, seja pela participação da sociedade em conselhos ou, ainda, pela participação da sociedade civil organizada –, cria uma relação fática e jurídica entre os interesses da sociedade e a política governamental que se quer implantar. O grau de articulação e de compromisso entre eles é que garante maior eficiência na execução das políticas públicas.

Assim, a inobservância dos objetivos prescritos na Constituição Federal ou se deles se desviarem os poderes constituídos, por qualquer motivo não justificado dentro do ideal democrático, significa que deixaram de observar os fundamentos da existência do próprio Estado, que

---

[124] COELHO, *op. cit.*, p. 273.

é preservar a democracia e melhorar sua qualidade ao longo do tempo. Quando isso acontece, a democracia, como um todo, fica prejudicada, causando um círculo vicioso, com perda da credibilidade no próprio sistema democrático e no arranjo estatal, o que desencadeia o que se chama de crise institucional e democrática.

Agora, passa-se a tratar do papel de cada poder e do Ministério Público no processo orçamentário.

2.3.3 As funções dos Poderes Executivo e Legislativo e do Ministério Público no processo orçamentário

O Poder Executivo, dada a sua posição perante o Estado e a administração pública, cujo chefe é o próprio presidente da República, detém o poder de elaborar o orçamento originariamente,[125] claro, sob os influxos e pressões internas e externas a serem atendidas. Aí se realiza a alocação inicial que entende agregar os interesses a serem efetivados. O processo, além dos *inputs* políticos e econômicos, é permeado de entraves técnicos em virtude da gama de políticas públicas a serem implementadas, cada uma com sua dimensão social, política e econômica e com formas diferenciadas de tratamento, como é o caso das políticas voltadas para a educação e para a saúde, por exemplo.

O desafio na elaboração do orçamento, em um primeiro momento, fica nas mãos do Poder Executivo, que, utilizando-se do aparato administrativo especializado que detém, procura dotar aquele instrumento de recursos para atender anseios sociais, muitas vezes, para atender, também, promessas de campanha dos representantes eleitos.

O Poder Legislativo discute e vota os projetos encaminhados, podendo aprovar como elaborados ou fazer emendas, desde que respeite os requisitos previstos na Constituição: elaboração de emendas compatíveis com o PPA e com a LDO; indicação de recursos necessários, admitidos apenas os provenientes de anulação de despesa, vedada a anulação de dotações para pessoal e seus encargos, serviço da dívida e transferências constitucionais ou correção de erros ou omissões.

A discussão do projeto, na esfera federal, passa por diversas fases, conforme Crepaldi e Crepaldi, "(...) com estudos e análises, consultas, solicitação de informações, solicitação de emendas, audiências públicas para apreciação da matéria, voto do relator, redação final e votação em

---

[125] CONTI, José Mauricio. Iniciativa legislativa em matéria Financeira. *In*: CONTI, José Mauricio; SCAFF, Fernando Facury (Coord.). *Orçamentos públicos e Direito Financeiro*. São Paulo: Revista dos Tribunais, 2011. p. 292.

plenário".[126] Já Gilberto Tristão esclarece que "(…) é sobretudo através da apresentação de Emendas que os parlamentares corrigem desvios, reajustam distanciamentos das prioridades, impedem injustiças a grupos sociais e adequam o orçamento aos interesses regionais e locais".[127] Aqui vale ressaltar que existe a possibilidade de que emendas, além das parlamentares, sejam propostas pelo chefe do Executivo enquanto não terminada a discussão sobre o orçamento. Fora desse momento, não se poderia alterar o planejamento orçamentário, muito menos após aprovada e sancionada a respectiva lei.[128]

Ocorre que tal fato tem sido burlado pelo Executivo, com a omissão do Legislativo, dado que invariavelmente as LDOs e, inclusive, as LOAs estão sendo alteradas no decorrer da execução orçamentária, isto é, fora dos prazos das emendas e já no exercício que se deveria concretizar o que planejado no ano anterior. Tal fato distorce todo o complexo de fases e de processos que o planejamento orçamentário busca atingir, com prejuízos à concretização de políticas públicas.[129]

O art. 166 da CF/88 determina que todos os projetos orçamentários e projetos de créditos adicionais serão apreciados pelo Parlamento. Já o art. 167 estabelece: a vedação de qualquer despesa não prevista no orçamento, o respeito aos créditos previstos no orçamento e a prévia autorização legislativa para abertura de créditos suplementares e especial. Estabelece, ainda, que a transposição, o remanejamento ou a transferência de recursos de uma categoria de programação para outra ou de um órgão para outro não podem ser feitos sem autorização do Legislativo.

Como se pode observar, há determinações constitucionais para cumprimento do processo de elaboração e de execução do orçamento. As regras descrevem, inclusive, o modo pelo qual pode ser feita correção das previsões para cumprimento das despesas fixadas, o que se dá por meio das leis que aprovam créditos adicionais, visando à correção da falta de dotação orçamentária (crédito suplementar), à criação de crédito orçamentário (crédito especial) ou ao atendimento de gastos emergências e urgentes (créditos extraordinários).[130]

---

[126] CREPALDI; CREPALDI, 2009, *op. cit.* p. 61.

[127] TRISTÃO, Gilberto. Dificuldades na democratização do orçamento público. *Revista de Informação Legislativa*, Brasília, a. 26, n. 104, 1989, p. 122.

[128] DALLARI, Adilson Abreu. Orçamento impositivo. *In*: CONTI, José Mauricio; SCAFF, Fernando Facury (Coord.). *Orçamentos Públicos e Direito financeiro*. São Paulo: Revista dos Tribunais, 2011. p. 325.

[129] OLIVEIRA, W., 2013, *op. cit.*, p. 416.

[130] Ibidem, p. 313.

Lembre-se, nesse ponto, que na introdução foi feita a referência conceitual acerca dos créditos orçamentários. Porém, devido à sua importância, reitera-se: créditos orçamentários, de acordo com Giacomoni, são constituídos pelo "conjunto de categorias classificatórias e contas que especificam as ações e operações autorizadas pela lei orçamentária", e a "dotação é o montante de recurso financeiro com que conta o crédito orçamentário".[131] Assim, crédito orçamentário é o destino e o modo como determinado limite de verba, dotação orçamentária, deve ser aplicado.

Em nenhum momento, além daqueles previstos na Constituição e na legislação específica, identifica-se a possibilidade de o Poder Executivo deixar de observar as regras e os princípios de direito financeiro. Porém, é dado a ele regulamentar essas normas, tanto no que concerne à sua elaboração quanto à sua execução, o que se efetiva por meio dos órgãos de planejamento, utilizando sistemas de contabilidade pública, como o Sistema Integrado de Administração Financeira (Siafi). Os respectivos manuais e regulamentações são parâmetros para todas as unidades federadas, fato que importa em um enorme espaço para manipulação de seus conteúdos.

Com relação ao Legislativo, esse poder ganhou uma dimensão que antes não era de sua competência. Com a necessidade de elaboração da LDO, prevista no art. 165, §2º, da CF/88, o Parlamento passou a poder contribuir com o processo orçamentário e com as grandes decisões envolvendo as finanças públicas.[132] Adilson Abreu Dallari esclarece que "(…) a Constituição democratizou o processo legislativo do orçamento, conferindo posição sobranceira ao Poder Legislativo". De acordo com esse autor, "(…) quem estabelece as prioridades que vão condicionar a elaboração do projeto da lei orçamentária anual é o Poder Legislativo, por meio da lei de diretrizes orçamentárias". Ele ainda detalha que:

. No exame do projeto da lei de diretrizes orçamentárias o Legislativo pode aprovar emendas, alterar dispositivos, mudar prioridades indicadas, proibir determinados gastos, fixar limites de dotações globais e diretrizes específicas para o Legislativo e Judiciário, orientar a política tributária e disciplinar as operações de crédito.[133]

---

[131] GIACOMONI, 2012, *op. cit.*, p. 303.

[132] OLIVEIRA, W., 2012, *op. cit.*, p. 258-259.

[133] DALLARI, Adilson Abreu. Orçamento impositivo. *In*: CONTI, José Mauricio; SCAFF, Fernando Facury (Coord.). *Orçamentos públicos e Direito Financeiro*. São Paulo: Revista dos Tribunais, 2011. p. 311-314.

Giacomoni, analisando os fins específicos da LDO, introduzida pelo novo desenho do planejamento orçamentário constitucional de 1988, compreende-a como parte do esforço de tornar o processo orçamentário mais transparente. Também amplia a participação do Poder Legislativo no disciplinamento das finanças públicas. Segundo esse autor:

> Uma lei de diretrizes, aprovada previamente, composta de definições sobre prioridades e metas, investimentos, metas fiscais, mudanças na legislação sobre tributos e políticas de fomento a cargo de bancos oficiais, possibilitará a compreensão partilhada entre Executivo e Legislativo sobre os vários aspectos da economia e da administração do setor público, facilitando sobremaneira a elaboração da proposta orçamentária anual e sua discussão e aprovação no âmbito legislativo.[134]

Weder de Oliveira, citando Afonso e Giomi,[135] expressa que a LDO inclui dois princípios básicos, quais sejam: "Ordenar a maior participação do Poder Legislativo na elaboração dos Orçamentos anuais e constituir elo de ligação entre as leis do Plano Plurianual e do Orçamento Anual".[136] Aponta, ainda, a nova responsabilidade dada ao Poder Legislativo, anotando que ele deve passar a ter:

> (…) interesse pelo processo orçamentário em seu nível mais elevado de instrumento vital de consecução de políticas públicas e cumprimento dos deveres e funções do ente federado e que, ao mesmo tempo, zele por suas prerrogativas constitucionais de independência perante o Poder Executivo. Para um poder Legislativo manietado pelo Poder Executivo a LDO será um instrumento que assumirá as feições que o Poder Executivo desejar.[137]

Entende, ainda, Weder de Oliveira que, no modelo constitucional brasileiro, "o Poder Legislativo compartilha com o Poder Executivo as responsabilidades de planejar e de executar a alocação de recursos por meio das leis orçamentárias".[138] E continua enfatizando que:

---

[134] GIACOMONI, 2012, *op. cit.*, p. 229.

[135] AFONSO, José Roberto Rodrigues; GIOMI, Waldemar. A legislação complementar sobre finanças públicas e orçamento: subsídios e sugestões para sua elaboração. *Cadernos de Economia* - Ipea, n. 8, p. 21-22; 135-136, 1992, *apud* OLIVEIRA, W. 2013, *op. cit.*, p. 339-343.

[136] OLIVEIRA, W., 2013, *op. cit.*, p. 107.

[137] OLIVEIRA, W., 2013, *op. cit.*, p. 343.

[138] Ibidem, p. 410.

(...) qualquer ação política omissiva do Poder Executivo quanto à execução dos créditos orçamentários, incluídos ou aumentados pelo Congresso e Sancionados pelo Presidente da República implica tornar, ilegitimamente, sem eficácia o modelo constitucional, no que se refere ao concerto institucional decisório sobre políticas públicas e à racionalidade alocativa dos recursos.[139]

A simbiose entre os Poderes Executivo e Legislativo foi o que previu a Constituição Federal, sendo seguida pelas leis sobre finanças públicas. Ao mesmo tempo em que a iniciativa cabe ao Executivo, o Legislativo tem poder de emendar (mesmo que com muitos limites). Já o Poder Executivo pode dispor do veto parcial, com as exceções havidas antes da EC nº 100/2019 referentes às emendas parlamentares individuais[140] e, agora, de bancada.[141]

Durante a execução orçamentária, a LOA pode ser alterada por leis que regulam os créditos adicionais. Os créditos suplementares podem ser aprovados pelo Executivo, com base no limite anual descrito na LOA. As leis de diretrizes orçamentárias e a LOA podem autorizar o remanejamento, a transposição e a transferência de recursos, o que tem sido muito utilizado. Na esfera federal, o Poder Executivo ainda se vale de medidas provisórias para a abertura de créditos extraordinários.

Além disso, o Poder Executivo, com o fim de manter o equilíbrio fiscal nas contas públicas, tem utilizado o conhecido contingenciamento que, tecnicamente, é a limitação de empenho, mas ele não pode utilizar esse recurso em todas as matérias previstas no art. 9º, §2º, da LRF (despesas que constituam obrigações constitucionais e legais do ente, inclusive aquelas destinadas ao pagamento do serviço da dívida e as ressalvadas pela Lei de Diretrizes Orçamentárias), da mesma forma que deve agir de acordo com o §1º do art. 9º da LRF (no caso de restabelecimento da receita prevista, ainda que parcial, a recomposição das dotações cujos empenhos foram limitados dar-se-á de forma proporcional às reduções efetivadas), o que na prática também não ocorre.

---

[139] Idem, p. 411.

[140] A Emenda Constitucional nº 86/2015 aprovou a chamada emenda impositiva, segundo a qual um valor mínimo do montante de emendas parlamentares deve, obrigatoriamente, ser executado no ano seguinte, mas metade do valor das emendas precisa ir para a saúde.

[141] A Emenda Constitucional nº 100/2019 estabeleceu o orçamento impositivo de forma geral e garantiu execução às programações incluídas por todas as emendas de iniciativa de bancada de parlamentares de estado ou do Distrito Federal, no montante de até 1% (um por cento) da receita corrente líquida realizada no exercício anterior.

Ressalte-se que a Constituição pretendeu alterar o modo como o orçamento era tratado em termos políticos, jurídicos e de gestão administrativa. A participação do Poder Legislativo era limitada (como já dito), não havia possibilidade de integração do cidadão ao processo, e o orçamento não servia de instrumento para o planejamento, voltado para o alcance de resultados para a sociedade, com um controle era meramente formal. Para tanto, a CF estabeleceu maior poder de participação e de fiscalização aos representantes do povo, buscando a compreensão de gastos públicos alinhados aos anseios democráticos em uma república.

Além do papel de corresponsável na elaboração do orçamento, o Poder Legislativo, no exercício do controle externo, conta com um órgão auxiliar, o Tribunal de Contas. Ele foi criado para controlar as atividades contábil, financeira, orçamentária, operacional e patrimonial do Estado, de acordo com o art. 70, *caput*, da CF/88, e de forma autônoma desempenha suas atividades.

Entretanto, o Tribunal de Contas julga as contas, analisa a gestão orçamentária, contábil, financeira e patrimonial, mas não as condutas das pessoas envolvidas na gestão de recursos públicos. Assim, apesar de a decisão do Tribunal de Contas poder infligir penalidades, ele não pode aplicar as de caráter civil ou penal, não dispostas em suas competências. As decisões dos tribunais de contas estão sujeitas à análise do Poder Judiciário, que não pode reanalisar o mérito do julgamento das contas, mas pode reavaliar todo o procedimento, sob o aspecto da constitucionalidade, da legalidade e dos demais princípios e regras administrativas.[142]

A limitação nas atribuições do órgão auxiliar do Poder Legislativo no controle externo acima descrito importa para se afirmar que o sistema de controle externo previsto no desenho da Constituição acaba por desvelar a necessidade de integração de outras instituições para tornar integral o processo de controle estatal em todas as suas instâncias, como será mais bem analisado em tópico próprio.

---

[142] BRASIL. Supremo Tribunal Federal. *Recurso Extraordinário*. RE 636553-RS. Recte: União. Recdo: João Darci Rodrigues de Oliveira. Rel. Min. Gilmar Mendes. Brasília- DF, 23 de junho de 2011. DJ 50, 9 de março de 2012. Ementa: Recurso extraordinário. 2. Servidor público. Aposentadoria. 3. Anulação do ato pelo TCU. Discussão sobre a incidência do prazo decadencial de 5 anos, previsto na Lei nº 9.784/99, para a Administração anular seus atos, quando eivados de ilegalidade. Súmula 473 do STF. Observância dos princípios do contraditório e da ampla defesa. Repercussão geral reconhecida. (...) 6. TESE: "Em atenção aos princípios da segurança jurídica e da confiança legítima, os Tribunais de Contas estão sujeitos ao prazo de 5 anos para o julgamento da legalidade do ato de concessão inicial de aposentadoria, reforma ou pensão, a contar da chegada do processo à respectiva Corte de Contas". Disponível em: http://www.stf.jus.br/. Acesso em: 7 jul. 2020.

Aqui, apenas se pontua que há aspectos importantes dos atos do Poder Executivo no que concerne à fiscalização e ao controle orçamentário, que não são analisados pelos tribunais de contas nem pelo Poder Legislativo ou o são sob a ótica político-administrativa, e não jurídico-constitucional. Tal fato propicia um campo de atuação não exercido devidamente por nenhum órgão ou instituição.

Fora a previsão do controle externo a ser feita pelos tribunais de contas, como órgãos auxiliares do Poder Legislativo, a Constituição forneceu ferramentas e instituições para tornar real a participação da sociedade nas demandas e nas escolhas das despesas a serem feitas. Vários dispositivos constitucionais e legais preveem a possibilidade dessa participação no processo orçamentário e devem ser objeto de fomento e de exigibilidade na atuação pelo Ministério Público, haja vista sua atribuição específica de instituição que deve defender o regime democrático, os interesses sociais e indisponíveis da sociedade.

O Ministério Público foi previsto como instituição no art. 127 da CF/88,[143] com a função de promover a ação penal pública e de zelar pelo efetivo respeito dos poderes públicos e dos serviços de relevância pública aos direitos assegurados na Constituição, por meio da utilização das medidas necessárias à sua garantia. Deve, ainda, promover o inquérito civil e a ação civil pública na proteção do patrimônio público e social, do meio ambiente e de outros interesses difusos e coletivos, além de propor ações de inconstitucionalidade e outros instrumentos que serão objeto de análise em tópico específico.

A Lei Complementar nº 75/93 dispõe que o Ministério Público deve zelar, entre outros, pela observância dos princípios constitucionais relativos ao sistema tributário, às limitações do poder de tributar, à repartição do poder impositivo e das receitas tributárias e referentes às finanças públicas. Dessa sorte, por imposição constitucional, o Ministério Público é instituição voltada para a defesa da sociedade e, em especial, dos direitos sociais, que são de natureza difusa e individual indisponível, portanto, voltados à consecução das políticas públicas.

Ocorre que essa atuação do Ministério Público sobre o processo orçamentário, incluindo a elaboração e a execução do orçamento, ainda pende de grande iniciativa, vez que essa atividade tem se dado

---

[143] BRASIL. *Constituição da República Federativa do Brasil de 1988*. Presidência da República. Disponível em: http://www.planalto.gov.br/. Acesso em: 7 jul. 2020. "Art. 127. O Ministério Público é instituição permanente, essencial à função jurisdicional do Estado, incumbindo-lhe a defesa da ordem jurídica, do regime democrático e dos interesses sociais e individuais indisponíveis."

de maneira pontual e em determinadas questões de usual verificação, como é o caso dos repasses mínimos à educação e à saúde, licitações e contratos e, ainda, questões envolvendo infância e juventude.[144]

A partir da vigência da Lei de Ação Civil Pública e da Improbidade Administrativa, muitas ações foram propostas, relacionadas com gastos públicos, mas isso não significou um trabalho coordenado, contínuo e de monitoramento na área das finanças públicas locais, regionais e federal, como impõe a Constituição Federal na defesa dos direitos sociais.

Muitas das atividades desenvolvidas tiveram como precedente uma decisão dos tribunais de contas que em nada vincula a atuação do Ministério Público, não só por força do dispositivo legal, previsto no art. 21, II, da Lei nº 8.429/92, mas em função das atribuições que a Constituição Federal determinou em campo muito mais abrangente.[145]

Assim, a atuação do Ministério Público não está limitada pela atividade do controle externo exercida pelo Poder Legislativo ou pelo Tribunal de Contas, até porque isso não faria o menor sentido, dado que as atribuições, apesar de se tangenciarem em algum ponto, são díspares. Podem até se complementar, desde que se entenda o sistema de controle da gestão dos recursos públicos com uma abrangência que vai além de seus limites ordinários.

Diante disso, deve o Ministério Público agir de maneira preventiva e corretiva para evitar maiores prejuízos relacionados com as finanças

---

[144] SÃO PAULO. Tribunal de Justiça de São Paulo. *Apelação Cível nº 1005065-75.2016.8.26.0073*. 11ª Câmara de Direito Público. Apelante: Paulo Sérgio Guerso. Apelado: Ministério Público do Estado de São Paulo. Rel. Des. Jarbas Gomes, São Paulo-SP, 6 de março de 2019. DJ, 6 de março de 2019. Ementa: Improbidade Administrativa. Prefeito. Atos passíveis de subsunção ao regime previsto na Lei nº 8.429/92. Orientação do Superior Tribunal de Justiça. Preliminar repelida. Cerceamento de defesa. Julgamento Antecipado da Lide. Perícia contábil prescindível, ante a suficiência e a higidez do substrato documental oriundo do Tribunal de Contas. Preliminar repelida. Violação aos Princípios da Administração Pública. Caracterização, ante a ordenação de despesas no último ano do mandato sem prover lastro, em descrspeito ao artigo 42 da Lei Complementar nº 101/00, e a reiterada omissão de proceder aos ajustes orçamentários, provocando déficit ao longo de quatro exercícios, não obstante os alertas do Tribunal de Contas. Inteligência do artigo 11, inciso I, da Lei nº 8.429/92. Sanções correlatamente definidas em obediência aos critérios de proporcionalidade e de razoabilidade. Exame da jurisprudência. Recurso desprovido. Disponível em: http://www.tjsp.jus.br/. Acesso em: 7 jul. 2020.

[145] BRASIL. *Lei 8.429/92*, de 02 de junho de 1992. Brasília-DF: Presidência da República, [2020]. Dispõe sobre as sanções aplicáveis aos agentes públicos nos casos de enriquecimento ilícito no exercício de mandato, cargo, emprego ou função na administração pública direta, indireta ou fundacional e dá outras providências. Disponível em: http://www.planalto.gov.br/. Acesso em: 7 jul. 2020. "Art. 21. A aplicação das sanções previstas nesta lei independe: (…); II – da aprovação ou rejeição das contas pelo órgão de controle interno ou pelo Tribunal ou Conselho de Contas."

públicas. Não pode aguardar, portanto, decisão da Corte de Contas, que, de regra, tem trâmite lento e ainda acaba não demonstrando infrações praticadas e dispostas na legislação pertinente, relacionada com a conduta do gestor público. A responsabilização de gestores públicos demanda análise jurídica, com instrumentos procedimentais e processuais que estão fora do alcance das demais instituições de controle.[146]

Ocorre, entretanto, que, apesar da visível competência do Ministério Público na exigência da prestação de contas, *accountability*, e na responsabilização dos atos de gestão de recursos públicos, há um distanciamento da instituição no exercício dessa atividade, que não é realizada de maneira coordenada e sistematizada. O distanciamento institucional do Ministério Público das questões relacionadas com o direito financeiro e orçamentário e o prejuízo na atuação mais efetiva ocorreram por um entendimento equivocado sobre os papéis das citadas instituições e órgãos de controle dos atos do Poder Executivo.

A confusão inicial se desenvolveu com a vigência da CF/1988, que perdurou pelo menos até 1994.[147] Tal equívoco foi calcado na discussão sobre a natureza e atribuições do Ministério Público junto aos tribunais de contas, uma vez que não havia uma definição clara sobre as atividades e atribuições do Ministério Público junto aos tribunais de contas e sua relação com a instituição Ministério Público.

---

[146] BRASIL. Supremo Tribunal Federal. *Agravo de Instrumento*. AgR no AI nº 809.338- RJ. 1ª Turma. Ementa Agte.: Anthony William Garotinho Matheus de Oliveira. Agdo: Ministério Público do Estado do Rio de Janeiro. Rel. Min. Dias Toffoli, Brasília-DF, 29 de outubro de 2013. DJ, 24 de março de 2014. Ementa: (...). 2. A ação de improbidade administrativa, com fundamento na Lei nº 8.429/92, também pode ser ajuizada em face de agentes políticos. Precedentes. 3. A análise da legalidade do ato administrativo pelo Poder Judiciário não implica a violação do princípio da separação de poderes, sendo certo que a apreciação de contas de detentor de mandato eletivo pelo órgão do Poder Legislativo competente não impede o ajuizamento de ação civil pública com vistas ao ressarcimento de danos eventualmente decorrentes desses mesmos fatos. Precedentes. 4. Agravo regimental não provido. Disponível em: http://www.stf.jus.br/. Acesso em: 7 jul. 2020.

[147] BRASIL. Supremo Tribunal Federal. *Ação Direta de Inconstitucionalidade*. *Adin 789-1DF*. Tribunal Pleno. Reqte: Procuradoria Geral da República. Rqdo: Presidente da República e Congresso Nacional. Rel. Min. Celso de Mello, Brasília–DF, 26 de maio de 1994. DJ, 19 de dezembro de 1994. Ementa: Adin – Lei Nº 8.443/92 – Ministério Público junto ao TCU – instituição que não integra o Ministério Público da União – taxatividade do rol inscrito no art. 128, i, da constituição – vinculação administrativa a corte de contas – competência do TCU para fazer instaurar o processo legislativo concernente a estruturação orgânica do Ministério Público que perante ele atua (cf, art. 73, caput, in fine) – matéria sujeita ao domínio normativo da legislação ordinária – enumeração exaustiva das hipóteses constitucionais de regramento mediante lei complementar – inteligência da norma inscrita no art. 130 da Constituição – ação direta improcedente. Disponível em: http://www.stf.jus.br/. Acesso em: 7 jul. 2020.

Na atualidade, não mais existe qualquer dúvida a respeito das atribuições e limites das competências do Ministério Público junto aos tribunais de contas. É pacífico que se trata de órgão que não possui atividade direta e vinculada à função jurisdicional do Estado, não podendo demandar na justiça qualquer ação relacionada com seus objetivos. Ele tem atribuição exclusivamente administrativa, de análise das contas, uma vez que é órgão da estrutura organizacional dos tribunais de contas. Por isso, não detém as competências e as atribuições do Ministério Público da União ou dos estados.[148]

Afora isso, o tratamento especializado nos temas de direito financeiro e orçamentário, em sede de controle administrativo, ficou a cargo dos tribunais de contas e seus ministérios públicos, que se apropriaram do conhecimento. E para conservação do nicho de poder político-institucional, de forma defensiva, criou-se uma barreira institucional ao compartilhamento de sua *expertise* com outras instituições públicas que também atuam no controle e na fiscalização de atos semelhantes, só que em outra esfera de poder.[149] Esse fato tem como substrato a exigência de conhecimentos em áreas como contabilidade, economia, administração, engenharia e outras, que nunca dialogaram muito bem com o direito.

Na atualidade, são essas as áreas do conhecimento necessárias para se lidar com fatos cada vez mais complexos da sociedade moderna, ainda mais quando se cuida do controle sob a ótica de uma administração gerencial, voltada para a gestão responsável e eficiente dos recursos públicos.

Além da especialização da matéria e da necessidade do tratamento multidisciplinar das questões, a paralisia dos ministérios públicos, nessa seara, também se deveu por comodidade, pois, caso fossem identificados problemas a serem apurados no âmbito do Ministério Público, para ele seria encaminhada a respectiva informação. Ele funcionaria, então, como uma espécie de instituição complementar de controle.[150] Isso fez com que o Ministério Público, na quase totalidade dos casos em

---

[148] BLIACHERIENE; RIBEIRO, 2011, *op. cit.*, p. 1.229.

[149] Os órgãos de controle externo, tribunais de contas e MP junto ao TC, não foram, ao longo do tempo, abertos a simbioses de dados, informações e investigações com o Ministério Público e o Poder Judiciário. A troca de informações era uma forma burocratizada de correspondências institucionais vagarosas que não atendia a dinamicidade de investigações que deviam evitar prejuízo ao erário. Esse fato não é mais aceitável hoje em dia.

[150] BLIACHERIENE; RIBEIRO, 2011, *op. cit.*, p. 1.229. "Vê-se que a atuação do MP (estadual e da União) e do MP dos tribunais de constas é complementar, nos remetendo mais uma vez a um sistema constitucional de controle harmônico e o mais amplo possível."

que agiu, acabasse sendo movido por demanda, principalmente a dos julgamentos das cortes de contas. Portanto, deixou de tomar conhecimento a tempo e modo e de adotar as medidas, de forma preventiva e corretiva, inclusive as que possuem sanções administrativas, políticas e até criminais.

Explicando melhor, não se está afirmando que os tribunais de contas e os ministérios públicos junto a eles tenham deixado de fazer seu trabalho ou que não tenham informado fatos e atos que configurassem irregularidades, improbidade ou crimes. O que se ressalta é o fato de que, tendo em vista a limitação das atribuições desses órgãos de controle ordinário – eles não possuem as competências para a adoção de medidas de responsabilização criminal ou cíveis e, especialmente na área da improbidade administrativa, certo bloqueio institucional e o caráter decisório claramente político das cortes de contas –, vários casos acabam não sendo reportados ou, quando o são, não são capazes de evitar a prática ilegal e o prejuízo ao erário.

Um ponto importante e que poderia ser mais bem ajustado pelas instituições é a necessidade de aperfeiçoamento da comunicação institucional, uma vez que o controle da gestão dos recursos deve ser visto de uma forma geral e ampla, abarcando a atuação jurisdicional do sistema para que se ganhe em efetividade.

Assim, de fato, pode-se perceber que a responsabilização dos gestores públicos – braço importante da gestão responsável e transparente, exigida da administração pública e baseada no desempenho e em resultados[151] na área orçamentária – não está surtindo o efeito que se pretendia, mostrando-se insuficiente para alteração do entendimento e para aplicação, por parte do Poder Executivo, das regras e dos procedimentos que acabam por dificultar a concreção dos direitos fundamentais.

A LRF trouxe diversas regulamentações a serem perseguidas pelos gestores públicos, e seu descumprimento ocasiona sanções administrativas, políticas e penais[152] que não estão sendo observadas

---

[151] SALIONE, Beatriz Camasmie Curiati. *Administração pública por resultados e os contratos de gestão com as organizações sociais*: o uso do *balanced scorecard* como ferramenta de avaliação de desempenho. 2013. 306 f. Dissertação (Mestrado em Direito do Estado) – Faculdade de Direito, Universidade de São Paulo, São Paulo, 2013, p. 23-26.

[152] BRASIL. *Lei Complementar nº 101*, de 04 de maio de 2000. Lei de Responsabilidade Fiscal. LRF. Estabelece normas de finanças públicas voltadas para a responsabilidade na gestão fiscal e dá outras providências. Disponível em: http://www.planalto.gov.br/. Acesso em: 7 jul. 2020. "Art. 73. As infrações dos dispositivos desta Lei Complementar serão punidas segundo o Decreto-Lei nº 2.848, de 7 de dezembro de 1940; a Lei nº 1.079, de 10 de abril de

como deveriam. Como exemplo, cita-se a Lei n° 10.028/2000, que traz várias condutas típicas a serem seguidas na seara penal, como crimes praticados contra a responsabilidade fiscal, que somente podem ser investigados e judicializados pelo Ministério Público.

Outra importante vertente de atuação do Ministério Público, cuja atividade encontra-se adormecida, é a atribuição de defender a ordem jurídica, o regime democrático e os interesses sociais vinculados com o processo orçamentário e a entrega dos direitos nele previstos aos cidadãos. Afora todo o espectro jurídico que envolve sua confecção, execução e fiscalização, há uma perspectiva fundamental do processo orçamentário, que é a necessidade de maior participação do cidadão, fato que demanda da instituição do Ministério Público o dever de servir como indutora de maior participação do cidadão nas decisões alocativas.

O Ministério Público deve, assim, atuar como catalisador de uma maior compreensão e demanda social sobre o processo orçamentário, desde sua elaboração e execução até seu controle. O processo orçamentário não pode mais continuar alijando a participação popular, pois não foi esse o desejo expresso na Constituição Federal de 1988.

Diante desse quadro, é preciso que o Ministério Público perceba a importância de sua atuação efetiva nas áreas financeira e orçamentária e que se integre, definitivamente, ao sistema de fiscalização e de controle dos atos de gestão do Poder Executivo. O órgão ministerial tem deixado de fiscalizar e de adotar as medidas necessárias para prevenir e corrigir os desvios praticados nas finanças públicas, pelo menos sob uma ótica coordenada e planejada nessa atuação, bem como não tem adotado medidas para fomentar uma maior participação do cidadão no processo orçamentário. Essas atribuições foram conferidas a ele e são essenciais na busca da concretização dos direitos sociais e da preservação da democracia.

2.3.4 A manipulação do orçamento e suas consequências

A constitucionalização do direito financeiro e orçamentário e a ordenação das normas de finanças públicas devem ser compreendidas e aplicadas pelos operadores do direito e, sobretudo, pelos poderes constituídos, principalmente o Executivo, o Legislativo e o Judiciário.

1950; o Decreto-Lei n° 201, de 27 de fevereiro de 1967; a Lei n° 8.429, de 2 de junho de 1992; e demais normas da legislação pertinente."

Nesse aspecto, é importante ressaltar os sinais negativos que os atos políticos ou de gestão orçamentária acabam por transparecer por estarem, ainda, calcados na manutenção de um olhar conservador sobre o instrumento de concretização de políticas públicas. Sem adentrar a questão das agendas políticas, que são fundamentais, mas que demandaria aprofundamentos específicos, inicia-se a análise da elaboração do orçamento. É possível, desde a elaboração do orçamento, notar aspectos que demonstram falta de alinhamento entre as respectivas função e finalidade, previstas na Constituição, e o que de fato é produzido e executado. Percebe-se a incompatibilidade de sua concepção, por exemplo, quando se concedem renúncias de receitas sem observância às regras constitucionais específicas (arts. 150, §6º,[153] e 113 da ADCT)[154] e infraconstitucionais (art. 14 da LRF, por exemplo).[155]

Nos últimos anos, esse ponto se tornou um meio de beneficiar interesses privados de ordem econômica, financeira e orçamentária, de médio e longo prazo, sem justificativa plausível, como já identificado pelo TCU (e referido na introdução deste trabalho), pela Associação

---

[153] BRASIL. *Constituição Federal de 1988*. Presidência da República. Disponível em: http://www.planalto. gov.br/ Acesso em: 7 jul. 2020. "Art. 150. Sem prejuízo de outras garantias asseguradas ao contribuinte, é vedado à União, aos Estados, ao Distrito Federal e aos Municípios: §6º Qualquer subsídio ou isenção, redução de base de cálculo, concessão de crédito presumido, anistia ou remissão, relativos a impostos, taxas ou contribuições, só poderá ser concedido mediante lei específica, federal, estadual ou municipal, que regule exclusivamente as matérias acima enumeradas ou o correspondente tributo ou contribuição, sem prejuízo do disposto no art. 155, §2.º, XII, g".

[154] BRASIL. *Constituição Federal de 1988*. Presidência da República. Disponível em: http://www. planalto.gov.br/ Acesso em: 7 jul. 2020. Atos de Disposição Constitucional Transitória. ADCT. art. 113. A proposição legislativa que crie ou altere despesa obrigatória ou renúncia de receita deverá ser acompanhada da estimativa do seu impacto orçamentário e financeiro.

[155] BRASIL. *Lei de Responsabilidade Fiscal*. Disponível em: http://www.planalto.gov.br/ Acesso em: 7 jul. 2020. "Art. 14. A concessão ou ampliação de incentivo ou benefício de natureza tributária da qual decorra renúncia de receita deverá estar acompanhada de estimativa do impacto orçamentário-financeiro no exercício em que deva iniciar sua vigência e nos dois seguintes, atender ao disposto na lei de diretrizes orçamentárias e a pelo menos uma das seguintes condições: I – demonstração pelo proponente de que a renúncia foi considerada na estimativa de receita da lei orçamentária, na forma do art. 12, e de que não afetará as metas de resultados fiscais previstas no anexo próprio da lei de diretrizes orçamentárias; II – estar acompanhada de medidas de compensação, no período mencionado no *caput*, por meio do aumento de receita, proveniente da elevação de alíquotas, ampliação da base de cálculo, majoração ou criação de tributo ou contribuição. §1º A renúncia compreende anistia, remissão, subsídio, crédito presumido, concessão de isenção em caráter não geral, alteração de alíquota ou modificação de base de cálculo que implique redução discriminada de tributos ou contribuições, e outros benefícios que correspondam a tratamento diferenciado. §2º Se o ato de concessão ou ampliação do incentivo ou benefício de que trata o *caput* deste artigo decorrer da condição contida no inciso II, o benefício só entrará em vigor quando implementadas as medidas referidas no mencionado inciso".

Nacional dos Auditores Fiscais da Receia Federal (Unafisco) e por outras entidades públicas.[156] Igualmente, há utilização de receitas em destinos que são de única e exclusiva dominação do Poder Executivo, como é o caso da Desvinculação das Receitas da União (DRU),[157] que retiram do bolo valores a serem aplicados ao alvedrio do Poder Executivo, inclusive receitas destinadas aos direitos sociais.

Outro fator pouco discutido é o que os especialistas chamam de "orçamento incremental",[158] que significa a continuidade das mesmas alocações de anos anteriores, com mudanças poucas substanciais. Qualquer alteração substancial das destinações, e não apenas a discussão sobre os aportes a serem realizados, significaria rediscutir consensos políticos sobre questões sensíveis, o que afeta antigas vinculações e

---

[156] BATISTA, Vera. A Unafisco representa contra Michel Temer e Henrique Meirelles por improbidade administrativa. *Correio Braziliense,* 2109. Disponível em: http://blogs.correiobraziliense.com.br/. Acesso em: 6 jul. 2020. No documento, a Unafisco Nacional lembra que o parcelamento de débitos tributários tem previsão legal, no artigo 151 do Código Tributário Nacional (CTN), porém pode ser instituído de forma excepcional, com regras específicas e bastante restritivas.

[157] BRASIL. Senado Federal. *Agência Senado.* Senado notícias. Brasília, DF, agosto de 2015. A Desvinculação de Receitas da União (DRU). Disponível em: https://www12.senado.leg.br/. Acesso em: 12 jul. 2020. É um mecanismo que permite ao governo federal usar livremente 20% de todos os tributos federais vinculados por lei a fundos ou despesas. A principal fonte de recursos da DRU são as contribuições sociais, que respondem a cerca de 90% do montante desvinculado. Criada em 1994 com o nome de Fundo Social de Emergência (FSE), essa desvinculação foi instituída para estabilizar a economia logo após o Plano Real. No ano 2000, o nome foi trocado para Desvinculação de Receitas da União. O Plenário concluiu nesta quarta-feira (24) a votação da Proposta de Emenda à Constituição (PEC) nº 31/2016, que altera o ato das disposições constitucionais transitórias para prorrogar a desvinculação de receitas da União e estabelecer a desvinculação de receitas dos estados, Distrito Federal e municípios. A PEC prorroga até 2023 a permissão para que a União utilize livremente parte de sua arrecadação – a Desvinculação de Receitas da União (DRU) – ampliando seu percentual de 20% para 30% de todos os impostos e contribuições sociais federais. Cria mecanismo semelhante para estados, Distrito Federal e municípios – a Desvinculação de Receitas dos Estados, Distrito Federal e dos Municípios (DREM) –, sendo desvinculadas 30% das receitas relativas a impostos, taxas e multas, não aplicado às receitas destinadas à saúde e à educação. Para a entidade, ambos os representados teriam incorrido em improbidade administrativa por agirem com negligência na arrecadação de tributo na medida em que havia pareceres técnicos do órgão da administração tributária – a Receita Federal – apontando que os parcelamentos especiais são prejudiciais à arrecadação tributária e que afrontam os "ditames de uma gestão fiscal responsável". Ao descumprirem a orientação da área técnica e instituírem o Refis por meio de Medida Provisória, incorreram em conduta negligente com a arrecadação de tributos que configura, em tese, nos termos do art. 10, inciso X, da Lei nº 8.429/92 (Lei de Improbidade Administrativa).

[158] GIACOMONI, 2012, *op. cit.,* p. 169. O incrementalismo referido por Giacomoni, com base no pensamento de Aaron Wildavsky, significa "que grande parte dos recursos é apropriada em programas antigos, já objetos de análises e decisões anteriores, e os novos programas têm de competir em busca dos poucos recursos disponíveis".

80 | RUBIN LEMOS

desvinculações do orçamento.[159] Esse fenômeno atinge negativamente as alterações necessárias e resultantes das avaliações feitas nas políticas públicas com o fim de permitir melhor adequação e efetividade no gasto público.

O Poder Executivo ainda tem se utilizado da LOA como instrumento de suplementação do crédito orçamentário por meio da anulação parcial ou total de dotações, sem autorização específica do Parlamento, de acordo com o art. 165, §8º, da CF/88.[160] O fato tem ocorrido e provoca desqualificação do processo orçamentário, causando prejuízo às políticas públicas, sem demonstrar ou justificar a necessidade do rearranjo.[161]

Além desse fato, aponta-se a dificuldade de verificação da aplicação efetiva dos mínimos constitucionais, a exemplo dos 25% da receita de impostos para estados e municípios e dos 18% para o governo federal (art. 212, *caput*, da CF/88). Essa dificuldade ocorre em função da fórmula de cálculo da receita, muitas vezes superdimensionada.[162]

É importante ressaltar que as previsões de receitas não têm sido baseadas nos procedimentos previstos na lei, com base nas previsões anteriores, mas em interesses políticos e de grupos. Tal fato afeta a elaboração e a execução do orçamento, pois a despesa depende das

---

[159] WILDAVSKY, Aaron; CAIDEN, Naomi. *The New politics of the budgetary process*. 5. ed. New York: Pearson Longman, 2004. p. 47.

[160] BRASIL. Constituição Federal [1988]. Art. 165, §8º A lei orçamentária anual não conterá dispositivo estranho à previsão da receita e à fixação da despesa, não se incluindo na proibição a autorização para abertura de créditos suplementares e contratação de operações de crédito, ainda que por antecipação de receita, nos termos da lei.

[161] OLIVEIRA, W., 2013, *op. cit.*, p. 436.

[162] TJSP. FORO DE CAMPINAS, 2ª VARA DA FAZENDA PÚBLICA, Processo nº: 0016020-06.2009.8. 26.0114 Classe-Assunto *Ação Civil de Improbidade Administrativa*-Improbidade Administrativa. Rqte: Ministério Público do Estado de São Paulo. Rqdo: Helio de Oliveira Santos, Juiz(a) de Direito: Dr(a). Wagner Roby Gidaro, Campinas 2 de julho de 2013. "São três as condutas caracterizadas pelo Ministério Público como atos de improbidade administrativa: aplicação de valor menor no ensino fundamental, gasto superior com pessoal e descumprimento de determinação constitucional de quitação de precatórios. Pela alegação do Ministério Público, viu-se a insuficiente aplicação no ensino fundamental na ordem de 14,52%. A receita de impostos e transferências apurada no exercício remontaram R$961.663.077,99 e o valor de aplicação no ensino fundamental foi R$140.290.005,56, isso considerando os restos a pagar de R$3.502.029,32 do exercício de 2004 e quitados em 2005 (...). As alegações do requerido são superficiais e inócuas para impedir a aplicação da legislação, pois o descumprimento da Constituição é claro. Como bem descrito no V. Acórdão, (...) é insofismável que a rigidez e a seriedade da prescrição constitucional não dão margem a dúvida quanto à aplicação dos patamares mínimos de investimento público para o desenvolvimento da educação. A divergência de entendimento sobre a inclusão de receita e da despesa do FUNDEF no cálculo do percentual constitucional obrigatório não tem razão de ser, considerando a prioridade que a Magna Carta quis conferir ao investimento público direcionado à educação, de maneira que não se pode presumir o contrário: (...) irrefutável o descumprimento do art. 212, da Constituição Federal".

receitas, e essas são superestimadas. O Poder Executivo, então, lança mão de bloqueios e de contingenciamentos de verbas orçamentárias e financeiras, sob a alegação de preservar o equilíbrio fiscal, resultando em impacto negativo na concretização dos direitos sociais.[163]

Na execução orçamentária, continua o Poder Executivo a fazer uso indiscriminado da figura jurídica do contingenciamento e, sem a justificativa ou a autorização necessária, ele acaba por rearranjar as verbas a seu bel-prazer.[164] De fato, o contingenciamento de verbas, objeto de vários artigos científicos,[165] tem sido utilizado anualmente com o fim de cumprir as metas fiscais estabelecidas, pelo menos na esfera federal e em algumas unidades da federação, como o Distrito Federal. Não se verificando, na realidade, a arrecadação prevista, o Poder Executivo pode limitar a remessa dos recursos financeiros para os créditos orçamentários.

Para demonstrar o uso prejudicial do contingenciamento pelo governo federal, a tabela confeccionada pelo Ministério do Planejamento, corrigido pelo Índice Nacional de Preços ao Consumidor (IPCA), traz os valores bloqueados de recursos que deveriam ser direcionados ao Ministério da Educação (MEC), montante que, em 2015, foi de 13,2 bilhões; em 2016, 4,8 bilhões; em 2017, 4,7 bilhões; em 2018, não há informação; e em 2019, 5,8 bilhões. São montantes extremamente significativos quando se cuida da educação de um país que ainda é considerado subdesenvolvido e com grandes diferenças sociais.[166]

Então, no caso da edição de decreto de contingenciamento, a LRF impõe regras a serem respeitadas no uso da figura jurídica, como disposto em seus arts. 8º e 9º. A resolução do problema também foi ali disposta, mas não é utilizada pelos órgãos do Poder Executivo, no que se refere à recomposição das dotações que sofrem o bloqueio.[167] Em vez

---

[163] OLIVEIRA, W., 2013, *op. cit.*, p. 405.

[164] MENDONÇA, *op. cit.*, p. 236.

[165] Ibidem.

[166] RIBEIRO, Amanda. Tabela que compara cortes na educação subestima valor bloqueado por Bolsonaro. *Aos Fatos*, 23 maio 2019. Disponível em: http://www.aosfatos.org/. Acesso em: 7 jul. 2020.

[167] BRASIL. *Lei de Responsabilidade Fiscal*. "Art. 8º Até trinta dias após a publicação dos orçamentos, nos termos em que dispuser a lei de diretrizes orçamentárias e observado o disposto na alínea *c* do inciso I do art. 4º, o Poder Executivo estabelecerá a programação financeira e o cronograma de execução mensal de desembolso. Parágrafo único. Os recursos legalmente vinculados a finalidade específica serão utilizados exclusivamente para atender ao objeto de sua vinculação, ainda que em exercício diverso daquele em que ocorrer o ingresso. Art. 9º Se verificado, ao final de um bimestre, que a realização da receita poderá não comportar o cumprimento das metas de resultado primário ou nominal estabelecidas

de refazerem-na, de maneira proporcional, o Executivo tem congelado parcela desses valores para poder utilizá-los no exercício seguinte como crédito adicional. Não há, nessa nova destinação de recursos públicos, autorização para mudança da destinação originária e prevista no orçamento não executado. O contingenciamento não é modo de alteração formal do orçamento, como expressa Harrison Ferreira Leite a respeito.

Com a finalidade de constatar que as dotações orçamentárias não são devidamente cumpridas e que parte desses valores serve para incrementar outras dotações ou até criar novas, desvinculadas daquelas originais (fonte desvinculada) por meio de créditos adicionais, foram confeccionadas as planilhas que se encontram em apêndice.[168]

A análise empreendida sobre os dados levantados foram detalhamentos trabalhados na introdução, motivo pelo qual não será novamente feito. É preciso, porém, lembrar que Distrito Federal, Manaus e Porto Alegre atenderam, de forma geral, o percentual de cumprimento satisfatório da execução dos programas de educação infantil. São Paulo atingiu esse patamar nas duas áreas analisadas, e Fortaleza não os atingiu nos dois programas. O governo federal, por sua vez, de modo geral, não atingiu o percentual em nenhum dos programas, o que demonstra a necessidade de exigir melhor *accountability* e responsabilização.

A pesquisa aclara que os descumprimentos praticados pelo Poder Executivo foram, em alguma medida, constatados pelos órgãos de controle externo – no caso, os tribunais de contas e o Poder Legislativo –, mas eles ou acabaram por concordar com as ações, autorizando-as (no

---

no Anexo de Metas Fiscais, os Poderes e o Ministério Público promoverão, por ato próprio e nos montantes necessários, nos trinta dias subsequentes, limitação de empenho e movimentação financeira, segundo os critérios fixados pela lei de diretrizes orçamentárias. §1º No caso de restabelecimento da receita prevista, ainda que parcial, a recomposição das dotações cujos empenhos foram limitados dar-se-á de forma proporcional às reduções efetivadas. §2º Não serão objeto de limitação as despesas que constituam obrigações constitucionais e legais do ente, inclusive aquelas destinadas ao pagamento do serviço da dívida, e as ressalvadas pela lei de diretrizes orçamentárias. §3º No caso de os Poderes Legislativo e Judiciário e o Ministério Público não promoverem a limitação no prazo estabelecido no *caput*, é o Poder Executivo autorizado a limitar os valores financeiros segundo os critérios fixados pela lei de diretrizes orçamentárias. §4º Até o final dos meses de maio, setembro e fevereiro, o Poder Executivo demonstrará e avaliará o cumprimento das metas fiscais de cada quadrimestre, em audiência pública na comissão referida no §1º do art. 166 da Constituição ou equivalente nas Casas Legislativas estaduais e municipais.§5º No prazo de noventa dias após o encerramento de cada semestre, o Banco Central do Brasil apresentará, em reunião conjunta das comissões temáticas pertinentes do Congresso Nacional, avaliação do cumprimento dos objetivos e metas das políticas monetária, creditícia e cambial, evidenciando o impacto e o custo fiscal de suas operações e os resultados demonstrados nos balanços."

[168] Vide apêndices.

caso de autorização legislativa para créditos adicionais de dotações não empenhadas), ou apenas deixaram registrados, por meio de ressalvas, os descumprimentos (no caso da concessão de benefícios fiscais sem a previsão do impacto orçamentário) quando dos julgamentos das contas dos governos e do presidente da República. A prática descrita demonstra o descumprimento da execução orçamentária, em prejuízo da entrega de direitos sociais previstos no instrumento de planejamento de políticas públicas.[169]

Agora, passa-se a descrever uma das consequências da falta de concretização dos direitos sociais por parte do Poder Executivo.

2.4 A problemática atuação do Judiciário na concretização dos direitos sociais

Os desvios e as acomodações que foram desveladas acima no trato do sistema orçamentário constitucional pelos Poderes Executivo e Legislativo e a atuação pontual do Ministério Público têm alargado outro problema, que é a intervenção do Poder Judiciário no planejamento de políticas públicas.

Na medida em que o Poder Legislativo não controla os desvios do Poder Executivo de maneira efetiva – esse não observa as alocações de recursos como foram planejados no processo democrático –, tem restado ao Poder Judiciário, em função de diversas demandas individuais levadas a seu conhecimento e decisão no âmbito dos direitos sociais, fazer prevalecer o direito individual sobre o planejamento orçamentário e as políticas públicas.

É fato comum nos estados e nos municípios a demanda ao Poder Judiciário sobre causas envolvendo saúde e educação. A primeira é campeã na quantidade de casos, pois envolve, sem questionamento, um direito individual. E, por trás, muitas vezes, está em jogo a própria vida, ou seja, o bem maior a ser preservado pelas leis.

Necessário é ressaltar, nesse ponto, que não será objeto de análise a questão envolvendo a discussão da atuação do Poder Judiciário do ponto de vista de sua legitimidade e competência, mas tão somente as consequências de sua intervenção em políticas públicas e o motivo que acaba produzindo sua atuação.

A inobservância do Poder Executivo quanto às deliberações que foram tomadas ao final de um processo de escolha de agenda, de

---

[169] BUCCI, 2006, *op. cit.*, p. 1-47.

elaboração das políticas públicas e de inclusão destas no orçamento público gera nos demais poderes e para o cidadão a impressão de que o orçamento pode ser tão flexível que aceitaria a injunção no processo orçamentário, sem que houvesse prejuízo sério ao planejamento.[170]

Ocorre que, quando uma decisão judicial analisa um caso concreto, individual, em todos os seus aspectos, e não uma política pública, e concede o direito a uma prestação estatal positiva – com base nas garantias de direitos fundamentais e sem análise do efeito sobre o direito financeiro e orçamentário constitucional[171] –, há uma quebra no processo de planejamento idealizado e sequencialmente estabelecido. Um gasto que não está contabilizado no mínimo retira sua aplicação original e desarranja os demais. O raciocínio leva em conta que os gastos públicos são provenientes de um montante finito e estabelecido no planejamento orçamentário para fazer face às despesas, com base no mínimo de equilíbrio nas contas públicas.

Aqui não estão sendo desenvolvidos argumentos contra a atuação do Poder Judiciário, mas demonstrando o resultado negativo com relação à concretização de políticas públicas devidas pelo Estado brasileiro e que são diretamente impactadas por diversas decisões judiciais.[172]

Na linha de pensamento empreendida até agora, viu-se que a Constituição determina ao Estado que propicie processos que garantam direitos fundamentais, fazendo com que o cidadão possa ter, de maneira igual, capacidade de se desenvolver e acesso, em igual medida, aos bens e serviços que melhorem sua vida em sociedade. Para tanto, a Constituição estabeleceu o planejamento como condição primordial para o aparato estatal poder fazer suas escolhas e, diante das suas possibilidades fáticas e jurídicas, cumprir seu papel social, o que se dá por meio das políticas públicas. Essas são traçadas pelos agentes eleitos, por meio da simbiose entre o Poder Executivo e o Legislativo, com a intenção de garantir a aplicação dos recursos públicos para a concretização, entre outros, dos direitos sociais.

Assim, a intervenção do Judiciário, de forma a atender demandas individuais no campo das questões que envolvem políticas públicas, denota seu distanciamento de toda a discussão política, social e econômica que a envolve. Isso quer dizer que não são observados

---

[170] MENDONÇA, *op. cit.*, p. 274.

[171] CARVALHO, André Castro. Uma teoria de Direito Constitucional Financeiro e Direito Orçamentário substantivo no Brasil. *In*: CONTI, José Mauricio; SCAFF, Fernando Facury (Coord.). *Orçamentos públicos e Direito Financeiro*. São Paulo: Revista dos Tribunais, 2011. p. 74.

[172] LEITE, *op. cit.*, p. 175-177.

os princípios e regras constitucionais determinados para administração pública gerencial e responsável no gasto público: planejamento, políticas públicas e previsão orçamentária. Claro que a análise está sendo feita sob o ângulo das disposições constitucionais que obrigam o Estado a elaborar e cumprir seu planejamento, e não sob a ótica do direito individual, vindicado em juízo. Os elementos de sua abordagem refogem ao aspecto analisado. O que se afirma, com isso, é que o Poder Judiciário, ao ser demandado e deferir pleitos individuais sobre questões que são objeto de políticas públicas não executadas, acaba por influenciar negativamente o cumprimento dessas políticas planejadas pelo Poder Executivo. Segundo Harrison F. Leite:

> Pela sua natureza as alocações são policêntricas: cada sutil variação pode ter um significante impacto no interesse da potencialidade de destinatários dos recursos. Ou seja, como os recursos são os mesmos, alteração do destino dos recursos para alocá-los em outros fins significaria simples rearranjo, com carência de recursos de um lado e satisfação de outro. No mesmo sentido, elas envolvem a confluência de decisões tipicamente consideradas como de política financeira. Por conta dessas implicações, onde decisões alocatícias são desafiadas por infringir ou limitar direitos constitucionais, o judiciário não têm opção de decidir. Isso se dá porque a alocação judicial de recursos não leva em consideração os critérios técnico-científicos da distribuição de recursos.[173]

Dessa forma, fica claro que a atuação do Poder Judiciário nessa seara, sem levar em conta os programas e as políticas públicas em andamento, acarreta, no âmbito da programação, prejuízo para o sistema de planejamento. Por sua vez, na ponta do processo, acarreta prejuízo também para a população eleita a ser atendida, pois definitivamente contribui para que o planejamento orçamentário continue a não ser cumprido como deveria.

Além disso, a atuação do Judiciário na intervenção de questões objeto de políticas públicas acaba por criar um círculo vicioso e negativo na concretização dos direitos sociais, uma vez que a decisão judicial retira do âmbito político o ônus, o encargo, da resolução do problema que deve ser cobrada pela população e exigida dos representantes eleitos. A retirada da pressão social sobre os representantes eleitos faz com que eles acabem por se omitir nesse processo, e o resultado é prejudicial para a sociedade e para a democracia, porque a omissão do

---

[173] Ibidem, p. 183.

Legislativo é arrefecida pelo Judiciário. Muitas vezes, prefere-se isso a um debate público sobre questão sensível, o qual pode ter impacto sobre a imagem já desgastada de um Parlamento.

Eduardo Mendonça esclarece que a dotação orçamentária subaproveitada – como as indicadas nas planilhas – caracterizaria uma "omissão agravada" pelos agentes públicos, responsáveis por sua inexecução, e torna "a invasão do judiciário menos invasiva: o juiz não estaria interferindo na distribuição de recursos entre as diferentes opções de política pública já aprovada em caráter geral".[174]

Defende, ainda, que a inexecução não justificada da dotação orçamentária pode ser utilizada como argumento de reforço para a intervenção do Judiciário, sem que haja rearranjo dos recursos. Portanto, seria uma hipótese que forçaria uma comunicação constitucional entre as instâncias judicial e o sistema político, inclusive para estimular uma política de direitos fundamentais.[175]

Aqui se vislumbra que o raciocínio de Eduardo Mendonça é de que, no caso de previsão de direitos fundamentais no orçamento, esses passam a ter uma vinculação mínima, o que será mais bem detalhado no decorrer do trabalho. Para o caso, não só se vislumbra a vinculação jurídica e constitucional, mas se demonstra como e sob qual fundamento deve haver maior controle e fiscalização pelo Ministério Público.

Dessa sorte, levando em conta que a atuação do Poder Judiciário na concretização de direitos sociais acaba por afetar o planejamento orçamentário, passa-se a analisar a reação jurídica que se manifestou pelos órgãos do Poder Executivo na busca de impedir essa interferência, por meio do princípio da reserva do possível.

2.4.1 O princípio da reserva do possível e sua influência na concretização de um direito social previsto no orçamento

A "reserva do possível" é um conceito introduzido no direito brasileiro, cuja origem se encontra em uma decisão do direito alemão,[176]

---

[174] MENDONÇA, *op. cit.*, p. 276.

[175] Ibidem, p. 277-278.

[176] Trata-se da histórica decisão *Numerus-clausus Entscheidung, BverfGE nº 33, 303 (S. 333)*, na qual um grupo de candidatos a faculdades públicas de medicina não obteve êxito ao ingressar nas instituições, devido aos critérios de admissão que limitavam o número de vagas. O tribunal alemão, diante do impasse, invocou a teoria da reserva do possível, demandando a necessidade da razoabilidade nos pleitos em desfavor do Estado. É importante

e que, na ótica de Mário Soares Caymmi Gomes, acabou por ser conformado em diversas interpretações e sentidos, indo de um princípio a uma cláusula, até uma teoria.[177] Ana Paula de Barcellos, tentando uma conceituação possível ante a falta de unanimidade acerca de sua natureza jurídica, entende que:

> A expressão reserva do possível procura identificar o fenômeno econômico da limitação dos recursos disponíveis diante das necessidades quase sempre infinitas a serem por eles supridas. No que importa ao estudo aqui empreendido, a reserva do possível significa que, para além das discussões jurídicas sobre o que se pode exigir judicialmente do Estado – e em última análise da sociedade, já que esta que o sustenta –, é importante lembrar que há um limite de possibilidades materiais para esses direitos.[178]

Já Paulo Caliendo explica que a reserva do possível (*Vorbehalt dês Möglichen*) pode ser compreendida como um:

> Limite ao poder do Estado de concretizar efetivamente direitos fundamentais a prestações, tendo por origem a doutrina constitucionalista alemã da limitação de acesso ao ensino universitário de um estudante (numerus-clausus Entscheidung). Nesse caso, a Corte Constitucional alemã (Bundesverfassungsgericht) entendeu existirem limitações fáticas para o atendimento de todas as demandas de acesso a um direito.[179]

Ricardo Lobo Torres critica o termo e suas interpretações, pois distinguem a questão orçamentária do verdadeiro sentido da reserva do possível. Defende que houve deturpação de seu sentido original quando de sua importação, referindo-se a uma "desinterpretação da 'reserva do possível' no Brasil" e indo além, ao afirmar ser impossível a reserva do possível em sua ordem fática. Assim descreveu:

---

assinalar que a decisão do tribunal alemão não deferiu o pleito por falta ou ausência de previsão do gasto no orçamento, mas em virtude da falta de razoabilidade – da proporcionalidade de se alocar grande parte dos recursos para atender aquele pleito específico – que ofenderia a proteção do bem comum da maioria e da sociedade.

[177] GOMES, Mário Soares Caymmi. Apontamentos para uma análise retórica da reserva do possível como limitador da eficácia dos direitos fundamentais. *Entre Aspas*. Revista da UNICORP, v. 3, p. 80-98, 2013. p. 88.

[178] BARCELLOS, Ana Paula de. *A eficácia jurídica dos princípios constitucionais*: o princípio da dignidade da pessoa humana. Rio de Janeiro: Renovar, 2002. p. 236.

[179] CALIENDO, *op. cit.*, p. 176.

No Brasil, portanto [a reserva do possível], passou a ser fática, ou seja, possibilidade de adjudicação de direitos prestacionais se houver disponibilidade financeira, que pode compreender a existência de dinheiro sonante na caixa do Tesouro, ainda que destinado a outras dotações orçamentárias! Como o dinheiro público é inesgotável, pois o Estado sempre pode extrair mais recursos da sociedade, segue-se que há permanentemente a possibilidade fática de garantia de direitos, inclusive na via do sequestro da renda pública! Em outras palavras, faticamente é impossível a tal reserva do possível fática![180]

No Brasil, uma das interpretações mais utilizadas para o termo foi cunhada por Ingo Wolfgang Sarlet, que, em síntese, explica que o termo se refere à possiblidade jurídica e fática, bem como a uma ponderação ou razoabilidade para que uma decisão judicial, que importa em gasto público, possa ser realizada sem restrição.[181]

Importante é salientar que, na linha de raciocínio que se adotou até aqui, todo direito depende do custeio pelo Estado,[182] e o problema da escassez de recursos é realmente um limitador na concretização dos direitos diante do dever de prestação.[183] Assim, para que haja um mínimo de efetividade na alocação dos recursos, é necessário o controle social, que amplia a participação do cidadão no processo,[184] e não só o planejamento de curto e de médio prazos, estabelecidos na Constituição Federal como parâmetros para o aporte dos recursos nas prioridades eleitas.

Dessa sorte, a reserva do possível, apesar de não se confundir com a reserva orçamentária, dela não pode se dissociar totalmente,

---

[180] TORRES, Ricardo Lobo. *O direito ao mínimo existencial*. Rio de Janeiro: Renovar, 2009. p. 110.

[181] SARLET, Ingo Wolfgang. *A eficácia dos direitos fundamentais*. Uma teoria geral dos direitos fundamentais na perspectiva constitucional. *Op. cit.*, p. 372-373. "Entende que a reserva do possível teria dimensão tríplice, pois além dos aspectos de reserva do possível fática e jurídica, apresenta um terceiro aspecto, que 'envolve o problema da proporcionalidade da prestação, em especial no tocante à sua exigibilidade e, nesta quadra, também da sua razoabilidade' (que nada mais é do que a recuperação do sentido original da teoria). Essa dimensão tríplice abrange: a) a efetiva disponibilidade fática dos recursos para a efetivação dos direitos fundamentais; b) a disponibilidade jurídica dos recursos materiais e humanos, que guarda íntima conexão com a distribuição das receitas e competências tributárias, orçamentárias, legislativas e administrativas, entre outras, e que, além disso, reclama equacionamento, notadamente no caso do Brasil, no contexto do nosso sistema constitucional federativo; c) já na perspectiva (também) do eventual titular de um direito a prestações sociais, a reserva do possível envolve o problema da proporcionalidade da prestação, em especial no tocante à sua exigibilidade e, nesta quadra, também da sua razoabilidade."

[182] HOLMES; SUNSTEIN, *op. cit.*, p. 15.

[183] OLSEN, Ana Carolina Lopes. *Direitos fundamentais sociais*. Efetividade frente a reserva do possível. Curitiba: Juruá, 2008. p. 213.

[184] SARLET, 2015, *op. cit.*, p. 371.

esclarece Fernando Borges Mânica sobre o princípio que se transformou em "(...) teoria da reserva do financeiramente possível, na medida em que se considerou como limite absoluto à efetivação de direitos fundamentais sociais (i) a suficiência de recursos públicos e (ii) a previsão orçamentária da respectiva despesa".[185]

Igualmente, o sentido da reserva do possível, nos dizeres de Ingo Sarlet, muitas vezes tem sido utilizado como "(...) argumento impeditivo da intervenção judicial e desculpa genérica para a omissão estatal no campo da efetivação dos direitos fundamentais, especialmente de cunho social".[186]

Ricardo Lobo Torres afirma, entretanto, que uma enxurrada de ações individuais, principalmente na área da saúde, foi o mote para que essa argumentação passasse a ser usada nas causas em que uma decisão judicial poderia determinar o gasto público sem qualquer previsão no planejamento financeiro e orçamentário.[187]

O termo "reserva do possível" serviu de instrumento jurídico-argumentativo para tentar impedir um resultado que cria o dever do Estado no cumprimento dos direitos sociais. Assim, a análise feita e sob a ótica do direito subjetivo a uma prestação positiva na área social, apesar de algumas dissidências doutrinárias,[188] não se impõe qualquer dificuldade no entendimento relacionado com a legitimidade e com a justiciabilidade dos direitos sociais como direitos fundamentais. Desloca-se o problema dessa concretização para sua executoriedade, como afirma Cláudio Pereira de Souza Neto, ao esclarecer que "o grande desafio (...) não é discutir se os direitos sociais são ou não exigíveis, mas estabelecer parâmetros adequados de concretização".[189]

Uma face da discussão para a qual Ingo Sarlet chama a atenção nesse sentido e se mostra especialmente importante para este estudo é o fato de que a "reserva do possível", ao mesmo tempo em que tem

---

[185] MÂNICA, Fernando Borges. Teoria da reserva do possível: direitos fundamentais a prestações e a intervenção do poder judiciário na implementação de políticas públicas. *Cadernos da Escola de Direito*, v. 1, n. 8, 2008, p. 99-100, 2017. Disponível em: https://portaldeperiodicos.unibrasil.com.br/. Acesso em: 2 jun. 2020.

[186] SARLET, 2015, *op. cit.*, p. 372.

[187] TORRES, *op. cit.*, p. 99. "No Rio Grande do Sul, segundo reportagem de Fernando Teixeira, o Governo "está vivendo uma nova fase da disputa judicial pelo fornecimento de remédios não disponibilizados pelo Sistema Único de Saúde (SUS). O Estado acumula 20 mil ações envolvendo medicamentos e as despesas com as ordens judiciais saltou de R$ 11milhões em 2005 para R$ 30 milhões em 2006."

[188] TORRES, 2009, *op. cit.*, p. 110. Esse e outros autores entendem que o direito social não pode ser confundido com direitos fundamentais.

[189] SOUZA NETO, *op. cit.*, p. 527.

90 | RUBIN LEMOS

a finalidade de tentar impedir um gasto sem preenchimento dos requisitos fáticos, jurídicos e de razoabilidade, também tem a função de "garantia dos direitos fundamentais". Por exemplo, "na hipótese de conflitos entre direitos a invocação da indisponibilidade de recursos serve como alegação para salvaguardar o núcleo essencial de outro direito fundamental (...)",[190] isto é, serve para ratificar o respeito aos direitos inseridos no orçamento público.

O caso acima descrito tem relação com a existência fática e jurídica de uma alocação de recursos, com a finalidade de concretizar direitos fundamentais sociais, como educação infantil e saneamento básico. Nesses casos, para os quais já é realidade a previsão orçamentária deliberada pelo processo democrático, não teria fundamento constitucional uma decisão judicial realocar a dotação para aplicar em outro direito de mesma hierarquia, sem que se traga consequência negativa ao planejamento de políticas públicas.

A utilização da "reserva do possível", em prejuízo do deferimento do pleito judicial, já está pacificada na jurisprudência, e sua alegação, de forma genérica, sequer serve como argumento a impedir a concretização de um direito fundamental, como ocorreu no caso da ADPF nº 45-9-DF.[191] Entretanto, algumas posições reconhecem que o rearranjo em políticas públicas, causado por um provimento judicial que afete o orçamento, deve ser entendido como lesão à ordem pública em sua acepção jurídico-constitucional, como ocorreu com a suspensão de Tutela Antecipada nº 185-2-DF, pela rel. min. presidente Ellen Gracie, em 10.12.07.[192]

---

[190] SARLET, 2015, *op. cit.*, p. 296.
[191] BRASIL. Supremo Tribunal Federal. *Ação Declaratória de Preceito Fundamental. ADPF 45-9 Distrito Federal*. Argte.: Partido da Social Democracia Brasileira – PSDB. Argdo: Presidente da República. Rel. Min. Celso de Mello, Brasília DF, 29 de abril de 2004. Diário da Justiça, 4 de maio de 2004. Disponível em: http://www.stf.jus.br/. Acesso em: 6 jul. 2020.
[192] BRASIL. Supremo Tribunal Federal. *Suspensão de Tutela Antecipada 185-2-DF*, dez./2007. Reqte: União. Reqdo: Tribunal Regional Federal da 4ª Região (Apelação Cível nº 2001.71.00.026279-9) Interessado: Ministério Público Federal. Rel. Min. Presidente Ellen Gracie, Brasília-DF em 10.12.2007. "Ressalte-se (...) que, no caso em apreço, foi concedida tutela antecipada, determinando-se à União que promova, no prazo de 30 dias, 'todas as medidas apropriadas para possibilitar aos transexuais a realização, pelo Sistema Único de Saúde, de todos os procedimentos médicos necessários para garantir a cirurgia de transgenitalização do tipo neocolpovulvoplastia, neofaloplastia e/ou procedimentos complementares sobre gônadas e caracteres sexuais secundários, conforme os critérios estabelecidos na Resolução nº 1.652/2002 do Conselho Federal de Medicina' (fls. 147-148), bem como edite ato normativo que preveja a inclusão desses procedimentos cirúrgicos na tabela de procedimentos remunerados pelo Sistema Único de Saúde (Tabela SIH/SUS). É dizer, no presente caso, não se está analisando uma situação concreta, individual, um caso específico, determinou-se, sim, à requerente que tome providências normativas e administrativas

Assim como a decisão da ministra Ellen Gracie, o STF tem demonstrado que pretende fazer autocontenção em decisões que impliquem intervenção em políticas públicas, como foi o caso do RE nº 657.718 (tema 500), que acabou limitando as decisões judiciais:

> Tema 500: 1. O Estado não pode ser obrigado a fornecer medicamentos experimentais. 2. A ausência de registro na ANVISA impede, como regra geral, o fornecimento de medicamento por decisão judicial. 3. É possível, excepcionalmente, a concessão judicial de medicamento sem registro sanitário, em caso de mora irrazoável da ANVISA em apreciar o pedido (prazo superior ao previsto na Lei nº 13.411/2016), quando preenchidos três requisitos: (i) a existência de pedido de registro do medicamento no Brasil (salvo no caso de medicamentos órfãos para doenças raras e ultrarraras); (ii) a existência de registro do medicamento em renomadas agências de regulação no exterior; e (iii) a inexistência de substituto terapêutico com registro no Brasil. 4. As ações que demandem fornecimento de medicamentos sem registro na Anvisa deverão necessariamente ser propostas em face da União.

Outrossim, o STF, no tema 6 do RE nº 566.471, cujo julgamento ocorreu em março de 2020, também limitou as condições e as circunstâncias para fornecimento de medicamentos de alto custo, tendo o ministro Alexandre de Moraes deixado claro que:

> (…) o excesso de judicialização da saúde tem prejudicado políticas públicas, pois decisões judiciais favoráveis a poucas pessoas, por mais importantes que sejam seus problemas, comprometem o orçamento total destinado a milhões de pessoas que dependem do Sistema Único de Saúde (SUS). "Não há mágica orçamentária e não há nenhum país

---

imediatas em relação aos referidos procedimentos médico-cirúrgicos, motivo pelo qual entendo que se encontra devidamente demonstrada a ocorrência de grave lesão à ordem pública, em sua acepção jurídico-constitucional, porquanto a execução do acórdão ora impugnado repercutirá na programação orçamentária federal, ao gerar impacto nas finanças públicas. Encontra-se, outrossim, devidamente configurada a grave lesão à ordem pública, em sua acepção administrativa, dado que a gestão da política nacional de saúde, feita de forma regionalizada, busca uma maior racionalização entre o custo e o benefício dos tratamentos médico-cirúrgicos que devem ser fornecidos gratuitamente à população brasileira, a fim de atingir o maior número possível de beneficiários. Verifico, ainda, que, para a imediata execução da decisão impugnada no presente pedido de suspensão, será necessário o remanejamento de verbas originalmente destinadas a outras políticas públicas de saúde, o que certamente causará problemas de alocação dos recursos públicos indispensáveis ao financiamento do Sistema Único de Saúde em âmbito nacional. (…) Ante o exposto, defiro o pedido para suspender a execução do acórdão proferido pela Terceira Turma do Tribunal Regional Federal da 4ª Região nos autos da Apelação Cível nº 2001.71.00.026279-9/RS." Disponível em: http://www.stf.jus.br/. Acesso em: 14 jul. 2020.

do mundo que garanta acesso a todos os medicamentos e tratamentos de forma generalizada".[193]

Aqui surge a necessidade de exemplificar em que casos o Poder Judiciário intervém no processo orçamentário e suas consequências. É possível destacar algumas hipóteses em que o Judiciário é chamado a decidir sobre situações de direitos fundamentais que têm relação direta com o disposto na Lei Orçamentária. Podem ser vislumbradas as seguintes situações: 1) há programa, dotação, mas não há recurso financeiro; 2) não há programa nem dotação, mas há recursos financeiros; 3) não há programa, não há dotação e nem recursos financeiros; 4) há programa, há dotação e recursos financeiros.

Sobre as hipóteses acima destacadas, Harrison Ferreira Leite[194] foi absolutamente pontual e detalhou cada uma delas: para as hipóteses de número 2 e 3, somente por meio do respeito ao planejamento orçamentário e às leis que o regulamentam, todas baseadas nas diretrizes e normas constitucionais, seria possível seu preenchimento. Não pode fazê-lo o Poder Judiciário, uma vez que é necessária uma tomada de decisão política, de escolha entre opções para alocação de recursos, o que não é dado ao Poder Judiciário, inclusive porque ele deve fazer observar o conteúdo democrático que materializa o orçamento. No caso da hipótese 2, ressalta que haveria o conflito entre uma regra constitucional – que veda despesa sem previsão legal – e o princípio da submissão da administração pública em relação às decisões judiciais, cuja resolução aponta a aplicação da regra constitucional[195] na realização de despesa pública, o que vincula todos os poderes. Em relação à hipótese 3, ele argumenta sobre a impossibilidade fática do cumprimento de decisão judicial por falta de recursos financeiros e, mesmo que houvesse o ingresso de novos recursos, não se poderia fazer o remanejamento, tendo em vista o comprometimento das verbas. Entretanto, poderia a decisão judicial estabelecer a necessidade de previsão futura da despesa, ratificando o reforço para o cumprimento dos direitos sociais.

---

[193] BRASIL. Supremo Tribunal Federal. *Recurso Extraordinário*. RE n° 566.471, Repercussão Geral. Tribunal Pleno. Recte: Estado do Rio Grande do Norte. Recda: Carmelita Anunciada de Souza. Rel. Min. Marco Aurélio, Brasília-DF, 11 de março de 2020. DJ, 16 de março de 2020. Disponível em: http://www.stf.jus.br/. Acesso em: 13 jul. 2020.

[194] LEITE, *op. cit.*, p. 232-254.

[195] AVILA, Humberto. Neoconstitucionalismo: entre a ciência do Direito e o Direito da ciência. *Revista Eletrônica de Direito do Estado (REDE)*, n. 17, p. 5, 2009. Disponível em: http://www. direitodoestado.com.br. Acesso em: 22 jun. 2020.

Nesse ponto, trazem-se para análise as premissas levantadas na pesquisa dos programas orçamentários relacionados com a educação infantil e com o saneamento básico urbano.

Verifica-se que, nos dados sobre o cumprimento dos orçamentos dos estados, do Distrito Federal e do governo federal, discriminados nas planilhas, ficou claro que várias dotações orçamentárias deixaram de ser executadas e que, pelo menos em parte, havia recursos financeiros suficientes para aplicação. Porém, eles foram utilizados como créditos adicionais, fato que remete às hipóteses de número 1 e 4, já que ambas possibilitam a atuação do Judiciário, do ponto de vista do direito financeiro e orçamentário constitucional.

As hipóteses 1 e 4 têm relação direta com o objeto defendido nesta dissertação, pois não importam em desvirtuamento do processo de alocação de recursos. A escolha foi feita democraticamente, e a intervenção do Judiciário serviria para preservar o cumprimento das políticas públicas, especialmente a concretização do direito social. Essas hipóteses são semelhantes quanto à existência de um programa, uma política pública. Porém, no primeiro caso, não se tem a disponibilidade dos recursos financeiros. Então, a diferença está no fato de que a decisão judicial pode determinar a retirada de recurso financeiro de uma dotação para cumprir outro programa ou fazer valer o que o orçamento já determinou que fosse feito.

No primeiro caso, hipótese 1, quando não se tem recurso financeiro, a decisão judicial deve se ater à análise dos motivos determinantes e justificadores da inexistência dos recursos financeiros em programas que foram deliberados para serem cumpridos. O Judiciário deverá verificar as razões que levaram a administração a não concretizar direitos sociais ali dispostos, inclusive os relacionados com a conveniência e a oportunidade do ato.[196]

Nessa hipótese, a administração poderia alegar a frustração de receitas esperadas, fatos imprevistos que alteram a situação original ou o caso do contingenciamento. Esse acaba por deixar dotações sem recursos financeiros. Porém, dever-se-ia provar por que não houve a recomposição proporcional da dotação, na medida em que houve ingresso de receitas. Somente nesses casos a justificativa é plausível e jurídico-constitucional.[197]

No caso da hipótese 4, quando há tanto o programa quanto o recurso financeiro, o Poder Judiciário pode determinar o gasto, mas

---

[196] LEITE, *op. cit.*, p. 251.
[197] Ibidem, p. 251.

essa decisão não altera em nada o processo orçamentário realizado; ao contrário, dá a ele força executiva, visto que há flagrante descumprimento do que foi deliberado no orçamento.

Na perspectiva das hipóteses 1 e 4, Ingo Sarlet afirma que a "reserva do possível" acaba por demandar dos agentes públicos – dentre eles legisladores, administradores –, bem como do controle das políticas públicas – por órgãos e instituições de controle e de controle social, esse realizado por meio do Ministério Público, do Judiciário e do cidadão –, a exigência do *accountability* e da responsabilização sobre a decisão na aplicação eficiente dos recursos públicos.[198] Dessa forma, vê-se que a atuação do Judiciário pode ocorrer sem prejuízo ao planejamento orçamentário ou com prejuízo a ele, o que ocorre nas demandas individuais, calcadas no dever de garantir a vida e tudo que a cerca, além da dignidade da pessoa humana.

Segundo Cláudio Pereira de Souza, a atuação do Poder Judiciário, na concretização dos direitos sociais, deveria se circunscrever à garantia das "(…) condições necessárias para que cada um tenha igual possibilidade de realizar um projeto razoável de vida (autonomia privada) e de participar do processo de formação da vontade coletiva (autonomia pública)".[199]

Ocorre que a atuação do Judiciário em demandas individuais que afetam políticas públicas acaba por não contribuir para a participação dos cidadãos no processo de formação da vontade coletiva, uma vez que se retira, do âmbito público de discussão e decisão, a alocação prioritária dos recursos públicos. Essa deve ser feita por meio do processo democrático de planejamento e de priorização na concretização dos direitos sociais. A intervenção em políticas públicas, portanto, apesar de sua legitimidade, não contribui para o respeito às próprias políticas públicas e ao orçamento. Em consequência, também não contribui para a concretização de direitos sociais em termos coletivos.

2.4.2 O mínimo existencial

Assim como a "reserva do possível" foi utilizada no plano jurídico como reação argumentativa, com a intenção de limitar a concretização de direitos sociais que poderiam advir de decisões judiciais, o "mínimo existencial" não deixa de ser uma reação do aparato Judiciário contra o argumento da "reserva do possível". Mesmo

---

[198] SARLET, 2015, *op. cit.*, p. 370-371.
[199] SOUZA NETO, 2010, *op. cit.*, p. 535.

sendo um conceito já ligado, antes, à ideia de dignidade da pessoa humana, ele ganha contornos diferenciados na defesa da manutenção dos direitos fundamentais contra a investida do Estado.[200] O mínimo existencial tem, nos dizeres de Ricardo Lobo Torres, um conteúdo de regra constitucional, ou seja, apesar de sua amplitude, ele deve ser aplicado obrigatoriamente, sem sujeição a ponderações.[201]

Para Ingo Sarlet, o direito ao mínimo existencial foi consagrado como cláusula geral constitucional implícita.[202] O conceito, primordialmente, tem relação com o conteúdo essencial dos direitos fundamentais sociais, sem se confundir com ele.[203] Sarlet enfatiza que o mínimo existencial é compreendido como "o conjunto de prestações materiais indispensáveis para assegurar a cada pessoa uma vida condigna (portanto, saudável)". Não pode, a princípio, ser identificado com o núcleo essencial dos direitos fundamentais sociais sem a devida contextualização devida, pois, no seu entender:

> (...) este núcleo essencial, em muitos casos, até pode ser identificado com o conteúdo em dignidade destes direitos e que, especialmente em se tratando de direitos sociais de cunho prestacional (positivo), este conteúdo essencial possa ser compreendido como constituindo justamente a garantia do mínimo existencial, resulta evidente. Por outro lado, tal constatação não afasta a circunstância de que, quando for o caso, este próprio conteúdo existencial (núcleo essencial = mínimo existencial) não é o mesmo em cada direito social (educação, moradia, assistência social, etc.), não dispensando, portanto, a necessária contextualização em cada oportunidade que se pretender extrair alguma consequência jurídica concreta em termos de proteção negativa ou positiva dos direitos sociais e do seu conteúdo essencial, seja ele, ou não, diretamente vinculado a alguma exigência concreta da dignidade da pessoa humana.[204]

Paulo Caliendo diz que o mínimo existencial funciona como uma cláusula de barreira contra qualquer ação ou omissão estatal ou induzida pelo Estado, cláusula que impeça a adequada concretização ou efetivação dos direitos fundamentais e de seu conteúdo mínimo.[205]

---

[200] SARLET, 2015, *op. cit.*, p. 332.

[201] TORRES, 2009, *op. cit.*, p. 84.

[202] SARLET, Ingo Wolfgang. Dignidade (da pessoa) humana, mínimo existencial e justiça constitucional: algumas aproximações e alguns desafios. *Revista do CEJUR/TJSC. Prestação Jurisdicional*, v. 1, n. 1, 2013, p. 39.

[203] SARLET, 2015, *op. cit.*, p. 331-332.

[204] SARLET, 2013, *op. cit.*, p. 38-39.

[205] CALIENDO, Paulo. *Direito Tributário e análise econômica do Direito*. São Paulo: Elsevier, 2008. p. 200 e ss.

Afora a dimensão negativa do mínimo existencial, há uma dimensão positiva que determina, aos órgãos estatais, a obrigação de assegurar as prestações inerentes à sua realização. O direito ao mínimo existencial foi internalizado no direito brasileiro e, desde pelo menos a primeira década dos anos 2000, há decisões judiciais sobre o tema, especialmente do STF.[206] Essa corte relativizou, a favor, entre outros, da vida e da dignidade da pessoa humana, as limitações de ordem organizacional e orçamentária.

Dessa sorte, o mínimo existencial, para o objeto desta dissertação, tem a finalidade de reforçar o argumento de que a administração não pode negar o cumprimento das prestações de direitos sociais, especialmente quando já houver previsão orçamentária para um gasto público. Como exemplo, há os programas orçamentários de educação e de saneamento, foco de análise nesta pesquisa, conforme planilhas.

O direito social descrito na Constituição Federal como direito fundamental, cujo destaque foi revelado no orçamento público, ganha vinculação na despesa a ser concretizada, uma vez que identifica, pelo menos, um direito ao mínimo existencial, que é diferente do mínimo vital.[207]

Ricardo Lobo Torres, apesar de não concordar com a ideia de que os direitos sociais são direitos fundamentais, diferentemente de Ingo Sarlet, expressa que "(...) a reserva da lei, máxime a orçamentária quando se tratar de prestações positivas é um dos limites dos limites impostos ao legislador".[208] Para tanto, elabora uma resposta de superação da omissão do legislador ou da lacuna orçamentária, por entender que não se encontra, no âmbito da discricionariedade da administração ou do Legislativo, a defesa de direitos fundamentais e do mínimo existencial, ligada com as garantias institucionais da liberdade, no caso de construção de escolas e hospitais, entre outros. Propõe, então, que as lacunas devam ser preenchidas por meio do que dispõe o direito financeiro e orçamentário, isto é, "(...) o Judiciário reconhece a intangibilidade do mínimo existencial e determina aos Poderes a prática

---

[206] BRASIL. Supremo Tribunal Federal. *Ação de Descumprimento de Preceito Fundamental. ADPF 45-9 Distrito Federal*, Argte. Partido da Social Democracia Brasileira – PSDB. Argdo. Presidente da República. Rel. Min. Celso de Mello. Brasília, DF, 29 de abril de 2004. Diário da Justiça, 4 de maio de 2004 (PP-00012 RTJ VOL-00200-01 PP-00191). Disponível em: http://www.stf.jus.br/. Acesso em: 6 jul. 2020.

[207] SARLET, 2015, *op. cit.*, p. 331. A diferença entre mínimo existencial e mínimo vital "é que o mínimo existencial é mais amplo que o mínimo vital, meios de sobrevivência, uma vez que além do mínimo fisiológico abarca o mínimo sociocultural".

[208] TORRES, *op. cit.*, p. 95.

O PAPEL DO MINISTÉRIO PÚBLICO NA CONCRETIZAÇÃO DEMOCRÁTICA DO ORÇAMENTO | 97

dos atos orçamentários cabíveis (que seja providenciado a abertura de um crédito adicional para criar uma dotação inexistente) ou se o caso for de insuficiência do recurso financeiro (que seja feita a suplementação da dotação existente)".[209]

No caso de falta de dotação orçamentária em programa específico de gasto ou mesmo da falta do programa e contra a argumentação da reserva do possível, o STF, nos acórdãos proferidos no Ag. no RE nº 273.834/2000,[210] no ARE nº 436.996/2005,[211] no RE nº 410.715/2005-Agr/SP e no RE nº 431.773/2004,[212] adotou, como parâmetro, o direito

---

[209] Ibidem, p. 96.

[210] BRASIL. Supremo Tribunal Federal STF. *Recurso Extraordinário*. RE: 273834 RS, Recte: Município de Porto Alegre – Estado do Rio Grande do Sul, Recdas: Yassodara Camozzato e outros. Rel. Min. Celso de Mello, Brasília, DF, 23 de agosto de 2000, Brasília DF. DJ, 18 de setembro de 2000. Ementa: Aids/hiv. Distribuição gratuita de medicamentos em favor de pessoas carentes. Legislação compatível com a tutela constitucional da saúde (cf, art. 196). Precedentes do supremo tribunal O município interpôs Recurso Extraordinário a fim de reformar a decisão do TJ/RS. Celso de Mello ressaltou que não basta ao Estado proclamar o reconhecimento formal de um direito. "Torna-se essencial que seja ele integralmente respeitado e garantido, especialmente naqueles casos em que o direito se qualifica como prerrogativa jurídica de que decorre o poder do cidadão de exigir, do Estado, a implementação de prestações positivas impostas pelo próprio ordenamento constitucional." Disponível em: http://www.stf.jus.br/. Acesso em: 14 jul. 2020.

[211] BRASIL. Supremo Tribunal Federal STF. *Agravo em Recurso Extraordinário*. ARE: 436996-6-RS, Agrte: Município de Santo André Estado de São Paulo. Agrdo: Ministério Público de São Paulo. Rel. Min. Celso de Mello, Brasília- DF, 22 de novembro de 2005, DJ, 3 de fevereiro de 2006. É dever do Estado garantir à criança de zero a seis anos de idade o acesso à creche e ao ensino fundamental, independentemente da oportunidade e conveniência do Poder Público. A partir desse entendimento, o ministro Celso de Mello, do Supremo Tribunal Federal, assegurou a um menino, hoje com quatro anos de idade, a matrícula em creche pública administrada pela Prefeitura Municipal de Santo André (SP). O ministro deu provimento ao Recurso Extraordinário (RE) nº 436996 apresentado pelo Ministério Público do Estado de São Paulo contra o Município de Santo André, que se recusava a matricular a criança. Desde que o menino tinha nove meses de idade, os pais tentavam obter vaga em uma das creches municipais para que pudessem deixar a criança enquanto trabalhavam. A ação foi proposta na Justiça paulista em nome do menino, que ganhou a causa em primeira instância. O município recorreu e a determinação foi suspensa. Agora, a decisão do ministro Celso de Mello restabelece a sentença de primeiro grau, que obriga o município a garantir a vaga em creche próxima à residência da criança. Embora o município tenha argumentado que não tem recursos financeiros para assegurar a matrícula de milhares de crianças em cerca de 15 creches municipais, Celso de Mello ressaltou que o artigo 208, inciso IV, da Constituição obriga o Estado a criar condições objetivas para o acesso e atendimento a essas crianças. Disponível em: http://www.stf.jus.br/. Acesso em: 14 jul. 2020.

[212] BRASIL. Supremo Tribunal Federal. *Recurso Extraordinário*. RE 956475-RJ. Recte.(s): Alice Aparecida Botelho da Conceição. Recdo. Município de Volta Redonda. Rel. Min. Celso de Mello, Brasília-DF, 12 de maio de 2016. Diário da Justiça, Brasília-DF, 17 de maio de 2016. Ementa: criança de até cinco anos de idade. Atendimento em creche municipal. Educação infantil. Direito assegurado pelo próprio texto constitucional (CF, art. 208, IV, na redação dada pela EC nº 53/2006). Compreensão global do direito constitucional à educação. Dever jurídico cuja execução se impõe ao poder público, notadamente ao município (CF, art.

fundamental, o direito à vida e a necessidade de implementação de políticas públicas, previstas na Constituição Federal.

Dessa forma, o Poder Judiciário, nas causas envolvendo a prestação de saúde e de educação infantil, tem se posicionado no sentido de demonstrar que os direitos fundamentais não estão limitados, em sua concreção, a parâmetros financeiros e à reserva do possível. O argumento jurídico constitucional central se baseia na garantia ao mínimo existencial e, nele, o direito à vida e à dignidade da pessoa humana.

Ressalte-se uma face da questão que é pouco explorada, qual seja, a de que o mínimo existencial e a reserva do possível são argumentos jurídicos e constitucionais que devem ser utilizados, também, na exigência do cumprimento das execuções orçamentárias, quando houver programa orçamentário e dotação a ela vinculada. Nesse caso, não haveria uma posição jurídica contraditória entre ambos, já que o mínimo existencial inserido no orçamento – entendido como direito fundamental, previsto com uma determinada, adequada e proporcional reserva financeira – atende aos requisitos da previsão fática, jurídica e da razoabilidade exigidos.

Dessa maneira, os direitos à educação infantil e ao saneamento básico, que notadamente fazem parte dos núcleos dos direitos sociais, registram o cuidado com o mínimo existencial necessário ao desenvolvimento pessoal e social dos indivíduos. Sua prestação fica vinculada pelo Estado até que se demonstre, efetivamente, sua impossibilidade fática.[213] O desvio deve ser prontamente responsabilizado.

Por fim, a atuação do Judiciário, ao mesmo tempo em que preenche omissões e corrige desvios do Legislativo e do Executivo na elaboração e execução orçamentária, faz avançar a melhoria de vida do cidadão e garante sua existência. Sua intervenção, em termos coletivos, causa: rearranjo no processo de planejamento das políticas públicas, que tem a função de universalizar o fornecimento dos bens e serviços; retirada de direitos de uns em prol de outros; injustiça para os que não conseguem acesso ao Judiciário. Além disso, do ponto de vista político,

---

211, §2º). O papel do Poder Judiciário na implementação de políticas públicas previstas na constituição e não efetivadas pelo poder público. A fórmula da reserva do possível na perspectiva da teoria dos custos dos direitos: impossibilidade de sua invocação para legitimar o injusto inadimplemento de deveres estatais de prestação constitucionalmente impostos ao poder público. Recurso provido. Disponível em: http://www.stf.jus.br/. Acesso em: 7 jul. 2020.

[213] Entendendo-se como possibilidade fática conceituada por Robert Alexy. ALEXY, Robert. *Teoria dos direitos fundamentais*. Tradução: Virgílio Afonso da Silva. 5. ed. São Paulo: Malheiros, 2008. p. 503.

contribui para que não seja exigido, dos representantes eleitos, o enfrentamento de questões sensíveis, porém relevantes, para a sociedade.

A partir de agora, passa-se a analisar os argumentos acerca da necessidade de superação dos obstáculos acima descritos.

3 A necessidade de superação do entendimento conservador na aplicação do direito financeiro e orçamentário – o orçamento impositivo e o papel do Ministério Público

Horácio G. Corti esclarece que o direito deve servir para modificar a realidade, não somente como conjunto de regras de convivência. Enfatiza que a prática jurídica, então, deve ir "além daquela existente no século passado", quando o direito era visto de forma restritiva, em função do olhar positivista, legalista.[214]

O direito financeiro e seu ramo orçamentário, por isso, necessitam ser interpretados e aplicados conforme as normas constitucionais por meio da chamada "filtragem constitucional",[215] como ocorreu com outras vertentes do direito, especialmente o direito administrativo e o direito penal, no âmbito do direito público. O direito financeiro e orçamentário deve ser conformado pelos valores abrigados nos princípios e nas regras da lei das leis, principalmente no que concerne à atividade estatal, no seu fundamental papel de fornecedora de bens e serviços aos cidadãos.[216]

Dessa sorte, o planejamento, elaboração, alteração, execução e avaliação devem estar calcados nas diretrizes constitucionais e no cumprimento dos direitos fundamentais. Isso significa que qualquer decisão que afete a arrecadação ou o gasto público deve ser fundamentada e justificada naquelas diretrizes, com a devida transparência para poder possibilitar a fiscalização. Com isso, a superação do entendimento clássico passa pelo reconhecimento da vinculação entre os direitos fundamentais e o orçamento.

---

[214] CORTI, *op. cit.*, p. 130.

[215] BARROSO, Luís Roberto. *Interpretação e aplicação da Constituição. Op. cit.*, p. 339-340. "Filtragem constitucional" consiste em que "toda a ordem jurídica deve ser lida e apreendida sob a lente da Constituição, de modo a realizar os valores nela consagrados".

[216] BARROSO, Luís Roberto. Neoconstitucionalismo e constitucionalização do Direto (O triunfo tardio do direito constitucional no Brasil). *Revista de Direito Administrativo*, v. 240, p. 1-42, 2005. Disponível em: http://bibliotecadigital.fgv.br/. Acesso em: 5 jul. 2020.

3.1 A necessária vinculação entre a Lei Orçamentária e os direitos fundamentais

O direito financeiro e orçamentário não serve mais ao grupo de pessoas que pretendia controlar, num primeiro momento, a cobrança de tributos e, depois, fiscalizar e controlar os gastos do governo. Hoje, essa disciplina serve como instrumento normativo de garantia, entre outras, da implementação de direitos fundamentais.[217]

Importa ressaltar que a atividade financeira do Estado, de acordo com Horácio Corti, "(...) tem uma unidade teleológica de sentido que surge da Constituição: fazer efetivas (empiricamente reais) as instituições do Estado constitucional de direito". Isso significa que o antigo fundamento do atuar do Estado, que buscava atingir as necessidades públicas eleitas pelo Executivo, amparadas pelo Legislativo, não tem mais sentido, uma vez que a eleição primeira das prioridades foi feita pela Constituição, que passou a ditar as diretrizes a serem seguidas.[218]

Deve-se exaltar, então, o caráter expansivo dos direitos fundamentais que vinculam o direito orçamentário, no sentido de que, a depender do grau de vinculação das normas com base na Constituição é que se pode inferir o grau de constitucionalização do direito, dada a importância da área social no constitucionalismo contemporâneo.[219]

Horácio G. Corti chama a atenção para a importância de se respeitarem os tratados e convenções internacionais na interpretação e aplicação do direito, ainda mais se o país for signatário deles. Esses acordos põem em destaque os direitos sociais, como normas jurídicas de *status* constitucional na defesa de direitos fundamentais.

A questão ganha relevância porque um dos problemas que precisam ser superados é a visão de que o direito financeiro, relacionado com os gastos públicos, não possui normas constitucionais de caráter material. Suas normas, então, estariam adstritas às atividades de arrecadação, ou seja, apenas ao direito tributário.

Esse posicionamento implicou a falta de vinculação entre o orçamento e os direitos fundamentais ou a impossibilidade de sua visualização. Essa posição deve ser revisitada por meio de um novo entendimento teórico sobre a unidade conceitual do direito financeiro e orçamentário, com base nas normas da Constituição, além da

---

[217] Ibidem, p. 149.
[218] Idem, p. 147.
[219] Idem, p. 134.

O PAPEL DO MINISTÉRIO PÚBLICO NA CONCRETIZAÇÃO DEMOCRÁTICA DO ORÇAMENTO | 103

mudança de procedimentos ou de competências.[220] Isso significa que todos os sentidos e interpretações a serem feitas do direito financeiro e orçamentário devem partir da Constituição, e não mais das leis.[221] As normas de direito orçamentário, desde o início, tinham uma íntima ligação com os interesses políticos, os quais eram incompatíveis com sua natureza e consequências jurídicas, como apregoou Paul Laband, ainda na monarquia prussiana do final do século XIX.[222] É como se dissesse que o direito orçamentário interessasse apenas ao poder central e que sua regulamentação fosse de competência e consequências apenas administrativas, sem a interferência de outros poderes. Entendia-se, à época de Laband, que o direito administrativo tinha relação direta com a política, e não com os direitos fundamentais.

A atividade desenvolvida pelo Estado, na seara do direito financeiro, importava somente ao Poder Executivo como ferramenta regulatória para arrecadação e gastos, deixando de lado os interesses dos demais atores sociais, mas a necessidade de um novo olhar sobre a teoria e a aplicação das normas de direito financeiro e orçamentário é objeto de várias incursões de estudiosos da matéria, como é o caso de Horácio G. Corti. Isso se dá em função de que os direitos fundamentais, previstos na Constituição, passaram a ser entendidos como um fim a

---

[220] Idem, p. 145-146.

[221] SERRANO, Luis Sanchez. *Tratado de derecho financiero y tributário constitucional* I. Madrid: Marcial Pons, 1997. p. 99.

[222] LEITE, *op. cit.*, p. 32-33. Constitucionalista alemão que defendeu, no fim do séc. XIX, por meio de sua monografia de 1871, o caráter ambivalente de lei que se aplicaria ao orçamento público, dado que poderia ser formal ou material e esta separação servia para retirar da decisão política (Executivo- Monarca) a aplicação do direito que não poderia limitar atos do Estado que não gerassem direito. O fato que iniciou toda a discussão foi o conflito que surge quando o Rei Guilherme I apresenta projeto de lei de reforma militar em 10 de fevereiro de 1860, implicando aumento de despesas ao erário e o Parlamento rejeita o projeto. Diante desse impasse, o governo retira seu projeto, mas acaba por executar seu intento. No ano seguinte o fato se repetiu, gerando enorme desconforto entre o Rei e o Parlamento. Em setembro de 1862, o Rei nomeia Otto Von Bismarck como chefe de governo, que se compromete a fazer a reforma e a governar mesmo contra a anuência do Parlamento, debaixo da divisa "pelo Rei, contra a vontade do Parlamento". A questão era a de definir se o governo estaria autorizado a fazer gastos que o Parlamento não autorizou, diante do conteúdo do art. 99 da Constituição é época. Num primeiro momento Bismarck aprovou o orçamento baseando-se apenas na deliberação do senado. Em 1863, a Câmara dos Deputados rejeitou novamente o projeto de orçamento do governo. Várias guerras se seguiram, sendo a Prússia vitoriosa, motivo que levou em 1866 a desarmar os opositores políticos do governo e a aprovarem, na Câmara dos Deputados, uma norma que considerou aprovados todos os gastos feitos sem houvesse orçamento, onde se considerou a lei orçamentária mera conta patrimonial e não regra jurídica, ou seja, sem conteúdo vinculante para os governantes. Foi com essa discussão que Paul Laband desenvolve sua teoria dualista da lei nos anos seguintes. FONROUNGE, Carlos Giuliani. Naturaleza jurídica del pressuposto. *Revista de Direito Público*, n. 12, 1969, p. 8.

ser perseguido e também como fundamento para se atingi-los, o que altera muito a ótica publicista de aplicação de normas, especialmente para a administração pública, além da mudança no papel do Legislativo e dos órgãos e instituições de fiscalização e controle.

A racionalização da aplicação do direito financeiro não está mais baseada na supremacia do interesse do governo ou na necessidade pública direcionada pelo Executivo, mas, sim, nos meios dispostos pela Constituição para financiar os direitos nela previstos.[223] Esse novo olhar busca, nos direitos fundamentais – que há muito se fazem presentes no direito tributário, por meio dos conceitos de justiça e igualdade –, sua aplicação ao direito orçamentário. É preciso, então, que se reconheça a autonomia científica do direito financeiro e orçamentário por meio de uma releitura constitucional.[224]

Assim, conforme Horácio Corti, de modo geral, tal como o direito financeiro, devidamente submetido ao processo de constitucionalização, o orçamento público deve servir para dar efetividade aos direitos fundamentais.[225] Entende, ainda, que o vínculo conceitual se dá em dois sentidos: de um lado, que a atividade financeira é, de *per si*, um elemento do sistema dos direitos fundamentais; de outro, que o sistema de direitos fundamentais dá sentido constitucional à atividade financeira. Tal posição leva à superação do "idealismo constitucional", segundo o qual se pode pensar juridicamente os direitos fundamentais sem se levar em conta a dimensão financeira, bem como o "pragmatismo ou legalismo do orçamento", sem levar em conta os direitos fundamentais.[226]

Além disso, ressalte-se que o direito financeiro e orçamentário deve observar o princípio constitucional da democracia, que também é entendido como direito fundamental, descrito aqui não só na ótica formal, mas substancial. O não atendimento dos procedimentos orçamentários estabelecidos acaba por descumprir o disposto na Constituição e ainda deixa de lado a busca da transparência e da participação pública. É o que ocorre com as audiências públicas da *accountability* na execução orçamentária.

O caráter democrático do orçamento fica prejudicado quando o Poder Legislativo, em regimes parlamentaristas ou presidencialistas,[227]

---

[223] CORTI, *op. cit.*, p. 147.
[224] Ibidem, p. 148.
[225] Idem, p. 150.
[226] Idem.
[227] STHIF, Kate. Congress' power of the purse. *The Yale Low Journal*, v. 97, n. 7 p. 1.343, 1988.
"*La Constituición ubica el poder sobre la caja (the power of te purse) en el Congreso: 'No puede*

que tem a atribuição específica para fazer a fiscalização e controle na elaboração, alteração e execução do orçamento, acaba por servir ao propósito do Executivo.

Cuidando de eventual conflito entre direitos fundamentais e a Lei Orçamentária, Horácio Cortes prega que, do ponto de vista do Estado, os limites financeiros são condições de razoabilidade que o processo orçamentário legislativo tem de enfrentar. Porém, essa sujeição não fica adstrita a uma escolha sem equidade, entendida no sentido de justiça e de razoabilidade de gastos condizentes com as demandas sociais.[228]

Diante dessas novas dimensões do orçamento, é necessário que se reformule teoricamente seu sentido normativo e seu caráter impositivo, com o fim de adequá-lo aos mandamentos constitucionais.

Sobressaem do orçamento, então, vários aspectos relevantes que demonstram as faces que nele se englobam, como o aspecto administrativo-gerencial, econômico, técnico, político e jurídico, o que se passa a analisar.

3.2 A merecida importância do aspecto jurídico do orçamento público

De acordo com Sílvio A. Crepaldi e Guilherme S. Crepaldi, o aspecto administrativo e gerencial do orçamento mostra a parcela do planejamento que busca saber de quanto vai se dispor para aplicar nas necessidades coletivas. Sobre isso, os autores esclarecem que o orçamento é "um instrumento que auxilia os gestores públicos na consecução das diversas etapas do processo administrativo: programação, execução e controle".[229]

O aspecto econômico do orçamento se relaciona com o impacto que a programação da arrecadação e dos gastos públicos causa no mercado e aos agentes econômicos, uma vez que influencia a adoção de políticas micro e macroeconômicas, afeta a quantidade de moeda no mercado, interfere na quantidade de emprego, de endividamento, na inflação, dólar, preços públicos e outros.

Já o aspecto técnico é pautado por regras com o fim de dar uniformidade à estrutura orçamentária do país, estabelecendo modelos

---

devengarse dinero del Tesoro sino como consecuencia de una apropiación hecha por ley' (art. I, §9, cl. 7). Este empoderamiento de la legislatura es uno de los fundamientos de nuestro orden constitucional."

[228] CORTI, *op. cit.*, p. 185.
[229] CREPALDI; CREPALDI, *op. cit.*, p. 27.

contábeis de demonstração e fornecendo informações, como é feito pelo Sistema Integrado de Administração Financeira (Siafi) do governo federal.

O aspecto político é um dos mais importantes, diferentemente da noção disseminada, pois se tornou instrumento utilizado pela sociedade e manejado por seus representantes para o processo de escolhas da alocação e aplicação dos recursos. Essas opções de gasto são a expressão da democracia representativa que analisa e aprova o orçamento após debates. Esses devem levar em conta os anseios sociais, e não uma perspectiva única e exclusiva do Poder Executivo (art. 165, §§4º e 7º, do CF). Infelizmente, esse último item tem sido a realidade imposta no processo orçamentário.

Por sua vez, seu aspecto jurídico, por ser lei, apesar da importância que tem entre os demais aspectos, é o que ainda pende de consenso doutrinário e jurisprudencial,[230] porque seu reconhecimento, aplicação e concretização estão pautados pela controvérsia quanto à sua natureza jurídica. Esse ponto prejudica a efetividade das prestações positivas que o Estado deve concretizar.[231]

O orçamento, sob a visão clássica de seus fins e seus fundamentos, é tratado como se lei não fosse. Procura-se creditar a ele, apesar de todo o processo a que se submete no campo político, um caráter de instrumento de gestão do Poder Executivo, o que definitivamente não o é. Essa assertiva carece de respaldo jurídico constitucional.

As normas orçamentárias precisam ser reinterpretadas com base na Constituição para que seus institutos, princípios e regras sejam aplicados com um novo viés.[232] Isso depende de vários fatores e, dentre eles, está a necessária reformulação teórica do direito financeiro e orçamentário, com o fim de servir à Constituição na efetivação dos direitos fundamentais. Outro fator importante para a mudança está na interpretação e aplicação, pelos operadores do direito, desse novo entendimento.

O orçamento público não é só mais uma lei como outras, mas o instrumento jurídico que importa na concretização democrática dos interesses mais básicos dos cidadãos. Para Luís Cabral Moncada:

---

[230] LEITE, *op. cit.*, p. 44-49.

[231] Os entendimentos divergentes sobre a natureza jurídica do orçamento serão objeto de análise logo a seguir.

[232] BARROSO, Luís Roberto. *Interpretação e aplicação da Constituição*. Fundamentos de uma dogmática constitucional transformadora. 6. ed. São Paulo: Saraiva, 2004. p. 339-340. "Filtragem constitucional" consiste em que "toda a ordem jurídica deve ser lida e apreendida sob a lente da Constituição, de modo a realizar os valores nela consagrados".

O PAPEL DO MINISTÉRIO PÚBLICO NA CONCRETIZAÇÃO DEMOCRÁTICA DO ORÇAMENTO | 107

(…) a aprovação parlamentar da lei do orçamento representa a adesão a um ato de direção política fundamental em que o Parlamento se vê associado à tarefa de corporizar, aprovando o orçamento, um impulso político autônomo, assumindo ou não as opções políticas do Governo, ao mais alto nível de decisão dos órgãos do Estado e revestindo enquanto tal o conteúdo verdadeiramente substancial de uma lei.[233]

Ressai daí que o orçamento tem uma dimensão jurídica que, por muito tempo, acabou não sendo discutida como deveria, devido ao conservadorismo do pensamento jurídico acerca do tema. Tal pensamento ainda se baseava na teoria de Laband, ou seja, no entendimento de que, para a administração pública, o direito não se aplicava, quando não regulamentasse interesses individuais.

Ora, o constitucionalismo contemporâneo e o estado de evolução social e jurídica das sociedades ocidentais não podem conviver com paralisias conservadoras, muito menos quando essas afetam princípios e fundamentos do Estado Democrático de Direito. Importa entender que o orçamento é instrumento jurídico e que veicula preceitos aplicáveis não só para a administração, mas com consequências diretas para os cidadãos.

Diante da necessária alteração da visão sobre a importância do aspecto jurídico do orçamento público, deve-se cuidar de sua natureza jurídica, haja vista a interminável celeuma na doutrina e na jurisprudência sobre esse assunto. A questão acabou por impactar negativamente não só o controle de constitucionalidade desse instrumento, mas o entendimento de que ele não seria capaz de carregar direitos subjetivos e de ser vinculante para o Estado, por ser lei em sentido formal.

3.2.1 A natureza jurídica do orçamento diante da constitucionalização do direito

Inicialmente, importante é citar que, durante muito tempo, a doutrina que balizava o conhecimento sobre a natureza jurídica do orçamento entendia-o como lei formal, exatamente pelos influxos recebidos da teoria germânica de Paul Laband,[234] que divisava a lei em formal e material. Os principais doutrinadores brasileiros que adotaram essa teoria foram: Aliomar Baleeiro, Ricardo Lobo Torres, Kioshi Harada,

---

[233] MONCADA, Luís S. Cabral de. Perspectivas do novo direito orçamental português. *In*: *Estudos de Direito Público*. Coimbra: Coimbra, 2001. p. 92-93.
[234] LABAND, Paul. *El derecho presupuestario*. Madrid: Instituto de Estudios Fiscales, 1979. p. 23.

Regis Fernandes de Oliveira, Estevão Horvath, Adalberto Deodato e Luiz Emygdio.[235]

Para outros doutrinadores, o orçamento também possuía um conteúdo material quando se visualizava a necessidade da arrecadação com a cobrança de tributos, ou seja, o seu viés de autorização da cobrança de tributos. Regis Fernandes de Oliveira, Estevão Horvath e Alfredo Augusto Becker adotam esse entendimento.[236]

Ocorre que a Constituição Federal deixou clara a separação no tratamento das regras constitucionais tributárias (arts. 145-156) e orçamentárias (arts. 165-169), o que dá a cada uma delas uma autonomia dogmática, sem que isso signifique a ausência de influência e de consequências mútuas. Porém, o argumento de que servia o orçamento como instrumento legal para autorizar a cobrança do tributo não mais persiste no princípio da anualidade, uma vez que não foi incorporado à Constituição Federal.

Acontece que a inexistência do princípio da anualidade, no sentido de propiciar uma garantia ao contribuinte (princípio da não surpresa tributária) foi suprida na Constituição Federal. Foi prevista, em seu art. 165, §2º, essa garantia de outra forma e outras, como a segurança financeira e orçamentária (segurança da disponibilidade de recursos) e do equilíbrio fiscal (adequação entre recursos e o programa governamental), na medida em que prevê que a LDO "disporá sobre as alterações na legislação tributária", o que revela a extensão da relação entre receitas e despesas.[237]

Deve-se ter em mente que o orçamento é um todo sistêmico que contém uma pluralidade de comandos normativos, como autorizações, proibições, obrigações e determinações. A divisão epistemológica entre receita e despesa, para análise conceitual da natureza do orçamento, proporciona um olhar com viés equivocado do sistema, como se as partes fossem isoladas umas das outras, sendo que a finalidade da arrecadação não é, senão, ser utilizada nas despesas em prol do todo. Nas palavras de Fonrouge:[238]

No puede establecerse una separación entre la parte que contiene el plan financiero o los estados de previsión (que sería el acto administrativo) y el

---

[235] LEITE, *op. cit.*, p. 45.
[236] Ibidem, p. 47.
[237] OLIVEIRA, W. 2017, *op. cit.*, p. 204.
[238] FONROUGE, Carlos M. Giuliani. *Derecho Financiero*. 3. ed. v. I. Buenos Aires: Depalma, 1977. p. 141-142.

texto legal que los aprueba (ley propiamente dicha), porque ambos constituyen fragmentos de un todo orgánico. La ley presupuestaria es, pues, un acto unitario y las cifras de gasto o recursos revisten carácter sustancial e integran el acto mismo; los agregados, cuadros comparativos, etc., cumplen funciones explicativas, pero no son jurídicamente independientes; (...).

Poucos foram os doutrinadores que entenderam que a Lei Orçamentária tinha natureza material, como foi o caso de Francisco Campos. Calcado em outros constitucionalistas da época de Laband, como Philippe Zorn e Otto Mayer, Campos entendeu que essa teoria não "tem fundamento lógico, nem jurídico" e explicou o fato, baseado na época em que laborou Laband e até na falta de entendimento da Constituição como um conjunto de regras jurídicas impositivas. Nesse entendimento, a Constituição era vista somente como uma carta de intenções políticas, distanciada, portanto, da realidade de países com uma constituição escrita e com valor jurídico definido.[239]

A Lei Orçamentária consiste, como diz Francisco Campos:

> (...) em uma ordem que restringe a esfera de liberdade individual ou em autorização, mediante a qual se permite a um indivíduo ou a um órgão administrativo inferior a prática ou o exercício de determinada atividade, ou se edita, no uso de uma faculdade legal, cuja utilização se deixou ao juízo da autoridade administrar, quanto à sua conveniência ou oportunidade ou necessidade, uma proibição ou uma restrição até então inexistente ou inefetiva.[240]

E arremata Francisco Campos, dizendo que:

> (...) o orçamento, ao contrário da assertiva dogmática de Laband, contém, portanto, um preceito jurídico de ordem geral, endereçado não somente à administração, como à generalidade dos indivíduos ou à coletividade humana, de cujos recursos o Estado absorve uma quota destinada às despesas de interesse comum.[241]

Afora o entendimento desse autor, pode-se citar o jurista espanhol Sainz de Bujanda, que considera o orçamento como lei em sentido

---

[239] CAMPOS, Francisco. *Parecer*. Orçamento – Natureza Jurídica – lei material e lei formal – Exposição e crítica da doutrina de Laband.1948. Disponível em: http://bibliotecadigital. fgv.br/. Acesso em: 6 jul. 2020.

[240] Ibidem.

[241] Idem.

pleno, de conteúdo normativo, ou como tendo "eficácia material constitutiva e inovadora". Ele apresenta, também, todas as características de uma lei, quais sejam: "A impossibilidade de que suas normas sejam derrogadas ou modificadas por simples regulamentos e a possibilidade de modificar e até derrogar as normas precedentes de hierarquia igual ou inferior".[242]

Desse modo, o termo "orçamento autorizativo" vem de uma época em que o orçamento servia para mero controle dos gastos do governo, sem nenhuma preocupação com o planejamento e com a eficiência na alocação dos recursos arrecadados. Aí sim, fazia sentido ser "autorizativo", uma vez que estava limitado pelas receitas.

Na atualidade, o orçamento ganhou uma dimensão diferenciada, cuja natureza e finalidade têm origem não mais na lei, mas na Constituição. Por isso, o Poder Legislativo, diferentemente de outrora, tem várias ingerências no processo orçamentário, como a necessidade de aprovação do orçamento, o poder de emendas, a responsabilidade conjunta na elaboração da LDO, a autorização das transferências e de remanejamentos de dotações, bem como autorização dos créditos adicionais, suplementares e especiais, entre outros previstos no art. 166 da CF/88.

Diante das mudanças finalísticas do orçamento na sociedade atual, o termo "autorizativo" utilizado, apesar de inexistente em termos semânticos, ao longo das normas que regem o orçamento, perdeu força. Ele passou a ser entendido como uma autorização do Poder Legislativo para que o Executivo realize os gastos ali detalhados, bem como para que possa aplicar os recursos arrecadados; não pode significar uma carta branca para o Poder Executivo.[243]

Assim, a impositividade das regras orçamentárias está em suas finalidades de ordem pública, cujos destinatários imediatos são os gestores públicos, a administração pública e, de forma mediata, os cidadãos. Então, a obrigatoriedade de seu cumprimento está vinculada à atividade do Estado em prol da sociedade que o direito procura regular, como as condutas dos administradores públicos. Essas condutas são do ramo de direito público – direito administrativo, financeiro e orçamentário –, com a função de organizar as estruturas governamentais e sociais e os serviços públicos essenciais, muitos desses voltados a atender direitos

---

[242] BUJANDA, Fernando S. de. *Lecciones de Derecho Financiero. 7.* ed. Madrid: Complutense, 1989. p. 453.

[243] MENDONÇA, *op. cit.*, p. 234.

fundamentais. É o caso da construção de escolas públicas de ensino fundamental.

Há a preocupação de estudiosos da área em afirmar que o orçamento tem impositividade[244] e que a discussão sobre ser a Lei Orçamentária formal ou material, além de se mostrar vaga, imprecisa e com utilização de conceitos não mais aplicáveis, não demonstra seu real conteúdo jurídico. Isso porque até as dotações orçamentárias, que são valores financeiros dispostos para os créditos orçamentários (previsão das ações e programas), possuem valor jurídico, quais sejam: de autorização de uso de certo volume de recursos arrecadados na execução de determinada ação pelo Executivo, bem como de proibição, na medida em que proíbe o gasto superior àquele valor consignado, autorizado, sem nova anuência.[245]

Nesse sentido, Weder de Oliveira expressa que:

> A concepção política dominante e casuística (segundo o grupo político que se encontra no poder) que chama de 'orçamento autorizativo' nosso modelo constitucional, caracterizando-o pela possibilidade de 'execução discricionária ao talante do Poder Executivo', contradiz a racionalidade e seriedade do arcabouço de planejamento, programação e orçamentação construído pela constituição. Fere o princípio da corresponsabilidade orçamentária, entre Legislativo e Executivo. Fere os princípios da publicidade e da moralidade, posto que nem a sociedade, nem o Parlamento e nem o controle externo sabem qual é a real programação do orçamento que está sendo executada, dando ampla margem para que o processo caia em descrédito, sendo o orçamento jocosamente adjetivado como 'peça de ficção'.[246]

Dessa maneira, o termo "autorizativo", na concepção constitucional de entregar o curso do processo orçamentário já deliberado pelo parlamento nas mãos do Poder Executivo, significa que o mesmo é impositivo. O fato de ser o orçamento impositivo não significa dizer que todas as dotações devem ser executadas como deliberadas, mas quer dizer que, diante da concepção de um Estado Constitucional Democrático e Social de Direito, é dever do Poder Executivo realizar as programações das dotações orçamentárias como deliberadas.

---

[244] MENDONÇA, *op. cit.*, p. 234; OLIVEIRA, W. 2013, *op. cit.*, p. 418.

[245] FARIA, Rodrigo Oliveira de: *Natureza jurídica do orçamento e flexibilidade orçamentária*. 2010. 288 f. Dissertação (Mestrado em Direito Econômico e Financeiro) – Faculdade de Direito, Universidade de São Paulo – USP, São Paulo, 2010, p. 262-263.

[246] OLIVEIRA, W., 2013, *op. cit.*, p. 414.

112 RUBIN LEMOS

Somente não o deve fazer sob as justificativas que a própria Constituição e legislação específica preveem, sempre de maneira fundamentada.[247] No ponto, ressalta-se que há doutrinadores que, apesar de entenderem o orçamento como lei formal, pelo menos sob a perspectiva da despesa, acabam expressando o pensamento de que o orçamento, após aprovado, gera direitos e obrigações por parte do Estado e passa a ser vinculante. Nessa linha, Regis F. de Oliveira esclarece: "(...) já se começa a ver que o legislador, ao estruturar a peça orçamentária, não tem mais a liberdade que possuía. Já está, parcialmente, vinculado. O que era uma atividade discricionária que ensejava opções ao político na escolha e destinação de verbas, passa a ser vinculada". E acrescenta:

(...) a disponibilidade dos meios não é absoluta, nem é exclusivamente discricionária. É livre o agente para estabelecer suas prioridades, suas finalidades, mas, aí a ressalva, se há serviços a atender, se há débitos absolutamente reconhecidos e induvidosos, se há como disse Ingrosso, o nome do credor, a data do pagamento e o montante a pagar, não há como se subtrair ao comando normativo. Há a vinculação ao pagamento. Atenção: a discrição opera-se no momento intelectivo da escolha das atividades que irão se desenvolver. A vinculação, conhecidos devedor, data do pagamento e montante a pagar torna-se irreversível.[248]

Ricardo Lobo Torres, ferrenho defensor da natureza jurídica formal do orçamento, analisando o problema de saber se a administração está obrigada a esgotar a verba orçamentária se houver dinheiro em caixa, chega a dizer: "Em outras palavras: pode prevalecer a discricionariedade administrativa em tema de mínimo existencial? Parece-nos que não: a Administração está obrigada a emprenhar e realizar a despesa. (...)".[249]

Ora, parece clara certa confusão entre autorização para realização de despesa, impositividade (vinculação), discricionariedade e a natureza material ou não do orçamento. A falta de conteúdo jurídico do orçamento, como consequência da natureza apenas formal, faria com que ele, em nenhum momento, pudesse ser vinculante ou impositivo.

Daí a importância de demonstrar a fragilidade das classificações das leis e de explicar como o orçamento se encaixa nelas, bem como saber se a discricionariedade ínsita no processo orçamentário, principalmente

---

[247] MENDONÇA, *op. cit.*, p. 241.
[248] OLIVEIRA, Regis Fernandes de. *Curso de Direito financeiro*. São Paulo: RT, 2008. p. 324.
[249] TORRES, Ricardo Lobo. *O direito ao mínimo existencial*. São Paulo: Renovar, 2009. p. 102.

em sua execução, pode fazer com que ele deixe de ser executado por um entendimento único e exclusivo do Poder Executivo, sem ferir os princípios democráticos, entre outros.

Um dos entraves que sempre foram exaltados para que se entendesse o orçamento como não vinculante ou impositivo, e sim como mera autorização dada para administração pública, lei no sentido apenas formal, foi o argumento de que ele possui prescrições de natureza concreta, e não genérica. Também há o fato de não veicular direito subjetivo.[250] Diante desse entendimento, negou-se caráter jurídico impositivo às leis orçamentárias, invalidou-se a função constitucional do Legislativo e afastou-se o controle concentrado de constitucionalidade pelo Judiciário.[251]

Deve-se analisar, então, se leis que contenham prescrições concretas e individualizadas, e não genéricas e abstratas, podem ser consideradas impositivas, ou seja, leis que devem ser cumpridas, sob pena de aplicação das sanções previstas. Em primeiro lugar, apesar da existência da classificação doutrinária das leis, muitas vezes elas, dependendo do ponto de vista, acabam se misturando, isto é, uma lei pode ser mais específica que outra e igualmente universal e genérica, pois a generalidade está ligada a seu alcance. Isso se deve à sensível alteração nas relações sociais, com a evolução civilizatória que incorporou novos valores à vida em sociedade.[252]

Em que pese o entendimento bem sedimentado na doutrina de compreender o orçamento como uma lei de efeito concreto, Sandoval Alves da Silva entende que as leis orçamentárias são gerais e abstratas, uma vez que:

> (...) prima facie, de forma geral e abstrata, o montante de recursos públicos disponíveis para cumprir as obrigações constitucionais de atendimento dos direitos constitucionais (...) e as obrigações de pagamento a serem assumidas pela Administração e destinadas a atender as necessidades definidas nas leis dessa natureza.[253]

Harisson Ferreira Leite, citando Bobbio, critica severamente a análise da natureza de uma lei pelo aspecto da classificação doutrinária.

---

[250] LEITE, *op. cit.*, p. 70.

[251] Ibidem, p. 70-71.

[252] Idem, p. 71-72.

[253] SILVA, Sandoval Alves. *Direitos sociais*: leis orçamentárias como instrumentos de implementação. Curitiba: Juruá, 2007. p. 228.

Segundo ele, não é a caraterística da generalidade e abstração que faz com que a lei possua os requisitos essenciais de uma norma jurídica. Veja-se:

> (...) esta quadripartição nos ajuda a escapar da doutrina tradicional segundo a qual as características das normas jurídicas seriam a generalidade e a abstração. Se nós observarmos realisticamente um ordenamento jurídico, não poderemos deixar de notar que contém, ao lado das normas gerais e abstratas, comandos e ordens. Com isso, não se deseja dizer que as prescrições de um ordenamento jurídico sejam de igual importância. Uma classificação não é uma graduação. Deseja-se apenas precisar, para corrigir uma doutrina corrente (em declínio), que ao lado das prescrições gerais e abstratas, se encontram as individuais e concretas, e portanto não se pode elevar os requisitos da generalidade e da abstração, ou os dois juntos, a requisitos essenciais da norma jurídica.[254]

E continua Harrisson, esclarecendo que:

> (...) norma que delimita ação a ser tomada por uma classe de pessoas é norma geral e concreta. Já norma que determina, não uma ação apenas a ser feita, mas um conjunto de atos a ser desempenhados por uma pessoa, é norma individual e abstrata. E não tem caráter normativo reduzido por isso. Abstração está ligada à ideia de ato que pode ser repetido por qualquer pessoa que esteja investida da função. Já generalidade liga-se à vinculação de todos que se encontram na mesma situação jurídica.[255]

Canotilho, ao analisar a estrutura das leis em contraposição à classificação de lei material e formal, diz que:

> (...) a distinção de Schimitt é posteriormente aproveitada por Forsthoff que, partindo da constatação das indesmentíveis transformações sociais e políticas ocorridas depois da 1ª Guerra Mundial, considera inevitável a adoção, por parte do legislador, de medidas legais destinadas a resolver problemas concretos, econômicos e sociais. Não se trata já do legislador extraordinário de Schimitt, mas do legislador ordinário forçado a emanar leis, cujo escopo não é o de criarem uma ordem geral, justa e racional, mas o de realizarem elas mesmas uma utilidade concreta.[256]

---

[254] BOBBIO, Norberto. *Teoria da norma jurídica*. São Paulo: Edipro, 2003. p. 180 *apud* LEITE, *op. cit.*, p. 72.

[255] LEITE, *op. cit.*, p. 73.

[256] CANOTILHO, J. J. *Direito Constitucional*. Coimbra: Livraria Almedina, 1993. p. 821.

O PAPEL DO MINISTÉRIO PÚBLICO NA CONCRETIZAÇÃO DEMOCRÁTICA DO ORÇAMENTO | 115

E ainda esclarece:

> (...) é quase uma banalidade dizer que o Estado providência se comprometeu na conformação da própria sociedade. Intervindo ativamente nos mais variados domínios da vida econômica e social, não é de admirar que a lei se tenha transformado em meio de intervenção o Estado, em instrumento de conformação social (gesellschaftliches Gestaltungsmittel). Esse caráter instrumental da lei mal se compadece com as doutrinas da generalidade e abstração ou com a cláusula conservadora da lei como forma de garantia da propriedade e liberdade. A lei pode ser, quando necessário, concreta e individual; a lei intervém ela mesma, quando as exigências sociais o impuserem, na esfera patrimonial dos cidadãos. Ressalvam-se, é evidente, os limites constitucionalmente estabelecidos para esta transformação da lei em instrumento concreto da política.[257]

Em relação ao conteúdo material da lei, Canotilho, tomando por base o pensamento de Diez Picazo, enfatiza que, no moderno Estado de Direito, não se impõe a necessidade da lei em sentido material. Porém, "exige-se que esta seja instrumento de um direito entendido como ordenamento racional inspirado em critérios respeitadores de valores constitucionais e, por isso, que não seja mero revestimento de um direito entendido como decisão ou voluntas".[258]

Igualmente, Ricardo Guastini assevera que "são normas não só as prescrições gerais e abstratas, mas as individuais e concretas, como a sentença, o ato administrativo ou o contrato".[259]

Paulo de Barros Carvalho ainda aclara que as normas, quando se projetam em direção à região das interações sociais, "(...) desencadeiam uma continuidade de regras que progridem para atingir o caso especificado. Assim, partem de normas gerais e abstratas, gerais e concretas, individuais e abstratas e individuais e concretas, para disciplinar juridicamente os comportamentos intersubjetivos".[260]

Dessa forma, verifica-se que não é adequada a utilização da classificação de lei formal ou material para fins de agregar a elas o entendimento de não ser um instrumento jurídico e impositivo, com base no fato de ser ela abstrata e genérica. A lei, de acordo com a Constituição

---

[257] Ibidem, p. 823-824.
[258] Idem, p. 824-825.
[259] GUASTINI, Ricardo. *Distinguendo*: studi dei teoria e metateoria del diritto. Torino: Giappichelli, 1996. p. 92.
[260] CARVALHO, Paulo de Barros. *Fundamentos jurídicos da incidência Tributária*. São Paulo: Saraiva, 2004. p. 36-37.

116 | RUBIN LEMOS

Federal de 1988, para sua caracterização, não faz qualquer distinção, somente exige sua formalidade, podendo-se entender que seu conteúdo material não pode ser contrário ao que previsto na Constituição, muito mais quando se trata de regulação de direitos fundamentais. Harrison F. Leite conclui que o orçamento, do ponto de vista da despesa, seria "lei concreta ou abstrata, de caráter individual, seguindo a fiel tradição do Legislador constituinte que assim ratifica essa natureza legal (art. 165, III e §§5º, 6º e 8º)", com a ressalva de que cada caso é que vai demonstrar que tipo de norma se está tratando.[261] Regis Fernandes de Oliveira acentua que, no orçamento, encontra-se presente o caráter da generalidade e abstração.[262] Dessa forma, fica claro que, com a evolução do direito brasileiro, não há qualquer fundamento em considerar uma lei não impositiva, retirando sua vinculação e responsabilização, isso em virtude de seu caráter estar ligado a quem é seu destinatário ou ao fato de propiciar uma maior amplitude em sua aplicação, pois todas têm uma função no sistema jurídico. Todas as leis são impositivas, e algumas, inclusive, possuem sanções diretas por seu descumprimento.

A análise da constitucionalidade da Lei Orçamentária, que, por muito tempo, foi prejudicada pela discussão de sua natureza, também passa por ajustes no entendimento de que ela não possuía os requisitos de abstração e de generalidade. Com isso, vedava-se a análise de sua constitucionalidade, como ocorreu nos casos julgados no STF, na ADI nº 2.100, publicada em 2001,[263] e ADI-MC nº 2.484, publicada em 2003.[264]

---

[261] LEITE, *op. cit.*, p. 76.

[262] OLIVEIRA, R., 2008, *op. cit.*, p. 319.

[263] BRASIL. Supremo Tribunal Federal. Tribunal Pleno *Ação Direta de Inconstitucionalidade.* – *ADI: 2100 RS*, Reqte: Governador do Rio Grande do Sul. Reqdo: Assembleia Legislativa do Estado do Rio Grande do Sul. Rel. Min. Néri da Silveira, Brasília, DF, 17 de dezembro de 1999. DJ, 1 de junho de 2001. Ementa: CONSTITUCIONAL. LEI DE DIRETRIZES ORÇAMENTÁRIAS. VINCULAÇÃO DE PERCENTUAIS A PROGRAMAS. PREVISÃO DA INCLUSÃO OBRIGATÓRIA DE INVESTIMENTOS NÃO EXECUTADOS DO ORÇAMENTO ANTERIOR NO NOVO. EFEITOS CONCRETOS. NÃO SE CONHECE DE AÇÃO QUANTO A LEI DESTA NATUREZA. SALVO QUANDO ESTABELECER NORMA GERAL E ABSTRATA. AÇÃO NÃO CONHECIDA. Disponível em: www.stf.jus. br/. Acesso em: 7 jul. 2020.

[264] BRASIL. Supremo Tribunal Federal. *Ação Direta de Inconstitucionalidade.* ADI-MC: 2484 DF. Reqte: Partido Comunista Do Brasil – Pc do B. Reqdo: Presidente Da República e Congresso Nacional. Pleno. Rel. Min. Carlos Velloso, Brasília, DF, 19 de dezembro de 2001.DJ, 14 de novembro de 2003.Ementa: CONSTITUCIONAL. AÇÃO DIRETA DE INCONSTITU-CIONALIDADE. LEI COM EFEITO CONCRETO. LEI DE DIRETRIZES ORÇAMENTÁ-RIAS: Lei 10.266, de 2001. I. – Leis com efeitos concretos, assim atos administrativos em sentido material: não se admite o seu controle em abstrato, ou no controle concentrado de constitucionalidade. II. – Lei de diretrizes orçamentárias, que tem objeto determinado

Ocorre, entretanto, que o entendimento acima já se encontra alterado, pois o STF tem decidido que há, sim, regras genéricas e abstratas no orçamento, como no caso da ADI nº 2.925-DF, julgada em dezembro de 2003.[265] Nessa ação, os próprios ministros da Suprema Corte expressaram a preocupação do risco de considerarem o orçamento uma lei imune ao controle, inclusive se ela estivesse deliberando contra o previsto na Constituição Federal. Em outros casos, deixaram de apreciar a causa que contrariava frontalmente a Constituição (autorização para utilizar parte da arrecadação da Comissão Provisória sobre Movimentação Financeira – CPMF para cobrir dívida do Ministério da Saúde para com o Fundo de Apoio ao Trabalhador – FAT) por uma questão conceitual bastante relativa: poder-se-ia entender que um ato, apesar de ter apenas um destinatário, pode reger um sem número de condutas, sendo ela, portanto, abstrata, nas explicações do ministro Sepúlveda Pertence.

A tese do acolhimento da ADI em face de Lei Orçamentária foi também abrigada no julgamento da ADI nº 4.048-MC (em 14.05.2008),[266]

---

e destinatários certos, assim sem generalidade abstrata, é lei de efeitos concretos, que não está sujeita à fiscalização jurisdicional no controle concentrado. III. – Precedentes do Supremo Tribunal Federal. IV. – Ação direta de inconstitucionalidade não conhecida. Disponível em: http://redir.stf.jus.br/. Acesso em: 7 jul. 2020.

[265] BRASIL. Supremo Tribunal Federal. *Ação Direta de Inconstitucionalidade*. *ADI: 2925 DF*, Reqte: Confederação Nacional Do Transporte – CNT. Reqdo: Presidente da República, Congresso Nacional. Tribunal Pleno. Rel. Min. Ellen Gracie, Brasília-DF, 19 de dezembro de 2003. DJ, 4 de março de 2005. Ementa: Processo Objetivo – Ação Direta de Inconstitucionalidade – Lei Orçamentária. Mostra-se adequado o controle concentrado de constitucionalidade quando a lei orçamentária revela contornos abstratos e autônomos, em abandono ao campo da eficácia concreta. Lei orçamentária – contribuição de intervenção no domínio econômico – importação e comercialização de petróleo e derivados, gás natural e derivados e álcool combustível – cide – destinação – artigo 177, §4º, da Constituição Federal. É inconstitucional interpretação da Lei Orçamentária nº 10.640, de 14 de janeiro de 2003, que implique abertura de crédito suplementar em rubrica estranha à destinação do que arrecadado a partir do disposto no §4º do artigo 177 da Constituição Federal, ante a natureza exaustiva das alíneas a, b e c do inciso II do citado parágrafo. Disponível em: http://www.stf.jus.br. Acesso em: 7 jul. 2020.

[266] BRASIL. Supremo Tribunal Federal. *Ação Direta de Inconstitucionalidade - ADI: 4048 DF*, REQTE: Partido da Social Democracia Brasileira - PSDB. REQDO: Presidente da República. Rel. Min. Ellen Gracie, Brasília, 14 de fevereiro de 2011. DJ, 22 de fevereiro de 2011. Ementa: (…) Medida Cautelar em Ação Direta de Inconstitucionalidade. Medida Provisória nº 405, de 18.12.2007. Abertura de crédito extraordinário. Limites constitucionais à atividade legislativa excepcional do Poder Executivo na edição de medidas provisórias. I. Medida Provisória e sua conversão em Lei. Conversão da Medida Provisória na Lei Nº 11.658/2008, Sem Alteração Substancial. Aditamento Ao Pedido inicial. Inexistência de obstáculo processual ao prosseguimento do julgamento. A lei de conversão não convalida os vícios existentes na medida provisória. Precedentes. II. Controle abstrato de constitucionalidade de normas orçamentárias. Revisão de jurisprudência. O Supremo Tribunal Federal deve exercer sua função precípua de fiscalização da constitucionalidade das leis e dos atos normativos

118 | RUBIN LEMOS

que teve como relator o ministro Gilmar Mendes. Nesse julgamento, o ministro Carlos Ayres Britto acompanhou o voto vencedor, fazendo referência à distinção que o art. 102, I, "a", da Constituição traz entre lei e ato normativo. Afirmou que a lei seria o ato primário de aplicação da Constituição, que inova a ordem jurídica por, justamente, estar logo abaixo da Constituição, o que seria o caso da Lei Orçamentária. Nas palavras do ministro Ayres Britto, ao resgatar o valor da Lei Orçamentária, "no fundo, abaixo da Constituição, não há lei mais importante para o país, porque ela é a que mais influencia o destino da coletividade". Por sua vez, no julgamento da ADI nº 3.949-MC (14.08.2008),[267] o ministro Gilmar Mendes reconheceu que "a jurisprudência do

quando houver um tema ou uma controvérsia constitucional suscitada em abstrato, independente do caráter geral ou específico, concreto ou abstrato de seu objeto. Possibilidade de submissão das normas orçamentárias ao controle abstrato de constitucionalidade. (...) A edição da MP nº 405/2007 configurou um patente desvirtuamento dos parâmetros constitucionais que permitem a edição de medidas provisórias para a abertura de créditos extraordinários (...). A jurisprudência desta Casa tem entendimento pacífico "em considerar prejudicadas as ações diretas atacando leis de vigência temporária que tenham perdido eficácia no curso do processo de fiscalização abstrata de constitucionalidade" (ADI 1.355, rel. Min. Ilmar Galvão, DJ de 6.3.2001). Isso porque, independentemente da ocorrência, ou não, de efeitos residuais concretos, "a cessação superveniente da vigência da norma estatal impugnada em sede de ação direta de inconstitucionalidade, enquanto fato jurídico que se revela apto a gerar a extinção do processo de fiscalização abstrata, tanto pode decorrer da sua revogação pura e simples como do exaurimento de sua eficácia, tal como sucede nas hipóteses de normas legais de caráter temporário" (ADI 612-QO, rel. Min. Celso de Mello, DJ de 6.5.1994).4. Ante o exposto e em consonância com a pacífica jurisprudência desta Casa, julgo prejudicada (...) a presente ação direta de inconstitucionalidade, ficando igualmente prejudicada a apreciação dos embargos declaratórios de fls. 333-340 (art. 21, IX, do RISTF). Arquivem-se os autos. Disponível em: http://www.stf.jus.br/. Acesso em: 7 jul. 2020.

[267] BRASIL. Supremo Tribunal Federal. *Ação Direta de inconstitucionalidade. ADI: 3949 DF*. Tribunal Pleno. Reqte: Democratas - DEM. Reqdo: Presidente da República e Congresso Nacional. Rel. Min. Gilmar Mendes, Brasília-DF, 14 de agosto de 2008. DJ, 7 de agosto de 2009.Ementa: medida cautelar em ação direta de inconstitucionalidade. 2. art. 100 da Lei nº 11.514, de 14 de agosto de 2007. 3. consideração dos efeitos de propostas de alterações na legislação tributária e das contribuições, inclusive quando se tratar de desvinculação de receitas, que sejam objeto de proposta de emenda constitucional, de projeto de lei ou de medida provisória que esteja em tramitação no congresso nacional, na estimativa das receitas do projeto de lei orçamentária de 2008 e da respectiva lei. 4. preliminar de não--cabimento rejeitada: o supremo tribunal federal deve exercer sua função precípua de fiscalização da constitucionalidade das leis e dos atos normativos quando houver um tema ou uma controvérsia constitucional suscitada em abstrato, independente do caráter geral ou específico, concreto ou abstrato de seu objeto. possibilidade de submissão das normas de diretrizes orçamentárias ao controle abstrato de constitucionalidade. precedentes. 5. o art. 100 da lei nº 11.514/2007 possui conteúdo normativo comum a qualquer programa orçamentário, que deve conter, obrigatoriamente, a estimativa das receitas, a qual, por sua vez, deve levar em conta as alterações na legislação tributária. 6. a expressão "legislação tributária", contida no §2º do art. 165, da constituição federal, tem sentido lato, abrangendo em seu conteúdo semântico não só a lei em sentido formal, mas qualquer ato normativo autorizado pelo princípio da legalidade a criar, majorar, alterar alíquota ou base de cálculo, extinguir tributo ou em relação a ele fixar isenções, anistia ou remissão. 7. a previsão das alterações na legislação tributária deve se basear nos projetos legislativos

Supremo Tribunal Federal não andou bem ao considerar as leis de efeito concreto como inidôneas para o controle abstrato de normas" e, com base em precedentes, manifesta o seu entendimento no sentido de que "essa nova orientação é mais adequada porque, ao permitir o controle de legitimidade no âmbito da legislação ordinária, garante a efetiva concretização da ordem constitucional".

Na decisão monocrática em caráter liminar na ADI nº 4.663, julgada em definitivo em 2014,[268] da relatoria do ministro Luiz Fux, em que se discutia, entre outros assuntos, a possibilidade de questionamento de Lei Orçamentária por uma ADI, a evolução jurisprudencial ganha força no sentido de se admitir a impugnação de Lei de Diretrizes Orçamentárias em sede de controle abstrato de constitucionalidade, ante a mudança de orientação jurisprudencial.

Aqui é importante consignar o voto do ministro Marco Aurélio Mello no julgamento da ADI nº 4.663, que afirma sua impositividade: "Dou interpretação conforme, para assentar que todo o orçamento tem força vinculativa, pelo menos mínima. Que o Executivo justifique a inobservância".

No julgamento da ADI nº 5.449-MC (10.03,2016),[269] o Plenário do STF, consolidando seu entendimento, afirmou ser possível a

---

em tramitação no congresso nacional. 8. apesar da existência de termo final de vigência da CPMF e da DRU (31 de dezembro de 2007), não seria exigível outro comportamento do poder executivo, na elaboração da proposta orçamentária, e do poder legislativo, na sua aprovação, que não o de levar em consideração, na estimativa de receitas, os recursos financeiros provenientes dessas receitas derivadas, as quais já eram objeto de proposta de emenda constitucional (PEC nº 50, de 2007). o princípio da universalidade em matéria orçamentária exige que todas as receitas sejam previstas na lei orçamentária, sem possibilidade de qualquer exclusão. 9. medida cautelar indeferida. Disponível em: http://www.stf.jus.br/ Acesso em: 7 jul. 2020.

[268] BRASIL. Supremo Tribunal Federal. *Ação Direta de Inconstitucionalidade. ADI: 4663 DF.* Tribunal Pleno. Rqte: Governador do Estado de Rondônia. Reqdo: Assembléia Legislativa do Estado de Rondônia. Rel. Min. Luiz Fux, Brasília-DF, 15 de outubro de 2014. DJ, 16 de dezembro de 2014. Ementa: Ação Direta de Inconstitucionalidade. Direito Constitucional e Financeiro. Sistema Orçamentário Constitucional Inaugurado Pela Constituição da República de 1988. Teleologia Voltada ao Planejamento da Atuação do Poder Público. Lei De Diretrizes Orçamentárias do Estado De Rondônia (Lei Nº 2.507/11). Termo Ad Quem. Final do Exercício Financeiro Subsequente. Precedentes do Supremo Tribunal Federal. Prazo de Vigência Esgotado ao Término do Exercício Financeiro De 2012. Exaurimento da Eficácia do diploma Normativo e das Normas Impugnadas. Perda Superveniente de Objeto. Ação Direta De Inconstitucionalidade Prejudicada. Disponível em: http://www.stf.jus.br/. Acesso em: 7 jul. 2020.

[269] BRASIL. Supremo Tribunal Federal *Ação Direta de Inconstitucionalidade. ADI: 5449 MC* Reqte: Governadora do Estado de Roraima. Reqdo: Assembleia Legislativa do Estado de Roraima. Tribunal Pleno, Rel. Min. Teori ZavasckI, Brasília-DF, 10 de março de 2016. DJ, 22 de abril de 2016. Ementa: (…)1. Leis orçamentárias que materializem atos de aplicação primária da Constituição Federal podem ser submetidas a controle de constitucionalidade em processos objetivos. Precedentes. 2. A incompatibilidade entre os termos do dispositivo impugnado e os padrões da lei de responsabilidade fiscal (Lei Federal Complementar

impugnação, em sede de controle abstrato de constitucionalidade, de leis orçamentárias. O relator do acórdão, ministro Teori Zavascki, pontuou que "leis orçamentárias que materializem atos de aplicação primária da Constituição Federal podem ser submetidas a controle de constitucionalidade em processos objetivos".

Verifica-se, diante disso, que o entendimento da Corte Constitucional já se encontra no caminho da observância do que irradia a Constituição Federal em matéria orçamentária, mesmo que a lei, em alguma medida, tenha efeito concreto, característica que não a retira do quadro de ordenação jurídica. Dessa maneira, o argumento de que o orçamento é lei de efeito concreto não mais serve para justificar a exclusão de sua análise jurídico-constitucional por falta de conteúdo material, abstrato e genérico. Em consequência, também não há fundamento na assertiva de que ela não possui impositividade *prima facie*.

Também é preciso verificar em que medida a discricionariedade dá aos poderes, principalmente à administração pública, a possibilidade de não cumprir a lei orçamentária. Sob esse aspecto, vale recordar que a lei é sempre vinculante para a administração pública (somente pode fazer o que a lei determina) e indicativa negativa para as relações privadas (as pessoas podem fazer aquilo que não está vedado por lei). Não pode o administrador público deixar de realizar os atos que a lei determina, entendendo-se aqui que as leis devem obedecer às determinações constitucionais.

O papel moderno da administração pública deve levar em conta a alteração ocorrida em todo o sistema jurídico, não vigente à época de Paul Laband, alterações que ocorreram principalmente após o constitucionalismo contemporâneo, com um grande alargamento das funções e das finalidades públicas a que os poderes constituídos devem se ater.

101/00) não se resume a uma crise de legalidade. Traduz, em verdade, um problema de envergadura maior, a envolver a indevida apropriação de competências da União, em especial a de conceber limites de despesas com pessoal ativo e inativo (art. 169, caput, da CF), controvérsia que comporta solução na via da ação direta de inconstitucionalidade. 3. Os limites traçados pela lei de responsabilidade para os gastos com pessoal ativo e inativo nos Estados, Distrito Federal e Municípios valem como referência nacional a ser respeitada por todos os entes federativos, que ficam incontornavelmente vinculados aos parâmetros máximos de valor nela previstos. 4. Ao contemplar um limite de gastos mais generoso para o Poder Legislativo local, o dispositivo impugnado se indispôs abertamente com os parâmetros normativos da lei de responsabilidade fiscal, e com isso, se sobrepôs à autoridade da União para dispor no tema, pelo que fica caracterizada a lesão ao art. 169, caput, da CF. 5. Liminar referendada pelo Plenário para suspender, com efeitos "ex nunc" (art. 11, §1º, da Lei 9.868/99, até o julgamento final desta ação, a eficácia da expressão "Poder Legislativo 4,5%", do art. 50 da Lei estadual 1.005/2015. Disponível em: http://www.stf.jus. br/. Acesso em: 7 jul. 2020.

Também esse papel não está mais delimitado ao espectro de proteção individualista da liberdade e da propriedade privada.

As normas constitucionais abarcam direitos políticos, sociais e democráticos, impondo ao Estado uma estruturação mínima, a fim de assegurá-los sob a perspectiva da igualdade e da justiça social. Com a dimensão constitucional de poder dada à sociedade, o Legislativo ganhou novos contornos e responsabilidades, devendo representar, verdadeiramente, os anseios da coletividade, expressando-os nas escolhas feitas e detalhadas no orçamento e no acompanhamento de sua execução, que fica a cargo do Poder Executivo.

Nesse sentido, a obrigatoriedade no cumprimento, pela administração pública, do orçamento aprovado pelo Legislativo, não vem propriamente do conteúdo material ou formal da Lei Orçamentária. Ela vem dos conteúdos normativos dispostos na Constituição para que a administração cumpra suas finalidades executivas na estruturação dos órgãos estatais e na entrega de bens e serviços.

Poderiam alguns estudiosos do tema levantar a questão de que há atos administrativos discricionários do Poder Executivo que, dentre eles, estaria a execução orçamentária, ou seja, a possibilidade ou não de cumprir as deliberações e políticas públicas previstas no orçamento. Sobre esse aspecto, é preciso esclarecer que a discricionariedade no campo do orçamento se encontra no dilema de como fazer, e não na dúvida, se há a possibilidade de deixar de fazer, como assevera Eduardo Mendonça.[270] Como já explicitado, as normas de direito público são cogentes e não deixam qualquer possibilidade para se entender que o Poder Executivo, de forma autônoma, pode resolver os destinos do Estado. A sociedade deve ser a orientadora e a destinatária de suas atividades.

A discricionariedade administrativa do agente público deve ser pautada pelos princípios constitucionais e os da eficiência, eficácia, efetividade e economicidade. Tais princípios podem aferir se a decisão foi bem ou mal adotada, baseada em critérios, devidamente justificados e com finalidade coletiva.[271]

---

[270] MENDONÇA, *op. cit.*, p. 257. "No entanto, discricionariedade não se confunde com arbitrariedade. O legislador pode ser específico, impondo decisões diretamente, ou pode se limitar a instituir objetivos e metas, transferindo ao Poder Executivo a tarefa de definir os melhores meios de alcançá-las. Neste último caso, o administrador terá a faculdade de decidir os meios, mas não a prerrogativa de ignorar o comando legal (...)."

[271] MENDONÇA, *op. cit.*, p. 273. "Em grande medida, a ideia aqui exposta aproxima-se de um controle da eficiência administrativa, sobre o qual já existe razoável desenvolvimento doutrinário, quase sempre destacando o necessário respeito às opções administrativas não

O ato administrativo, mesmo que haja discricionariedade em sua consecução, deve ser realizado com fundamento de validade lastreado nos princípios administrativos constitucionais, previstos no art. 37 da CF. Pode ser objeto de questionamento administrativo ou judicial para sua correção e responsabilização, dado que não se pode confundir discricionariedade com arbitrariedade, como ocorre em atos do Poder Executivo já identificados, a exemplo de remanejamentos, de contingenciamentos e de alterações dos orçamentos LDO e LOA. Atos assim acabam por desvincular das aplicações originais os recursos previstos.

Não há, após análise do ordenamento, qualquer regra jurídica que dispense o agente público da execução do que está previsto no orçamento, muito menos quando se trata de instrumento de realização de direitos fundamentais. É o caso da execução de dotações relacionadas, por exemplo, à construção de escolas públicas, de ensino infantil e fundamental.

No caso, o fato de uma alocação de recursos públicos definir a construção de uma escola pública em determinada região do país e não delinear todas as formas, delimitar tipo, modelo, material, contratante e outros detalhes necessário à execução, não significa que se está autorizando o Executivo a deixar de gastar ou de não executar a construção da escola. Aqui aparece apenas a flexibilidade como meio necessário à execução da obra pelo Poder Executivo, justamente porque ele possui competência e capacidades técnicas para decidir sobre a melhor maneira e a mais eficiente de cumprir o encargo, observando os princípios administrativos previstos na Constituição Federal.

Dessa forma, a discricionariedade do Poder Executivo no processo orçamentário, principalmente relacionada com a execução, mostra-se não só necessária, mas condizente com o processo de planejamento e de execução de políticas públicas. Além das "capacidades institucionais"[272] adequadas, a flexibilidade atende aos momentos de dificuldade ou de facilidades encontrados durante o processo e previstas na própria legislação específica. Em outras palavras, a discricionariedade é controlada pelo compromisso de cumprir as decisões democráticas descritas no orçamento. O programa orçamentário pode até não ser cumprido

---

arbitrárias. Em linhas gerais, tal advertência permaneceria válida no controle da execução de dotações orçamentárias de natureza relativamente aberta. No entanto, o parâmetro fornecido pelo volume de recursos de que dispunha a autoridade competente parece permitir um controle em bases um pouco mais concretas."

[272] SUNSTEIN, C. R.; VERMEULE, A. Interpretation and institutions. *John M. Olin Law & Economics Working Paper*, n. 156, 2002. Disponível em: https://chicagounbound.uchicago. edu/. Acesso em: 7 jul. 2020.

como deliberado, mas é preciso que haja justificativa fundamentada nas possibilidades indicadas nas regras, sob pena de responsabilização.[273] Em outra vertente, alega-se que o orçamento não veicula direitos subjetivos, o que se passa a analisar.

3.2.2 Os direitos públicos subjetivos

De início, parece bem equivocada a assertiva de que o orçamento, de forma genérica, não gera consequências jurídicas e direitos subjetivos, uma vez que contratos firmados com a iniciativa privada, na aquisição de bens ou serviços, gera para a administração pública, após o empenho e liquidação, o dever de realizar o pagamento e o direito subjetivo ao recebimento. Outro exemplo é o caso do pagamento dos precatórios judiciais, que pode ser objeto de discussão individual no Judiciário, quando não cumpridas as regras constitucionais previstas para sua inclusão e execução orçamentária. Desse modo, falar em inexistência de direitos subjetivos é muito vago e, de maneira nenhuma, demonstra o que realmente é o orçamento público no seu aspecto jurídico.[274]

A questão específica que a doutrina e a jurisprudência acabaram afirmando é a de que a previsão orçamentária de determinado gasto, caso ele não seja feito, não pode gerar direitos subjetivos.[275]

Na atualidade jurídica brasileira, não há muito problema em se reconhecer, na doutrina constitucional, os direitos sociais como fundamentais, e esses como verdadeiros direitos subjetivos, ou seja, posições jurídicas de exigência por parte do titular e do dever por parte do Estado, na relação jurídica entre Estado e cidadão.[276] As posições jurídicas servem para reforçar o direito com base na possibilidade de sua exigência contra o Estado e seus agentes e tornar concreta a vontade da Constituição,[277] na qual se coloca como ponto central a proteção dos direitos e liberdades do ser humano, e não os interesses do Estado. Esse ente existe para servir à sociedade.[278]

---

[273] MENDONÇA, *op. cit.*, p. 258. "A vinculação do orçamento produz o dever de dar cumprimento às decisões orçamentárias que, como as leis em geral, podem assumir diferentes conteúdos, desde a imposição de condutas específicas até a mera autorização (como no exemplo do concurso público)."

[274] OLIVEIRA, W., 2013, *op. cit.*, p. 439.

[275] TORRES, *op. cit.*, p. 76.

[276] BARROSO, Luís Roberto. *Curso de Direito Constitucional contemporâneo*. Os conceitos fundamentais e a construção do novo modelo. São Paulo: Saraiva, 2009. p. 221.

[277] BRITTO, Carlos Ayres. *O humanismo como categoria constitucional*. Belo Horizonte: Fórum, 2012. p. 74.

[278] Ibidem, p. 21. "Diga-se mais: toda essa perspectiva do humanismo até hoje conserva o seu originário caráter político-civil de prevalência do reino sobre o rei. Que outra coisa não

A Constituição Federal, em relação a alguns direitos fundamentais, estabeleceu descritivamente que eram direitos subjetivos, como no caso do direito à educação infantil. Tal fato não retira a eficácia imediata dos demais direitos, mas reforça a imposição da prestação positiva, relacionada com aqueles nos quais ela identificou essa característica normativa. Os direitos subjetivos, provenientes de direitos fundamentais, podem ser visualizados por seus destinatários, em individuais ou difusos (interesses sociais). Além disso, podem ser coincidentes. Os direitos subjetivos individuais que expressam direitos fundamentais, como o direito à saúde e à educação, podem ser exigíveis, desde que haja uma conexão entre a atuação ou a omissão do Estado na prestação positiva e o prejuízo sofrido ou a sofrer de forma individual. Já os interesses difusos, na dimensão do interesse social, que não são passíveis de individualização, em tese – como o direito ao meio ambiente saudável ou a falta de saneamento básico de uma comunidade –, são direitos que devem ser tutelados por meio de ações coletivas, como as ações civis públicas (Lei nº 7.347/85). A categoria jurídica suscetível de defesa jurisdicional própria e independente vem da Constituição, quando estabelece, no art. 127, a incumbência ao Ministério Público na defesa dos interesses sociais.[279]

Os direitos difusos, na perspectiva da prestação positiva que o Estado deve realizar, são denominados direitos públicos subjetivos. Essa concepção de direitos subjetivos, voltados aos interesses sociais, foi efetivada com a modernização do Estado e com suas relações com os cidadãos. Essa alteração afetou também o objeto e os interesses dessas relações, principalmente no que concerne à defesa dos direitos fundamentais.

O direito subjetivo, então, antes ligado a suas origens de protetor do indivíduo e do patrimônio contra os desmandos do Estado, passou a ser, ao mesmo tempo, um mecanismo de defesa contra abusos do poder estatal, na esfera individual, e um meio de cobrança de prestações positivas que o Estado deixar de efetivar, no interesse público. Nas palavras de Cretella Júnior, "quando o poder de exigir é

---

significou senão a consubstanciação de três paulatinas e correlatas ideias-força: a) o Direito por excelência é o veiculado por uma Constituição Política, fruto da mais qualificada das vontades normativas, que é a vontade jurídica da nação; b) o Estado e seu governo existem para servir à sociedade; c) a sociedade não pode ter outro fim que não seja a busca da felicidade individual dos seus membros e a permanência, equilíbrio e evolução dela própria."

[279] ZAVASCKI, Teori Albino. *Processo coletivo*. Tutela de direitos coletivos e tutela coletiva de direitos. 6. ed. São Paulo: Revista dos Tribunais, 2014. p. 43.

do particular, como sujeito ativo, e se tem a Administração Pública no polo passivo, estaremos diante do que a doutrina denomina de direito público subjetivo".[280]

Nesse sentido, Miguel Reale expressa que o direito social à educação é um direito subjetivo público, como os direitos políticos e econômicos.[281] Também Miguel Seabra Fagundes prega que "os direitos que o administrado tem diante do Estado, a exigir prestações positivas ou negativas, constituem, no seu conjunto, os chamados direitos públicos subjetivos".[282] Para Clarice Seixas Duarte:

> (...) o direito público subjetivo configura-se como um instrumento jurídico de controle da atuação do poder estatal, pois permite ao seu titular constranger judicialmente o Estado a executar o que deve (...) como pressuposto para a aceitação deste poder conferido ao indivíduo, está a ideia de que entre o Estado e seus membros existe uma relação jurídica e, consequentemente, os conflitos dela resultantes podem ser resolvidos judicialmente (Estrada, 1997), ao contrário, por exemplo, do que ocorria no Estado Absolutista, em que os súditos eram vistos apenas como sujeitos de deveres e obrigações. Ocorre que a jurisdicização das relações instauradas com o Estado implica, necessariamente, a limitação de seu poder (...).[283]

Nesse contexto, um traço importante a ser ressaltado, quando se trata do direito público subjetivo, é que essa espécie tem uma nítida relação com as necessidades básicas da coletividade, diferentemente dos direitos subjetivos privados, que atendem única e exclusivamente aos interesses particulares e individuais.

Por fim, não há como deixar de reconhecer, pelos parâmetros constitucionais vigentes, a existência do direito público subjetivo, que se consubstancia no direito difuso ou nos interesses sociais. Isso, especialmente, se se tratar de um direito fundamental social, o qual se procura concretizar com as ações dispostas no orçamento e que, como bem pontuou Francisco Campos, é a finalidade precípua do orçamento. Mas ele estaria em seu "conteúdo invisível".[284]

---

[280] CRETELLA JÚNIOR, *op. cit.*, p. 428.

[281] REALE, Miguel. *Lições preliminares de Direito*. 11. ed. São Paulo: Saraiva, 1984. p. 265-266.

[282] FAGUNDES, Miguel Seabra. *O controle dos atos administrativos pelo Poder Judiciário*. Rio de Janeiro: Forense, 1967. p. 171.

[283] DUARTE, Clarice Seixas. Direito público subjetivo e políticas educacionais. *São Paulo Perspectiva*, v. 18, n. 2, 2004. Disponível em: http://dx.doi.org/. Acesso em: 6 jul. 2020.

[284] CAMPOS, *op. cit.*, p. 447-467.

Passa-se a analisar, de fato, como normas constitucionais abertas, por sua natureza, podem ser concretizadas no orçamento.

3.2.3 A densidade normativa constitucional do direito social inscrito no orçamento

Em grande medida, uma dificuldade prática apresentada na exigibilidade dos direitos sociais se dá não em função do entendimento de serem direitos fundamentais, mas do fato de se tratar de conteúdos abertos. Não é possível o legislador constitucional prever todos os detalhes para consecução do direito, o que acaba por não delimitar o alcance e a extensão, bem como os meios e as competências, que devem ser integrados por outras categorias jurídicas, como o próprio orçamento.

A existência de normas materiais e instrumentais[285] não garante a efetividade das políticas públicas na concretização dos direitos devido à falta de especificação concreta de seus conteúdos, pelo menos na perspectiva das prestações positivas. Vitor Abramovich e Christian Courtis assim expressam:

> *Un primer obstáculo a la justiciabilidad de los derechos sociales está vinculado con la falta de especificación concreta del contenido de estos derechos. Cuando una Constitución o un tratado internacional de derechos humanos hablan de derecho a la salud, derecho a la educación, derecho al trabajo o derecho a la vivienda, resulta difícil saber cuál es la medida exacta de las prestaciones o abstenciones debidas (...)*.[286]

Ocorre que há tipos de regras que veiculam direitos sociais previstos na Constituição os quais, de *per si*, acabam delimitando, por meio de um padrão mínimo de exigência normativa ou densidade normativa,[287] a prestação positiva que o Estado deve cumprir. É o caso

---

[285] Ver nota de rodapé 100. Categorias normativas das políticas públicas apresentadas por Santana em capítulo anterior: "a) normas materiais: normas constitucionais, legais e regulamentares definidoras dos conceitos das políticas públicas; b) normas instrumentais: normas criadoras e estruturadoras dos órgãos responsáveis pela implementação das políticas públicas e c) normas de efetivação: normas orçamentárias".

[286] ABRAMOVICH, Victor; COURTIS, Christian. Apuntes sobre la exigibilidad judicial de los derechos sociales. *Cuadernos Eletrônicos de Filosofia del Derecho*, n. 4, p. 6, 2001.

[287] DIMOULIS, Dimitri. *Positivismo jurídico*: introdução a uma teoria do direito e defesa do pragmatismo jurídico-político. São Paulo: Método, 2006. p. 275. Eles definem "a densidade normativa como critério quantitativo que permite classificar as disposições jurídicas de acordo com seu grau de concretude (porosidade, abertura). Quanto maior for o número de interpretações divergentes que podem ser sustentadas em relação a determinado texto normativo, menor será sua densidade normativa (e vice-versa)".

da educação infantil. O texto do art. 208 da CF/88 prevê, entre outros, a obrigatoriedade de seu fornecimento e gratuidade para crianças entre 0 e 5 anos de idade em creches e pré-escolas, bem como que o não oferecimento do direito implica responsabilidade.[288]

Outros dispositivos constitucionais têm conteúdo mais aberto e, portanto, possibilitam interpretação sobre sua extensão e limite ao tempo de sua análise. Pode-se citar o direito ao serviço de saneamento básico urbano ou o direito ao meio ambiente saudável.

Para Canotilho:

> Concretizar a constituição traduz-se, fundamentalmente, no processo de densificação de regras e princípios constitucionais. A concretização das normas constitucionais implica um processo que vai do texto da norma (do seu enunciado) para uma norma concreta – norma jurídica- que, por sua vez, será apenas um resultado intermédio, pois só com a descoberta da norma de decisão para a solução dos casos jurídico-constitucionais teremos o resultado final da concretização. Esta concretização normativa é, pois, um trabalho técnico-jurídico; é, no fundo, o lado técnico do procedimento estruturante da normatividade. A concretização, como se vê, não é igual à interpretação do texto da norma; é sim, a construção de uma norma jurídica.[289]

Entretanto, os direitos fundamentais previstos na Constituição, mesmo que não possuam a densidade normativa[290] necessária para serem exigidos individualmente – e isso dependerá de uma análise caso a caso –, não perdem seu caráter de direito fundamental e seus

---

[288] BRASIL. *Constituição Federal de 1988*. "Art. 208. (...) IV – educação infantil, em creche e pré-escola, às crianças até 5 (cinco) anos de idade; (Redação dada pela Emenda Constitucional nº 53, de 2006); (...); VII – atendimento ao educando, em todas as etapas da educação básica, por meio de programas suplementares de material didático escolar, transporte, alimentação e assistência à saúde. (Redação dada pela Emenda Constitucional nº 59, de 2009) §1º O acesso ao ensino obrigatório e gratuito é direito público subjetivo. §2º O não-oferecimento do ensino obrigatório pelo Poder Público, ou sua oferta irregular, importa responsabilidade da autoridade competente."

[289] CANOTILHO, J. J. Gomes. *Constituição Dirigente e vinculação do legislador*: Contributo para a compreensão das normas constitucionais programáticas. Coimbra: Coimbra, 1982. p. 407.

[290] CANOTILHO, 1993, *op. cit.*, p. 188-189. "(...) a densidade (...) aponta para maior proximidade da norma constitucional relativamente a seus efeitos e condições de aplicação. A abertura e a densidade são grandezas variáveis não se podendo dizer, como é ainda corrente na doutrina juspublicista, que há normas constitucionais exequíveis por si mesmo e normas constitucionais não exequíveis por si mesmo. Em nenhum dos casos é possível descortinar, nas normas constitucionais um programa-condicional (LUHMANN) reconduzível a um simples esquema subsuntivo: se a norma constitucional estabelece um pressuposto de facto, então os concretizadores da constituição (o legislador, o juiz, a administração) têm de adotar certos e determinados comportamentos."

efeitos na aplicação imediata. Porém, para que sejam concretizáveis como prestações positivas, dependem de uma integração com espécies de "normas de efetivação", de acordo com Santana.[291] Aqui é importante salientar que os direitos sociais, previstos na Constituição, com mais ou menos densidade normativa, quando constam da agenda de políticas públicas e acabam prescritos no orçamento por deliberação democrática, especificados com créditos e dotações orçamentárias, provocam a agregação dos elementos jurídicos e fáticos necessários para propiciar o dever e a responsabilidade de realizar a aplicação do dinheiro público. De acordo com Hachem:

> (...) as pretensões jurídicas decorrentes de normas de direitos fundamentais poderão ou não apresentar uma dimensão subjetiva, reivindicável judicialmente pela via individual. Isso dependerá da precisão dos contornos efetuada normativamente pelo ordenamento jurídico, seja em sede constitucional, legislativa ou administrativa. Desse modo, é a concreção normativa que adiciona o radical subjetivo à dimensão objetiva dos direitos fundamentais: esta última dirige ao Estado deveres objetivos, mas o seu cumprimento será passível de exigência judicial individual pelo titular do direito somente se a ordem jurídica tiver concretizado minimamente os seus contornos. Quanto mais forem delineados os conteúdos do direito fundamental em questão, pela própria Constituição, pelas leis e pelos atos administrativos normativos, maior será a sua sindicabilidade judicial, e mais reforçada será a sua dimensão subjetiva (...). O reconhecimento de uma dimensão subjetiva, capaz de autorizar a exigibilidade judicial da pretensão jurídica jusfundamental, pressupõe que o sistema normativo haja estipulado um grau específico de determinabilidade da conduta estatal devida. Isso poderá – como no exemplo do idoso – acontecer no plano constitucional, mediante especificações do conteúdo do direito pela própria Constituição (caso que torna dispensável a regulamentação legislativa do direito para permitir sua acionabilidade judicial). Mas poderá se dar no plano infraconstitucional, com a determinação concreta dos deveres estatais correspondentes através de leis e atos normativos. Tal exigência se justifica para que o magistrado possa ter parâmetros objetivos mínimos para se basear no momento da análise do pleito formulado judicialmente, que lhe permitam verificar a conformidade jurídica dos comportamentos comissivos ou omissivos do Poder Público (...).[292]

---

[291] Ver nota de rodapé 100. SANTANA, Izaias José de. *op. cit.*, p. 1.122-1.123. As normas de efetivação "são aquelas que conseguem concretizar o que disposto nas normas materiais e nas instrumentais".

[292] HACHEM, *op. cit.*, p. 429.

Assim, por exemplo, a inclusão de uma ação orçamentária de entrega de uma escola pública em determinado local, com crédito orçamentário e uma dotação específica para sua realização, sem qualquer crise ou distúrbio econômico e social não esperado, gera a exigibilidade da prestação dessa escola por parte do poder público, sem vinculação ao valor da dotação, mas a seus fins. Gera também um direito público subjetivo daquela comunidade que, de algum modo, exteriorizou a demanda de uma escola, conseguiu incluí-la como prioridade de escolha e detém um direito fundamental à educação básica gratuita, a ser entregue pelo Estado.

Maurício Barros esclarece a respeito do assunto que o orçamento nada mais é do que a densificação de determinado direito já presente no ordenamento que o vincula e o torna exequível. Veja-se:

> A LOA densifica os programas constitucionais, conformando-os ora com a intermediação de outras leis, ora diretamente. No orçamento serão eleitas as prioridades do Governo na aplicação dos escassos recursos públicos, o que deverá ser feito sempre com vistas às finalidades constitucionais do Estado, pois a previsão de gastos densificará estas mesmas finalidades, tornando-as exequíveis.[293]

Ante o exposto, não é mais possível afirmar que o orçamento não possui preceitos jurídicos e, ainda, que ele não irradia direito subjetivo, pois na medida em que o direito social foi previsto no orçamento, há a integração necessária de sua densidade normativa constitucional. Esse fato vincula seu cumprimento e cria a obrigação, mesmo que de interesse coletivo e não só individual, e sobre ele, sequer cabe a análise da reserva do possível, como demonstrado.

3.2.4 A previsão constitucional do orçamento impositivo

Afora todos esses aspectos, já suficientes para demonstrar que o orçamento é lei em sentido amplo, tem vinculação e é impositivo, a Emenda Constitucional nº 100/2019[294] veio para acabar, de uma vez por

---

[293] BARROS, Maurício. Orçamento e discricionariedade. *In*: CONTI, José Mauricio; SCAFF, Fernando Facury (Coord.). *Orçamentos públicos e Direito Financeiro*. São Paulo: Revista dos Tribunais, 2011. p. 987.

[294] BRASIL. *Emenda Constitucional nº 100, de 26 de junho de 2019*. Altera os arts. 165 e 166 da Constituição Federal para tornar obrigatória a execução da programação orçamentária proveniente de emendas de bancada de parlamentares de Estado ou do Distrito Federal. Disponível em: http://www.planalto.gov.br/ccivil_03/constituicao/emendas/emc/emc100.htm.

todas, com essa celeuma, pois passou a disciplinar esse fato com vigência a partir de 2020. No art. 165, §10, estabeleceu que "a administração tem o dever de executar as programações orçamentárias, adotando os meios e as medidas necessárias, com o propósito de garantir a efetiva entrega de bens e serviços à sociedade".

A alteração constitucional que serviria, mais uma vez, para impor a execução de dotações orçamentárias, não mais individuais, mas como demanda das bancadas dos partidos políticos no Parlamento, acabou por propiciar a ampliação de seu objeto inicial, pois tornou certa e com responsividade a imposição, ao Poder Executivo, da obrigação da entrega de bens e serviços discriminados no orçamento. Em outras palavras, ficou estabelecido o orçamento impositivo com a flexibilidade no cancelamento regrado de abertura de créditos adicionais, que já é procedimento ínsito ao exercício da administração gerencial, na fase da execução dos programas orçamentários.

Nessa perspectiva, salta aos olhos a importância do papel constitucional do Ministério Público como fiscal das leis e da democracia na concretização dos direitos fundamentais sociais previstos no orçamento. O fundamento para tal é sua competência para a defesa de direitos coletivos e o fato de que a inclusão de dispositivo constitucional novo, asseverando que o orçamento é impositivo, no art. 165, §10, da CF/88, não será suficiente para alterar uma cultura de décadas que ignorou a natureza vinculante do orçamento.

3.3 Um novo olhar para o desenho institucional do processo orçamentário constitucional

Neste ponto, será feita a análise do desenho institucional que compõe o sistema orçamentário constitucional, especialmente o controle externo do Poder Executivo em matéria orçamentária, ou seja, a atividade do Poder Legislativo e dos tribunais de contas, na perspectiva

---

Acesso em: 7 jul. 2020. "As Mesas da Câmara dos Deputados e do Senado Federal, nos termos do §3º do art. 60 da Constituição Federal, promulgam a seguinte Emenda ao texto constitucional: 'Art. 1º Os arts. 165 e 166 da Constituição Federal passam a vigorar com as seguintes alterações: 'Art. 165 (...) §9º (...); III – dispor sobre critérios para a execução equitativa, além de procedimentos que serão adotados quando houver impedimentos legais e técnicos, cumprimento de restos a pagar e limitação das programações de caráter obrigatório, para a realização do disposto nos §§11 e 12 do art. 166. §10. A administração tem o dever de executar as programações orçamentárias, adotando os meios e as medidas necessários, com o propósito de garantir a efetiva entrega de bens e serviços à sociedade'" (NR). (Grifos nossos).

relacionada com as questões já levantadas do descumprimento reiterado, pelo Poder Executivo, das regras e princípios na elaboração e na execução do orçamento.

A análise torna claro que, diante do desenho institucional da fiscalização e do controle de normas aplicadas ao orçamento e nelas contidos os direitos fundamentais – entendidos sob o manto do mecanismo de freios e contrapesos, *checks and balances* entre os Poderes –, não se tem por finalizados a fiscalização e o controle dos atos do poder público com a análise feita por parte do Poder Legislativo e dos tribunais de contas. Toda a atividade administrava está sujeita à análise do Ministério Público e do Poder Judiciário, como um controle externo e genérico que busca a adequação dos atos de gestão aos princípios e regras constitucionais e infraconstitucionais.

Há fatos que, por não serem de atribuição dos órgãos e das instituições de controle externo ordinário (Poder Legislativo e tribunais de contas) e por não haver interlocução ou comunicação entre esses e outros que possuem atribuições jurisdicionais (Ministério Público e Judiciário), acabam não sendo objeto de fiscalização e controle. Ficam perdidos entre as atribuições de controle externo e as atribuições de controle jurisdicional.

Ressalte-se aí a existência de um espaço institucional, próprio das atribuições do Ministério Público, com o fim de atuar também como: a) fiscal do cumprimento das funções dos poderes públicos, no que concerne à concreção de direitos fundamentais; b) defensor do cidadão perante os poderes públicos; c) catalisador das mudanças necessárias para que o cidadão ocupe os espaços públicos de discussão e de imposição de suas necessidades no processo orçamentário.

Esses aspectos podem ser efetivados separadamente, mas há situações que serão coincidentes e até complementares, o que se passa a analisar, iniciando pela constatação do espaço institucional que deve ser preenchido pelo Ministério Público.

3.3.1 O espaço institucional na fiscalização jurídica do orçamento público

Inicialmente, é preciso esclarecer que o controle interno dos órgãos públicos pouco pode interferir nas questões até aqui tratadas. Isso pelas incapacidades de ordem material e instrumental e, principalmente, pela existência de pouca ou nenhuma distância de subordinação hierárquica entre o tomador das decisões e seu controlador para que haja um mínimo de liberdade para o exercício do controle em sua plenitude. Essa deficiência fica clara quando, apesar de haver controle interno, necessita-se da criação de outros órgãos, por exemplo, controladorias ou corregedorias, para fiscalizar as mesmas decisões, bem como aquelas tomadas no próprio âmbito de controle interno.

Acerca da fiscalização e do controle orçamentário, a simbiose exigida pela Constituição Federal entre Legislativo e Executivo e que legitima as decisões desse último no campo orçamentário e no Estado Democrático de Direito tem sofrido mitigação na sua essência. O Poder Legislativo, em razão de variados fatores, acaba por não conseguir conter o Executivo, no sentido de fazê-lo observar as normas jurídicas dispostas no sistema constitucional orçamentário. Alguns dos principais fatos nesse sentido foram objetos de análise na primeira parte do trabalho.

O Poder Legislativo, de há muito, segue uma cartilha de ser benevolente com o Poder Executivo para poder atender a pleitos parlamentares, de atividades puramente eleitoreiras. Aprovam-se leis que resguardam apenas interesses de grupos e deixam de cobrar do Executivo o cumprimento integral das normas orçamentárias, como ocorreu com a aprovação da Proposta de Emenda Constitucional (PEC) nº 358/2013 (obrigatoriedade da execução das emendas parlamentares).

O fato ressalta a cooptação política engendrada na relação entre Legislativo e Executivo, que muito se deve ao próprio sistema presidencial de coalizão[295] que se fez presente sobre o signo da necessidade de governabilidade. Porém, propicia desvio de interesses públicos, pois a barganha dos favores tem como objetivo atingir interesses que nem sempre são transparentes e com finalidade de beneficiar à sociedade. Weder de Oliveira, tratando do tema, assim se posiciona:

> O orçamento autorizativo permite ao Poder Executivo negociar com os membros do Congresso Nacional o apoio a seus projetos e políticas públicas em troca da execução de programações de interesse individual do parlamentar ou da bancada estadual. Nesse caso, essa concepção de orçamento funciona como instrumento político de formação de coalizões partidárias necessárias à sustentação de governos minoritários no

---

[295] ABRANCHES, Sérgio. *Presidencialismo de coalizão*: raízes e evolução do modelo político brasileiro. São Paulo: Companhia das Letras, 2018. p. 358-359. Isso ocorre no Brasil, pois "a política de governo depende do acordo entre o Presidente e sua coalizão política, sendo que nessa estrutura de poder, o gasto público segue a lógica do atendimento dos politicamente mais fortes e com característica clientelista, o que acaba por se chamar de 'política cumulativa e não distributiva', que iremos chamar de presidencialismo de coalizão".

Congresso e a Governabilidade do País. Uma das mazelas é o desvirtuamento da apreciação da proposta orçamentária pelo Congresso Nacional, que tenderia a ser focada na apresentação de emendas para introduzir programações clientelísticas ou dirigidas a interesses privados cuja execução seria posteriormente negociada como Poder Executivo. Ao Poder Executivo não interessaria vetar programações desajustadas às suas prioridades políticas, pois lhe bastaria deixar de executá-las. Não precisaria nem mesmo movimentar sua base de sustentação no Congresso para rejeitar essas emendas. A apresentação de emendas é mesmo incentivada, pois dali origina-se o objeto de negociação. Daí a razão de parte da reserva de contingência ser reservada ao atendimento de emendas individuais, tradicionalmente, viabilizando a praxe de aprovação de todas as emendas dessa natureza (exceto aquelas que apresentam problemas de ordem técnica ou legal que as tornam inadmissíveis). (…)

Na visão de muitos analistas, esse sistema corrompe a instituição da representatividade parlamentar, formando maioria governistas 'artificiais' não alinhadas por programas ou ideias, mas por interesses clientelísticos, nem sempre legítimos. Na visão de outros, esse sistema é essencial à governabilidade do País, cujo sistema político eleitoral não favorece a formação de maioria diretamente a partir das urnas. (…);

Num ambiente de orçamento impositivo, o Poder Executivo deverá mobilizar sua base política, agora sem o fator de cooptação propiciado pela não obrigatoriedade do orçamento, para rejeitar emendas que não se coadunam com suas políticas. Os impasses decisórios serão maiores, ainda mais ante o aumento da força dos lobbies pela aprovação de "emendas obrigatórias".[296]

Um caso emblemático dessa distorção no sistema são os "cancelamentos" de dotações, advindas dos bloqueios dos empenhos realizadas em função dos contingenciamentos. Esse procedimento, apesar de previsto na LRF, é praticado de modo desvirtuado pelo Poder Executivo, sem que haja qualquer providência efetiva por parte do Poder Legislativo e de seu órgão auxiliar. O Executivo se utiliza do argumento previsto na própria legislação, o imperativo do equilíbrio fiscal, mesmo quando não mais existe, desvinculando dotações e realizando sua utilização no exercício seguinte em outros gastos, por meio de créditos adicionais. Sobre o assunto, Weder de Oliveira, apreciando os poderes no âmbito federal em 2013, explica:

O álibi aceitável (ou a razão legítima), e que tem sido alegado, para contingenciar é o compromisso do Poder Executivo com o equilíbrio

---

[296] OLIVEIRA, W., 2013, *op. cit.*, p. 423-424.

fiscal, o que requer celeridade no controle da execução orçamentária e financeira. Os casos de impossibilidade de execução por razões técnicas, operacionais, contratuais, normativas ou de outra natureza podem ser resolvidos por meio dos créditos adicionais, remanejando dotações – há sempre outras categorias programáticas necessitando de mais recursos, inclusive as destinadas ao pagamento de juros ou amortização da dívida.

Desse modo, não havendo como alegar risco para o equilíbrio fiscal, o álibi para a não execução do orçamento por critérios políticos deixa de existir. E é exatamente essa situação que vem justificando o contingenciamento e viabilizando alterações reais na programação, à revelia do Congresso, pela omissão executiva, que foi submetida à regulação pela LRF, eliminando a discricionariedade e reservando à LDO a definição de critérios, ambiente legislativo de atuação conjunta dos três poderes.[297]

Em continuidade, Weder de Oliveira demonstra que, ao mesmo tempo em que é dado ao Poder Executivo o manejo de restrições orçamentárias para evitar riscos ao equilíbrio fiscal, também é imposto a ele o restabelecimento das dotações, de forma razoável e proporcional às reduções efetivadas, quando o risco não mais existir. A indicação de prioridades e especificidades deveria constar na LDO, mas o cumprimento do §1º do art. 9º da LRF tem sido ignorado pelo Poder Executivo.[298]

Outro aspecto, pouco estudado ainda hoje, é saber qual a extensão do conteúdo do §2º do art. 9º da LRF, que veda a limitação de empenho de despesas que constituam obrigações constitucionais e legais do ente. Sobre esse aspecto, o Poder Executivo não tem considerado, no limite dessa vedação, dotações que têm nítido caráter de direito fundamental, como é o caso da educação infantil e do saneamento básico, além das próprias despesas denominadas impositivas, pelo menos em parte.[299]

---

[297] Ibidem, p. 411.
[298] Idem, p. 773.
[299] CÂMARA DOS DEPUTADOS. Agência Câmara de Notícias da Câmara dos Deputados. *Governo decide bloquear quase R$ 35 bi em despesas do orçamento.* Publicado em 29.03.2019. O governo decidiu bloquear R$ 34,955 bilhões do Orçamento de 2019. Do total de emendas parlamentares individuais e de bancada, a medida atinge R$ 2,956 bilhões. O Decreto 9.741/19, com o contingenciamento de despesas discricionárias, foi publicado nesta sexta-feira (29) em edição extra do Diário Oficial da União. Na semana passada, ao divulgar o Relatório Bimestral de Avaliação de Receitas e Despesas, o Ministério da Economia indicou que o bloqueio de despesas seria de R$ 29,792 bilhões. O valor contingenciado supera essa previsão, mas o secretário especial da Fazenda do Ministério da Economia, Waldery Rodrigues Junior, está autorizado a rever o bloqueio de até R$ 5,373 bilhões sem a edição de um novo decreto. O Decreto 9741/19 também altera o Decreto 9711/19 para retirar da

O PAPEL DO MINISTÉRIO PÚBLICO NA CONCRETIZAÇÃO DEMOCRÁTICA DO ORÇAMENTO | 135

Vários são os pontos em que se demonstrou que o Poder Executivo não observa as deliberações orçamentárias, tanto na fase da elaboração quanto, principalmente, na execução de dotações orçamentárias. Muitas dessas são políticas de concretização de direitos fundamentais sociais, e não há justificativa fundamentada em dispositivos legais nem medida corretiva e repressiva suficiente, aplicada pelos órgãos de controle externo ao Executivo.

Em função da importância do fato histórico na política brasileira, até pela proximidade e pelo impacto social, faz-se necessário relembrar o caso do impedimento da ex-presidente da República Dilma Rousseff, no qual ficaram comprovadas as chamadas "pedaladas fiscais", que, tecnicamente, significavam a utilização de recursos financeiros em hipóteses vedadas pela legislação orçamentária e financeira, de acordo com o TCU, apurado no Processo TC nº 005.335/2015-9. Esses atos correspondiam à prática de crime de responsabilidade, e a justificativa apresentada pelo governo federal, após instado a se manifestar, foi a de que o procedimento orçamentário já era praxe nos governos anteriores. Inclusive, esse fato acabou sendo utilizado politicamente para iniciar um processo de sua cassação perante o Senado Federal.

No caso, é possível perceber a fragilidade do processo de controle externo, pois, ultrapassado o processo de controle dos tribunais de contas, o problema acaba sendo arrefecido no próprio Legislativo, no julgamento das contas. Além disso, ultrapassado o limite interno dessas instituições, ganha interesse social, e esse se manifesta de forma concreta nas instituições políticas. O problema ganha outra dimensão, abrindo uma "janela de oportunidades", como explicam Michael Howlett et al.,[300] e isso pode gerar consequências políticas graves, como foi o caso do *impeachment*. No exemplo, apesar de toda a gravidade

---

base contingenciável as despesas das instituições federais de ensino custeadas com receitas próprias, de convênios e de doações, no montante de R$ 1,037 bilhão. Conforme o decreto, os ministérios mais atingidos são o da Educação, em valor absoluto (bloqueio de R$ 5,840 bilhões); e o de Minas e Energia, em termos relativos (79,5% do valor autorizado). Somente foi poupado o gabinete do vice-presidente, Hamilton Mourão. Os montantes por ministério ainda serão alterados porque cabe aos deputados e senadores a indicação do bloqueio de R$ 1,965 bilhão em emendas parlamentares individuais e R$ 991 milhões em emendas de bancada. Com o bloqueio, o valor de cada emenda individual impositiva caiu para R$ 12,1 milhões, redução de 21,63% sobre o montante apresentado à lei orçamentária (R$ 15,4 milhões). O bloqueio sobre as emendas de bancada impositivas, no mesmo percentual, reduziu o valor executável de R$ 169,6 milhões para R$ 132,9 milhões. Disponível em: https://www.camara.leg.br/. Acesso em: 22 jun. 2020.

[300] HOWLETT, Michael; RAMESH, M.; PERL, Anthony. *Política pública*. Seus ciclos e subsistemas. Uma abordagem integral. Trad. Técnica Francisco G. Heidemann. Rio de Janeiro: Elsevier, 2013. p. 115.

do fato com o descumprimento das leis orçamentárias e financeiras e, ainda, de ter o TCU confirmado o descumprimento de forma inédita contra as justificativas apresentadas pela presidente à época, o Poder Legislativo nada fez, nem antes, nem depois da apuração do TCU. Apenas veio a público a representação feita na Câmara dos Deputados por pessoas do povo (mesmo que com outros interesses), tendo sido encaminhada ao Senado Federal.[301]

O exemplo demonstra que o processo de controle externo do orçamento é frágil, não conseguindo dar a resposta que a Constituição Federal delegou a essas instituições na afirmação dos conteúdos constitucionais e legais quanto ao cumprimento das diretrizes e das decisões que deveriam ser adotadas pelo Poder Executivo em prol da sociedade.

Aqui, é preciso lembrar que, quando o Legislativo e os tribunais de contas falham na fiscalização e na imposição de seus papéis institucionais, falha também a democracia, uma vez que as deliberações feitas passam a ser pura escolha política de apenas um dos atores, do Poder Executivo. Esse tem o comando de todo o processo de construção do acordo social e impõe seus objetivos e finalidades, distanciando-se do desenho constitucional e da concretização dos direitos sociais.

Nessa quadra, importante é esclarecer que as cortes de contas são instituições autônomas e prestam auxílio ao Poder Legislativo, mas, apesar de terem de fiscalizar e anotar os malfeitos, invariavelmente suas decisões possuem carga política,[302] e não técnica. Mesmo quando são técnicas, em casos importantes, elas acabam por esbarrar na deliberação final do Poder Legislativo, que detém a competência de julgamento das contas, não os tribunais de contas, por previsão constitucional (art. 49, IX, CF). Trata-se das contas dos gestores máximos, presidente da República, governadores e prefeitos.

Um caso que se repetiu muito nos estados da federação foi a concessão de benefícios fiscais sem os requisitos constitucionais e legais

---

[301] Até setembro de 2015, havia 37 pedidos de *impeachment* protocolados na Câmara dos Deputados contra Dilma Rousseff, mas o presidente da Câmara, Eduardo Cunha, escolheu apenas o pedido de representação redigido por Hélio Bicudo e pelos advogados Miguel Reale Júnior e Janaína Conceição Paschoal.

[302] BARCELLOS, Ana Paula de. *Constitucionalização das políticas públicas em matéria de direitos fundamentais. Op. cit.*, p. 141. "Os Tribunais de Contas sofrem com vicissitudes que decorre de sua própria estrutura. Embora em muitas ocasiões seus corpos técnicos levem a cabo investigações acuradas, seus conselheiros – cuja nomeação, como se sabe, e ao menos até agora, tem caráter notadamente político – nem sempre estão dispostos a deliberar a favor ou contra determinado governo." SAKAI, Juliana; PAIVA Natália. Quem são os conselheiros dos Tribunais de Contas? *Transparência Brasil*. Relatório. 2016. Disponível em: https://www.transparencia.org.br/. Acesso em: 22 jun. 2020.

exigidos. Sua apuração no Distrito Federal ocorreu com a investigação levada a efeito pelo Ministério Público, quando várias ações civis públicas foram propostas na defesa da ordem jurídica e do patrimônio público.[303] A atuação do Tribunal de Contas acabou sendo pautada pelas discussões levadas ao Judiciário.

Como um exemplo de que a atuação do Tribunal de Contas, de maneira isolada, não tem sido capaz de fazer com que haja o cumprimento da LRF, cita-se o descumprimento reiterado do art. 14 dessa lei, que exige determinados requisitos para a concessão dos benefícios fiscais, mas, apesar da constatação desse desvio, nada efetivamente ocorre para a mudança de posicionamento pelo Executivo, como retrata uma das decisões do Tribunal de Contas do Distrito Federal (TCDF), que analisou diversas leis:

> Na sessão realizada em 08/11/05, conforme a Decisão nº 5884/2005 (fls. 741 e 742), este Tribunal, ao tomar conhecimento de resultado da auditoria realizada na Secretaria de Fazenda, deliberou no sentido de, verbis: "II – considerar que os diplomas legais a seguir relacionados, versando renúncia de receita, descumpriram o disposto na Lei de Diretrizes Orçamentárias, na medida em que: a) Leis nºs 2.570/00, 2.627/00, 2.659/01, 2.670/01, 2.858/01, 2.859/01, 2.860/01, 2.924/02, 3.155/03, 3.241/03, 3.259/03 e 3.262/03; Leis Complementares nºs 191/99,

---

[303] DISTRITO FEDERAL. Tribunal de Justiça do Distrito Federal. *Apelação cível 20040111048070.* 6ª Turma Cível. Apelante: Distrito Federal. Apelado: Ministério Público. Rel. Des. José Divino De Oliveira, Brasília-DF, 21 de maio de 2008. DJ, 4 de junho de 2008. "Ementa: PROCESSO CIVIL. TRIBUTÁRIO. AÇÃO CIVIL PÚBLICA. PRELIMINARES. INADEQUAÇÃO DA VIA ELEITA. ILEGITIMIDADE. INTERESSE DE AGIR. PREJUDICIALIDADE EXTERNA. ADIN TRAMITANDO NO STF. REJEIÇÃO. ICMS. TERMO DE ACORDO DE REGIME ESPECIAL (TARE). LEI DISTRITAL. PERDA DE ARRECADAÇÃO. ILEGALIDADE. I – A ação civil pública é instrumento hábil para veicular a pretensão de anulação de Termo de Acordo de Regime Especial firmado entre os réus. II – O Ministério Público tem legitimidade ativa ad causam para ajuizar ação civil pública com vista à anulação de Termo de Acordo de Regime Especial (TARE) supostamente ilegal. III – Havendo, em tese, dano ao erário, o Ministério Público está legitimado a agir em defesa do patrimônio público. IV – A ADI/2440 em trâmite no Supremo Tribunal Federal versando sobre a inconstitucionalidade do Termo de Acordo de Regime Especial – TARE foi julgada prejudicada em razão da perda superveniente de objeto. Assim sendo, não há que se cogitar da suspensão do processo com fundamento no art. 265, IV, alínea 'a', do Código de Processo Civil. V – O art. 155, §2º, XII, da Constituição Federal/1988, estabelece que cabe à Lei Complementar regular a forma pela qual, mediante deliberação dos Estados e do Distrito Federal, serão concedidos isenções, incentivos e benefícios fiscais. VI- Há manifesta lesão ao patrimônio público, na medida em que a operação levada a efeito resulta em perda de arrecadação, pois concede crédito presumido de ICMS possibilitando a incidência do tributo sobre operações estimadas sem o respectivo ajuste, a posteriori, com base na escrituração regular do contribuinte, que pagaria a diferença apurada, se positiva. VII- Negou-se provimento ao recurso voluntário e à Remessa Oficial. Unânime". Disponível em: http://www.tjdft.jus.br/. Acesso em: 7 jul. 2020.

138 | RUBIN LEMOS

212/99, 271/99, 277/00, 278/00, 286/00, 327/00, 328/00, 340/00, 343/01, 353/01, 356/01, 363/01, 433/01, 434/01 e 689/03, não estimaram o valor da renúncia e, também, não indicaram o montante da despesa a ser anulada; b) Leis Complementares nºs 353/01, 356/01, 363/01, 369/01 e 433/01; Leis nºs 2.670/01, 2.858/01, 3.241/03 e 3.262/03, o alcance da renúncia teve vigência superior a do Plano Plurianual; c) Leis nºs 2.659/01, 2.670/01, 2.858/01, 2.859/01, 2.860/01, 2.924/02, 3.155/03, 3.241/03, 3.259/03 e 3.262/03; Leis Complementares nºs 343/01, 353/01, 356/01, 363/01, 433/01, 434/01 e 689/03, não atenderam às exigências previstas no art. 14 da LRF; III – considerar que os diplomas legais a seguir relacionados não atenderam ao disposto no art. 14 da Lei de Responsabilidade Fiscal, na medida em que: a) Leis nºs 2.570/00, 2.627/00, 2.659/01, 2.670/01, 2.858/01, 2.859/01, 2.860/01, 2.924/02, 3.155/03, 3.241/03, 3.259/03 e 3.262/03; Leis Complementares nºs 327/00, 328/00, 340/00, 343/01, 353/01, 356/01, 363/01, 433/01, 434/01 e 689/03, inobservaram as exigências da Lei de Diretrizes Orçamentárias; b) Leis nºs 2.570/00, 2.627/00, 2.659/01, 2.670/01, 2.858/01, 2.859/01, 2.860/01, 2.924/02, 3.155/03, 3.241/03, 3.259/03 e 3.262/03; Leis Complementares nºs 327/00, 328/00, 340/00, 343/01, 353/01, 356/01, 363/01, 433/01, 434/01 e 689/03, não demonstraram: o impacto orçamentário-financeiro da renúncia; que o valor renunciado foi considerado na estimativa da receita e que este não afetaria as metas fiscais e, ante essas ausências não indicaram, alternativamente, medidas compensatórias, por meio de aumento de receita; (...).[304]

Em outra decisão a respeito do mesmo assunto, o TCDF assentou:

(...) 16. A Decisão nº 5884/2005, questionada pelo Ministério Público, a par de ordenar o encaminhamento de cópia do relatório de auditoria ao MPDFT, para que tome as providências de sua competência, contempla alertas para os Chefes do Poderes Executivo e Legislativo e Secretário de Fazenda, bem assim as recomendações e determinações apropriadas para a correção das irregularidades apontadas: ausência de estimativa do valor da renúncia e falta de indicação do montante da despesa a ser anulada; alcance da renúncia ultrapassando a vigência do Plano Plurianual e desatendimento às exigências do art. 14 da LRF. 17. Tais irregularidades, embora configurem violações aos princípios da prudência, transparência e responsabilidade fiscal, não constituem condutas qualificadas como infrações administrativas, nos termos da Lei nº 10.028/00, razão pela qual entendo que não deve ser acolhida a pretensão do Ministério Público, constante de sua peça recursal, no

---

[304] DISTRITO FEDERAL. Tribunal de Contas do Distrito Federal. *Processo 206/2001*. Decisão nº 5884/2005, Sessão Ordinária nº 3962. REL. Auditor José Roberto de Paiva Martins, Brasília-DF, 8 de novembro de 2005. Diário Oficial do Distrito Federal de 28 de novembro de 2005. Disponível em: https://www.tc.df.gov.br/. Acesso em: 22 jun. 2020.

sentido de que se chame, em audiência, as autoridades máximas dos Poderes Executivo e Legislativo, o Presidente da CCJ e o Secretário de Fazenda, para fins de aplicação de multa.[305]

O TCDF, ao analisar as contas do governo referentes ao exercício 2002, constatou em parecer que:

> (…) a ausência dos elementos referentes a renúncia de receita. Objetivando colher dados para esta análise, obteve-se, da Secretaria de Fazenda e Planejamento, o demonstrativo "Renúncia de Receita do Exercício de 2002 – Consolidado", discriminado por imposto e sua respectiva legislação. Os valores de renúncias apresentados para 2002, cotejados com o mesmo demonstrativo relativo ao exercício anterior, demonstraram inconsistência, devido à baixa concessão desses benefícios em 2002 e ao fato de que os benefícios fiscais em vigor já se faziam presentes naquele exercício. Diante disso, não foi possível analisar as renúncias do DF quanto à estimativa e à realização. Cabe destacar que, no Relatório Analítico e Parecer Prévio sobre as Contas do Governo dos exercícios de 1998 e 1999, este Tribunal já havia determinado a inclusão, em Prestações futuras, de relatório que contivesse a quantificação exigida pelo Regimento desta Corte. A ausência dessas informações também foi causa de ressalva nas Contas de 2000. Ademais, a análise procedida na Lei Orçamentária para o exercício de 2002, Processo – TCDF nº 1.104/2001, considerou insatisfatório o demonstrativo de renúncia de receita, pois não se baseou em levantamento específico para aquele ano, além de não levar em conta os valores de concessões efetivadas em 2001 e não informar os valores decorrentes dos benefícios de natureza financeira e creditícia.[306]

A mesma coisa ocorreu nos anos seguintes, sem que fosse alterada a conduta do Executivo nessa seara, tanto na corte de contas do DF quanto no TCU, como se pode ver nos quatro exemplos abaixo listados:

> PARECER TCDF- 2007. Análise das contas do Governo: (…) Decisão nº 22190/07, realizou-se auditoria de regularidade na Secretaria de Fazenda do Distrito Federal e na Câmara Legislativa do Distrito Federal, a fim de proceder ao acompanhamento das renúncias de receita. O trabalho de auditoria teve como objetivo verificar a regularidade das leis que

---

[305] Ibidem.
[306] DISTRITO FEDERAL. Tribunal de Contas do Distrito Federal. *Relatório Analítico e Parecer prévio sobre as Contas do Governo do Distrito Federal de 2002*. Rel. Conselheiro Paulo César de Ávila e Silva, Brasília-DF, 22 de setembro de 2003. Disponível em: https://www.tc.df.gov.br/. Acesso em: 22 jun. 2020.

140 | RUBIN LEMOS

concederam benefícios fiscais, que acarretaram renúncias de receitas de impostos distritais, à luz da legislação correlata, bem ainda a legalidade dos benefícios fiscais concedidos por meio dos Termos de Ajustamento de Regime Especial – TARE para os setores Atacadista e de Distribuição. Segundo o relatório de auditoria, os benefícios aprovados por meio das Leis nos 3.744/06, 3.902/06 e 3.905/06 não observaram as disposições da LRF e da LDO; no entanto, não impuseram riscos ao orçamento do Distrito Federal. (...) Quanto aos benefícios concedidos ao setor atacadista por meio do TARE, tendo como fulcro a Lei nº 2.381/99, verificou-se a não-observância do art. 1º da Lei Complementar nº 24/75. Por esse motivo, foram considerados irregulares no âmbito do relatório de auditoria, embora tenham sido reconhecidos os benefícios econômicos decorrentes dos atos praticados em virtude da aplicação da referida lei ordinária".[307] PARECER TCDF- 2011. Análise das contas do Governo: (...) Não obstante reconhecer a importância do caráter social e econômico dos programas de governo que concedem renúncia de receita do Distrito Federal, percebe-se que as ações não vêm acompanhadas de medidas de compensação, por meio de aumento de receita, conforme determina o art. 14 da LRF. Além disso, não há metodologia para mensurar os benefícios para o Distrito Federal provenientes da renúncia de receita tributária tampouco índices e indicadores para avaliar os programas de governo, conforme destacou a Controladoria Geral. Esta é uma ressalva constante das contas dos anos anteriores e continua presente no exercício de 2011. Não é possível admitir que o Estado renuncie receita pública sem a certeza de retorno para a população. Somente se justifica a implementação de programas desta natureza se houver retorno econômico ou social para o Distrito Federal, mesmo assim, com a clara compensação por meio do aumento da receita. Portanto, necessário que o Governo implemente metodologia para avaliar o custo/benefício das renúncias de receita e de outros incentivos fiscais.[308] PARECER TCDF- 2015. Análise das contas do Governo: (...). O Decreto nº 32.765, de 23.09.2015, alterou os arts. 8º e 13º do Decreto nº 32.598/10. Pela nova redação, os órgãos e entidades da Administração Pública distrital que acompanham os programas de concessão de benefícios que envolvam renúncia da receita ficam obrigados, a cada exercício, e para todo processo administrativo de concessão de benefício, a prestar as seguintes informações à CGDF: memória de cálculo da estimativa do

---

[307] DISTRITO FEDERAL. Tribunal de Contas do Distrito Federal. *Relatório Analítico e Parecer prévio sobre as Contas do Governo do Distrito Federal de 2007*. Rel. Conselheiro Jorge Caetano, Brasília-DF, 03 de julho de 2008. Disponível em: https://www.tc.df.gov.br/. Acesso em: 22 jun. 2020.

[308] DISTRITO FEDERAL. Tribunal de Contas do Distrito Federal. *Relatório analítico e parecer prévio sobre as contas do Governo do Distrito Federal de 2011*.Rel. Conselheiro Anilcéia Luzia Machado, Brasília-DF, 22 de maio de 2013. Disponível em: https://www.tc.df.gov.br/. Acesso em: 22 jun. 2020.

impacto orçamentário-financeiro no exercício em que deve iniciar sua vigência e nos dois exercícios seguintes; demonstração de atendimento a pelo menos uma das condições de que tratam os incisos I e II do caput do art. 14 da Lei Complementar nº 101/00 (Lei de Responsabilidade Fiscal – LRF); cálculo do custo contendo o montante efetivamente renunciado ou liberado do orçamento do Poder Executivo do Distrito Federal no exercício sob análise, a preços correntes, para aplicação em renúncias de receitas de natureza tributária e em benefícios de outras naturezas (financeira, creditícia etc.). Segundo informado no relatório da CGDF, nenhum órgão ou entidade apresentou as informações em conformidade com as exigências do art. 13 do Decreto nº 32.598/2010, em sua nova redação. (…), A CGDF informa que atualmente não existe na SEF ato normativo a respeito do que dispõe o art. 14 da LRF, especialmente quanto a critérios para definição de renúncia de receita decorrente da concessão ou ampliação de incentivos fiscais ou benefícios de natureza tributária. A norma que existia (Portaria/SEF nº 185/14) foi revogada por recomendação do Ministério Público do Distrito Federal e Territórios, por meio da Portaria SEF nº 220/14.[309]

PARECER DO TCU-2019. Análise das contas do Governo Federal: (…). Apesar dos alertas feitos em exercícios anteriores, constatou-se a inobservância das normas prescritas no ADCT, na LRF e na LDO em cinco medidas relacionadas à concessão de renúncias tributárias. Considerando o descumprimento reiterado desses dispositivos, o Tribunal registrou a reincidência da irregularidade no Parecer Prévio sobre as Contas do Presidente da República de 2019 e emitiu alerta e recomendação ao Poder Executivo, com o propósito de impedir a reiteração das práticas indevidas.[310]

Em outra perspectiva, os tribunais de contas municipais, quando existentes, ou dos estados, quando não existentes, acabam por ter uma importância diferenciada quando se trata do julgamento das contas dos prefeitos. Os pareceres desses órgãos somente não prevalecerão se forem derrubados pela Câmara Municipal de vereadores, por um quórum qualificado de 2/3 dos votos, de acordo com o art. 31, §2º, da CF.[311]

---

[309] DISTRITO FEDERAL. Tribunal de Contas do Distrito Federal. *Relatório analítico e parecer prévio sobre as contas do Governo do Distrito Federal de 2015*. Conselheiro José Roberto de Paiva Martins, Brasília-DF, 01 de agosto de 2017. Disponível em: https://www.tc.df.gov. br/. Acesso em: 22 jun. 2020.

[310] BRASIL. Tribunal de Contas da União. *Relatório e parecer prévio sobre as contas do Presidente da República de 2019*. Proc. nº 018.177/2020-4, Plenário. Acórdão 1437/2020. Rel. Min. Bruno Dantas, Brasília-DF, 10 de junho de 2020. Disponível em: https://pesquisa.apps.tcu.gov.br/. Acesso em: 7 jul. 2020.

[311] BRASIL. Supremo Tribunal Federal. *Recurso Extraordinário*. RE 729744. Tribunal Pleno. Repercussão Geral. Recte: Ministério Público Eleitoral. Recdo: João Viana Teixeira.

Ressalte-se que, apesar da quantidade enorme de prefeitos cassados no Brasil, diferentemente de governadores e de presidentes da República, o fato pode ser atribuído a um menor aparelhamento desses cargos políticos com escudos protetores de suas gestões, bem como relacionado com uma atuação de outras instituições públicas. É o caso do Ministério Público, que, em função de suas atribuições e de uma maior visibilidade dos atos de gestão pública municipal, consegue levar os casos ao Judiciário e assim imputar a eles a responsabilidade e medidas punitivas.[312]

Os tribunais de contas, como órgãos de formação político-administrativa, possuindo autonomia e também prestando auxílio ao Poder Legislativo, cujas atribuições têm assento constitucional como instituição da República, devem obediência a todos os princípios e objetivos constitucionais, como os previstos: art. 1º (soberania, cidadania, dignidade da pessoa humana, valores sociais do trabalho e da livre iniciativa e pluralismo político); art. 3º (construir uma sociedade livre justa e solidária, garantir o desenvolvimento nacional, erradicar a pobreza e a marginalização e reduzir as desigualdades sociais e regionais, promover o bem de todos, sem preconceitos de origem, raça, sexo, cor, idade e quaisquer outras formas de discriminação); e art. 37 (obedecer aos princípios de legalidade, impessoalidade, moralidade, publicidade e eficiência), e especialmente com relação ao direito fundamental da "boa governança"[313] pública.[314]

Rel. Min. Gilmar Mendes, Brasília-DF, 10 de agosto de 2016. DJ, 23 de agosto de 2017. Ementa: RECURSO EXTRAORDINÁRIO. PRESTAÇÃO DE CONTAS DO CHEFE DO PODER EXECUTIVO MUNICIPAL. PARECER PRÉVIO DO TRIBUNAL DE CONTAS. EFICÁCIA SUJEITA AO CRIVO PARLAMENTAR. COMPETÊNCIA DA CÂMARA MUNICIPAL PARA O JULGAMENTO DAS CONTAS DE GOVERNO E DE GESTÃO. LEI COMPLEMENTAR 64/1990, ALTERADA PELA LEI COMPLEMENTAR 135/2010. INELEGIBILIDADE. DECISÃO IRRECORRÍVEL. ATRIBUIÇÃO DO LEGISLATIVO LOCAL. RECURSO EXTRAORDINÁRIO CONHECIDO E PROVIDO. Disponível em: http://www.stf.jus.br/. Acesso em: 7 jul. 2020.

[312] CMN. Confederação Nacional e Municípios. Pesquisa feita de 2009 a 2012 demonstrou que o percentual de prefeitos cassados por crime de responsabilidade foi de 4,76%; por infrações político-administrativas foi de 17,62%; e de 36,67% por improbidade administrativa, num total de 383 prefeitos cassados. Disponível em: https://www.cnm.org.br/. Acesso em: 22 jun. 2020.

[313] O termo foi criado pelo economista americano John Willianson, que compilou em 1989, em livro homônimo, um conjunto de medidas para os países latino-americanos voltarem a crescer, considerando os péssimos resultados obtidos na década de 1980. Dentre elas: disciplina fiscal, reforma tributária, desregulamentação da economia, liberalização das taxas de juros, taxas de câmbio competitivas, revisão das prioridades dos gastos públicos, maior abertura ao investimento estrangeiro direto e fortalecimento do direito à propriedade.

[314] CUNDA, Daniela Zago G. Controle de políticas públicas pelos tribunais de contas: tutela da efetividade dos direitos e deveres fundamentais. *Rev. Brasileira de Políticas Públicas*, v. 1, n. 2, p. 111-147, 2011, p. 118.

O PAPEL DO MINISTÉRIO PÚBLICO NA CONCRETIZAÇÃO DEMOCRÁTICA DO ORÇAMENTO | 143

Assim, esses órgãos têm, além do dever do controle das contas dos gestores públicos, o mandamento de realizar o trabalho que cuida da aplicação responsável dos valores arrecadados dos cidadãos, os chamados gastos públicos. Esses gastos, por sua vez, têm como fim atender os princípios e objetivos da República, por meio do financiamento das estruturas organizacionais e direitos previstos na Constituição Federal. Há uma relação de finalidade entre as competências dos tribunais de contas e a efetivação de direitos fundamentais.[315] Entretanto, a acepção econômico-administrativa dada pelos tribunais de contas ao trato das matérias retira deles o olhar sobre a importância do atendimento a esses direitos. Isso demonstra que essa instituição, apesar do rigor técnico, deve se pautar, também, pela observância das normas jurídico-constitucionais, baseadas nos direitos fundamentais, quando do exercício da fiscalização e do controle da gestão de recursos públicos. Esse novo olhar deve ser aperfeiçoado pelos tribunais de contas, dada sua importância no controle que realiza e em função de sua alta capacidade institucional e necessária para as tão complexas avaliações que devem realizar.

Ocorre que assumir esse novo olhar significa uma mudança de posição institucional, não mais fechada no sistema de controle externo, mas aberta ao sistema constitucional de defesa da "boa governança", da eficiência e da efetividade, contribuindo para que os direitos fundamentais sejam devidamente concretizados. Daniela Z. G. Cunda, ainda em 2010, escreveu:

> (...) e nesse contexto que os Tribunais de Contas têm de inserir, ao cumprir suas atribuições previstas na Constituição, no exercício de um novo controle externo, utilizando-se de modernos mecanismos, como termo de ajustamento de gestão, auditorias operacionais, audiências públicas, intercomunicação entre as instituições, dentre outros a serem desenvolvidos de maneira a melhor tutelar os direitos fundamentais. (...). Assim, além do controle externo tradicional (posterior), denota-se a importância de um controle prévio, concomitante e sucessivo.[316]

A respeito da adoção de novos mecanismos de atuação e para melhor efetivar os direitos fundamentais, foram citados por Daniela Z. G. Cunda: o controle prévio e concomitante dos atos de gestão; a utilização de instrumentos procedimentais novos e dos vigentes,

---

[315] Ibidem, p. 123.
[316] Idem, p. 117-118.

como o termo de ajustamento de gestão e das auditorias operacionais; o acompanhamento do direito do cidadão em participar do processo orçamentário; em especial, a (inter)comunicação mais facilitada entre seu papel e outras instituições que tenham de analisar e decidir sobre demandas que tratam de gastos públicos e de aplicação de recursos públicos, como seria o caso do Ministério Público e do Judiciário.[317] Dessa sorte, já havia se verificado que as atribuições dos tribunais de contas deveriam ser modernizadas, a fim de cumprir os mandamentos constitucionais que, na essência, devem contribuir para a diminuição das diferenças sociais. Isso se dá por meio da integração e complementação dos trabalhos por eles realizados com outras instituições, estabelecendo uma integração comunicativa de atribuições entre poderes, e não só um "diálogo institucional",[318] dado que se pretende um posicionamento mais elástico, e não somente o cumprimento do inciso XI do art. 71 da CF/88, que é a decisão de se representar, ao poder competente, sobre irregularidades ou abusos apurados.

Essa face da comunicação entre instituições para facilitar o acesso a informações, causas e processos dos tribunais de contas ainda pende de grande desenvolvimento e, sem dúvida, dificulta evitar prejuízos às finanças públicas de forma preventiva, concomitante e, muitas vezes, corretiva. A comunicação é importante para que outras instituições possam desempenhar suas funções a tempo e modo, numa verdadeira integração institucional coordenada e contínua.

Os tribunais de contas realizam análises sobre as contas, e não sobre as condutas dos agentes, em que pese, invariavelmente, ser possível a identificação do desvio de condutas nos pareceres técnicos. Porém, o objeto de julgamento não se concentra nas condutas pessoais dos agentes públicos, porque o órgão não tem competência nem atribuição

---

[317] Idem, p. 117. O termo de ajustamento de gestão seria a aplicação do instrumento procedimental à semelhança do termo de ajustamento de conduta utilizado pelo Ministério Público; auditoria operacional são auditorias feitas pelos tribunais de contas de forma especializada e com mais detalhes, com equipe multidisciplinar e sistemática que já vem sendo utilizada na averiguação da aplicação dos recursos destinados a financiar direitos.

[318] CLÈVE, Clèmerson Merlin; LORENZETTO, Bruno Meneses. Diálogos institucionais: estrutura e legitimidade. *Revista de Investigações Constitucionais*, v. 2, n. 3, p. 183-206, 2015. De modo geral, o termo "diálogo institucional" refere-se a uma atividade judicial, de regra constitucional, cuja decisão gera uma nova posição jurídica ou política de outro Poder, quase sempre do Legislativo, no caso do Canadá, onde nasceu o termo. A integração dialógica que nos referimos não fica presa a decisões, seriam as interações entre os poderes, uma interação produtiva entre poderes, na qual deverão trocar argumentos racionais, se abster de decidir nos pontos em que outras instituições têm mais capacidade/legitimidade e tomar suas próprias decisões de modo a desenvolver as decisões já tomadas por outras instituições.

para aplicar sanções civis e penais, descritas nas leis que as disciplinam, a exemplo da improbidade administrativa e de crimes. Todos os julgamentos são realizados em relação à prestação de contas dos gestores e, no caso de prejuízo, é determinado o ressarcimento ao erário e/ou multa. A execução da decisão da Corte de Contas deve ser realizada no Judiciário, porque a decisão gera título executivo extrajudicial.[319]

Dessa sorte, eventual improbidade administrativa (Lei nº 8.429/92), crime de responsabilidade (Lei nº 1.079/50 e Decreto-Lei nº 201/67) e crime contra as finanças públicas (Lei nº 10.028/2000) que imponham sanção civil ou penal (excluídos ressarcimentos de valores e multas impostos pelas cortes de contas) não podem ser objeto de tratamento no âmbito dos tribunais de contas. São questões resolvidas nos parlamentos (presidente, ministros, ministros do STF, procurador da República, governadores e vereadores) e no Judiciário (prefeitos) quanto aos crimes de responsabilidade e de todos os responsáveis pela gestão pública; no Judiciário, quanto à improbidade administrativa e crimes contra as finanças públicas.

No momento, deve-se esclarecer que não se está diminuindo a importância institucional e republicana dos tribunais de contas, menos ainda se apregoa sua substituição. Pelo contrário, pretende-se enaltecer o trabalho realizado por eles na esfera administrativa e ressaltar a importância do compartilhamento de suas análises com outras instituições. Também se destaca a necessidade de que outros órgãos e instituições possam demandar análises dos tribunais de contas, em função de suas capacidades e *expertises*, por exemplo, sobre o acompanhamento de determinadas políticas públicas e seus resultados.

O que se defende é a abertura dos tribunais de contas para outros órgãos, instituições e poderes que fazem parte do sistema de fiscalização e de controle do Estado. Uma abertura de maneira ampla, de forma dialógica, com ganhos tanto para as cortes de contas como para os demais, tudo em prol da defesa dos direitos fundamentais.

---

[319] BRASIL. Supremo Tribunal Federal. *Recurso Extraordinário*. RE 636886/AL. Rel. Min. Alexandre de Moraes, Brasília, 20 de abr. 2020. Pleno. "(…). 3. A excepcionalidade reconhecida pela maioria do SUPREMO TRIBUNAL FEDERAL no TEMA 897, portanto, não se encontra presente no caso em análise, uma vez que, no processo de tomada de contas, o TCU não julga pessoas, não perquirindo a existência de dolo decorrente de ato de improbidade administrativa, mas, especificamente, realiza o julgamento técnico das contas a partir da reunião dos elementos objeto da fiscalização e apurada a ocorrência de irregularidade de que resulte dano ao erário, proferindo o acórdão em que se imputa o débito ao responsável, para fins de se obter o respectivo ressarcimento. Disponível em: http://www.stf.jus.br/. Acesso em: 7 jul. 2020.

Ocorre que uma mudança na ótica de trabalho das cortes de contas não provocará, de *per si*, o cumprimento, por parte do Poder Executivo, das normas financeiras e orçamentárias. É que, além da limitação na competência da atuação das cortes de contas na esfera judicial, os responsáveis máximos pelo Poder Executivo, presidente da República, governadores e prefeitos, não têm suas contas julgadas por eles, e sim pelo Poder Legislativo.

Os tribunais de contas enfrentam uma gama de outras dificuldades, de ordem estrutural (indicação eminentemente política dos conselheiros),[320] de ordem técnica (dificuldade da coleta de dados e da confiabilidade deles) e de pessoal (dificuldade em obter pessoal qualificado em várias áreas do conhecimento, como economia, direito, contabilidade, administração, engenharia e outras, além de restrição orçamentária para a contratação). No mínimo, esse quadro dificulta a consecução ideal na produção de trabalhos e de decisões em seu âmbito de atribuições, com a ampliação de seu espectro de atuação para análises prévias e concomitantes. Mais ainda quando se necessita de auditorias complexas, como as operacionais, que seriam exigíveis para análise, por exemplo, da avaliação de resultados dos programas orçamentários, como devidamente anotado no Acórdão nº 612/2005 do Plenário do TCU.[321]

Diante do quadro acima desenhado, ressai a importância de o Ministério Público ser proativo, pois a análise desenvolvida pelos tribunais de contas no Brasil, apesar de ter evoluído muito nos últimos anos e não mais se basear em simples aspectos do atendimento de formalidades,[322] não deixa de estar voltada para uma acepção mais econômico-administrativa dos atos. Destaca-se especialmente aí a

---

[320] SAKAI, Juliana; PAIVA Natália. Quem são os conselheiros dos Tribunais de Contas? *Transparência Brasil*. Relatório [internet], 2016. Disponível em: https://www.transparencia.org.br/. Acesso em: 22 jun. 2020.

[321] OLIVEIRA, W., 2013, *op. cit.*, p. 502. "TCU. *Acórdão 612/2005* Plenário refere-se a processo em que o TCU buscou estabelecer metodologia de análise de programas de governo, com objetivo de dar cumprimento ao mencionado art 20 da LDO/2004. Nesse trabalho, a equipe técnica do TCU deixou claro que a avaliação dos resultados dos programas para emitir um juízo do tipo satisfatório/insatisfatório não poderia se procedida na forma de auditoria operacional, posto que essa forma de avaliação é demorada e onerosa, impossível de ser realizada sobre dezenas de programas."

[322] CONTI, *op. cit.*, p. 259. "Foi-se o tempo em que os Tribunais de Contas se ocupavam apenas da fiscalização de conformidade, sob o aspecto da legalidade, concentrando-se na formalidade da despesa pública. Muito se avançou, e continua se avançando, na fiscalização da qualidade do gasto público, levando-se em consideração a eficácia, efetividade, eficiência e economicidade no uso dos recursos públicos, pois o que realmente importa são os resultados e benefícios alcançados, e não o cego respeito a uma burocracia, não raro obsoleta."

prestação de contas, motivo pelo qual a análise jurídico-constitucional dos direitos fundamentais acaba por ficar relegada e não ganhar a importância que merece, tal como muitos dos casos que sequer são analisados pelos tribunais de contas. Seu controle é, muitas vezes, feito por amostragem, quando não há fato específico para verificação, pela impossibilidade de se verificar a integralidade deles.

Assim, a atuação do Ministério Público, de forma sistematizada, coordenada e contínua, tem a finalidade de propiciar um novo olhar e tratamento ao problema, agora com base nos princípios e regras constitucionais e infraconstitucionais na matéria financeira e orçamentária. Decerto, essa perspectiva irá desaguar em oportunidades de uma atuação mais efetiva, evitando desvios e malfeitos com recursos públicos e provocando os poderes ao cumprimento das normas, por meio de medidas administrativas ou até judiciais, se necessário for.

Vale ressaltar que há entendimento sólido relacionado com a independência das instâncias entre as atividades realizadas nos tribunais de contas e aquelas exercidas pelo Ministério Público ou o Judiciário. É que a primeira se encontra no âmbito administrativo, não havendo restrição na apuração e aplicação das sanções previstas no âmbito de cada competência, a não ser quando a decisão judicial afirma a inexistência do fato.[323]

É notório, também, que os tribunais de contas ainda se encontram hermeticamente fechados no sistema de controle externo e que o Ministério Público não assumiu suas atribuições – voltadas para a concretização dos direitos sociais – na seara orçamentária e financeira. Assim, faz-se necessário, por parte de ambas as instituições, uma mudança de posicionamento, agora voltada a atender ao que a Constituição Federal exige dos órgãos e instituições de controle, que é a atuação independente e harmônica para a consecução dos fins. Que se instalem e aprimorem, assim, o diálogo e a integração institucional, passando-se a compreender o controle externo como uma fase no complexo controle dos atos de gestão e responsabilidade fiscal.[324] Com

---

[323] BRASIL. Supremo Tribunal Federal. *Mandado de Segurança*. MS nº 25.880/DF. Relator Min. Eros Grau. Tribunal Pleno. Brasília, 16 de mar. 2007. "O ajuizamento de ação civil pública não retira a competência do Tribunal de Contas da União para instaurar a tomada de contas especial e condenar o responsável a ressarcir ao erário os valores indevidamente percebidos. Independência entre as instâncias civil, administrativa e penal."

[324] BLIACHERIENE, Ana Carla; RIBEIRO, Renato Jorge Brown. Fiscalização Financeira e Orçamentária: Controle Interno, Controle Externo e Controle Social do Orçamento. *In*: CONTI, José Mauricio; SCAFF, Fernando Facury (Coord.). *Orçamentos públicos e Direito Financeiro*. São Paulo: Revista dos Tribunais, 2011. p. 1.210-1.212. "Nesta linha do tempo,

isso, todas as fases do controle e de fiscalização dos gastos públicos se integralizam e provocam as alterações que a Constituição Federal exige, principalmente as relacionadas com a entrega dos bens e serviços que representem direitos sociais.

Por fim, é preciso reconhecer o espaço institucional de poder que não está sendo preenchido pelo Ministério Público no exercício das funções de fiscalização e de controle orçamentário e financeiro dos recursos arrecadados pelo Estado. Várias situações detectadas podem ser enquadradas como descumprimento e configurar inconstitucionalidade, improbidade administrativa ou crime contra as finanças públicas. Porém, acabam ficando sem o tratamento jurídico adequado, em função de um entendimento equivocado sobre o arranjo institucional de controle dos atos de gestão. A consequência é a transformação de práticas inconstitucionais e ilegais em atos toleráveis por falta de uma responsabilização. Essa situação não contribui para o respeito dos poderes públicos aos direitos dos cidadãos.

Nesse passo, aborda-se o papel institucional do Ministério Público na tutela dos direitos sociais.

3.3.2 O papel institucional do Ministério Público como órgão responsável pela tutela dos direitos sociais e pela fiscalização e controle dos poderes públicos

O Estado Social Democrático de Direito exige da administração pública esforço para que a gestão dos recursos tenha como finalidade os interesses descritos na Constituição Federal, tal como os objetivos a serem perseguidos e que estão dispostos, de maneira genérica, no art. 3º: a construção de uma sociedade livre, justa e solidária; a garantia

---

as cartas constitucionais das democracias – principalmente as Constituições rígidas como a brasileira – estabeleceram critérios mínimos de legitimidade do poder constituído: Ao resguardo dos direitos fundamentais; b) a separação dos poderes; c)a cláusula geral de que todo poder emana do povo; d) as limitações ao poder de tributar; e)processo legislativo plúrimo das leis orçamentárias; f) o controle de contas pelo Legislativo; g) a ação popular; h) as prerrogativas do Ministério Público, judiciário e da advocacia para o exercício de suas funções, são todos exemplos de limitações à atuação do Estado e, portanto, mecanismos de controle, lato sensu, da administração. (...) A Constituição Federal de 1988 estabeleceu uma série de estruturas de controle sobre o Estado, que vai desde o controle de natureza político-administrativa, a cargo do Congresso Nacional (art. 70 da CF), ao controle de natureza predominantemente administrativa, a caro dos Tribunais de Contas (art. 71 da CF), a uma estrutura de caráter judicial trabalhada pelo Ministério Público e pelo Poder Judiciário, até, finalmente, apontar inserções de medidas de controle social que interagem com as estruturas formas de controle do Estado (possibilidade de denúncias e participação dos cidadãos em conselhos de gestão e fiscalização)."

O PAPEL DO MINISTÉRIO PÚBLICO NA CONCRETIZAÇÃO DEMOCRÁTICA DO ORÇAMENTO | 149

do desenvolvimento nacional; a erradicação da pobreza e da marginalização e redução das desigualdades sociais e regionais; a promoção do bem de todos, sem preconceitos de origem, raça, sexo, cor, idade e quaisquer outras formas de discriminação. Impõe, ainda, o tratamento e a observância aos direitos fundamentais e sociais, orientando-se pelos fundamentos previstos no art. 1º, com base na soberania, na cidadania, na dignidade da pessoa humana e na própria democracia.

Igualmente, a administração pública deve observar os princípios previstos no art. 37 da CF/88, especialmente a legalidade, a impessoalidade, a moralidade, a publicidade, eficiência e economicidade. Também aqueles relacionados com as questões orçamentárias, como os princípios dos 4 "Es",[325] englobados na eficiência e de transformação da realidade, sem piora das condições atuais, como impõem os princípios da não proteção deficiente, da progressividade, do não retrocesso e da segurança jurídica na dimensão da proteção e da garantia ao cidadão contra mudanças prejudiciais.

Assim, os poderes públicos devem se pautar pela "boa governança", com observância de todas as normas constitucionais que vinculam a discricionariedade ínsita na atividade, devendo os atos praticados ter fins públicos ou interesse coletivo. A administração pública, dessa forma, tem o dever de elaborar e de colocar em prática as políticas públicas deliberadas democraticamente, com as prioridades na concretização dos direitos sociais, justificando-se o controle desses atos quando não são observados.

As políticas públicas, quando inseridas no orçamento, produzem a densificação das normas de direitos fundamentais que podem carregar direitos de natureza subjetiva individual, como é, em muitos casos, o direito à saúde e à educação infantil. Porém, via de regra, materializam um direito público subjetivo, uma vez que os direitos sociais são, em essência, direitos difusos.

Nessa perspectiva, ressai a importância do Ministério Público como instituição que tem atribuições para defesa de direitos coletivos, ou seja, dos direitos públicos subjetivos, como assevera Teori Zavascki:

> (…) partindo-se da premissa de que o artigo 127 da CF é autossuficiente, completo, apto a, desde logo, irradiar todos os efeitos, pode-se afirmar que os interesses sociais constituem categoria jurídica suscetível de defesa jurisdicional própria, a ser promovida pelo Ministério Público,

---

[325] Princípios do controle das contas baseados na eficiência, na eficácia, na economicidade e na efetividade.

150 | RUBIN LEMOS

inclusive mediante a utilização de todos os instrumentos processuais para a devida tutela perante o Poder Judiciário.[326]

A não implementação das políticas públicas ou sua implementação de maneira ineficaz, entendida nela todos os "Es" (efetividade, economicidade, eficiência e eficácia), devem ser objeto de análise e de atuação do Ministério Público. Nesse caso, ele age como um verdadeiro *ombudsman*, quando tais atribuições, em outros países, são de autoridades derivadas do Poder Legislativo, como ocorre na Suécia (*ombudsman*), França (*mediateur*), Inglaterra (comissário parlamentar para a administração), Portugal (provedor de justiça) e Espanha (*defensor del pueblo*).[327]

É bom pontuar que a fiscalização do Ministério Público se dá não com a finalidade de interferir nas atividades ordinárias dos poderes públicos, mas para que esses possam ser realizados sem o desvio de finalidade na gestão ou para que induzam o comportamento responsável pelos princípios descritos na Constituição Federal, inclusive aqueles que garantem a participação do cidadão, sempre com a observância dos direitos fundamentais.

O Ministério Público tem, entre as suas fundamentais atribuições, a de defender a coletividade, o interesse social, ou seja, questões que tenham abrangência e suficiente expressão para a coletividade, como disposto no art. 127 da CF/88. Para tanto, promove atos de *accountability* e de responsabilização.[328] Cabe ao Ministério Público, caso não consiga solucionar um problema extrajudicialmente, promover a ação de inconstitucionalidade ou representação para fins de intervenção da União e dos estados; zelar pelo efetivo respeito dos poderes públicos e dos serviços de relevância pública; promover as medidas necessárias a sua garantia, bem como o inquérito civil, a ação civil pública para a proteção do patrimônio público e social e de outros interesses difusos e coletivos, assim também a ação penal, tudo de acordo com o art. 125 da CF.

---

[326] ZAVASCKI, *op. cit.*, p. 44.

[327] MARTINS JÚNIOR, Wallace Paiva. *Controle da administração pública pelo Ministério Público* (Ministério Público defensor do povo). São Paulo: Juarez de Oliveira, 2002. p. 79-93.

[328] BRASIL. Supremo Tribunal Federal. *Recurso Extraordinário*. RE 643978/SE. Plenário. Recte: Caixa Econômica Federal – Cef. Recdo: Ministério Público Federal. Rel. Min. Alexandre de Moraes, Brasília-DF, 09 de outubro de 2019. DJ, 25 de outubro de 2019. "Ementa: Constitucional. Processual civil. Repercussão Geral Reconhecida. Ação Civil Pública. Pretensão destinada à tutela de Direitos individuais de elevada conotação social. Adoção de regime unificado ou unificação de contas do Fundo de Garantia do Tempo de Serviço (FGTS). Ministério Público. Parte ativa legítima. Defesa de interesses sociais qualificados. arts 127 e 129, III, da CF. Reafirmação da jurisprudência desta corte." Disponível em: http://www. stf.jus.br/. Acesso em: 7 jul. 2020.

O PAPEL DO MINISTÉRIO PÚBLICO NA CONCRETIZAÇÃO DEMOCRÁTICA DO ORÇAMENTO | 151

A Lei Complementar nº 75/93 fundamenta as funções do Ministério Público na defesa da ordem jurídica, do regime democrático, dos interesses sociais e dos interesses individuais indisponíveis, considerando como parâmetros, entre outros, a soberania e a representatividade popular; os objetivos fundamentais da República Federativa do Brasil; as vedações impostas à União, aos estados, ao Distrito Federal e aos municípios; os princípios constitucionais relativos ao sistema tributário e às finanças públicas; o efetivo respeito dos poderes públicos da União e dos serviços de relevância pública quanto: a) aos direitos assegurados na Constituição Federal relativos às ações e aos serviços de saúde e à educação; b) aos princípios da legalidade, da impessoalidade, da moralidade e da publicidade. A lei orgânica dos ministérios públicos estaduais também seguiu essa diretriz e estabeleceu, na Lei nº 8.625/98, além do previsto para área federal, uma atuação pautada nos poderes e órgãos estaduais e municipais.

Como se vê, o Ministério Público tem atribuições específicas como responsável pela análise de questões voltadas para a aplicação das normas de finanças públicas, da defesa dos interesses do Estado democrático, além da concretização de direitos sociais e o respeito dos poderes públicos para com o cidadão. A complexidade dessa atuação pode fazer com que esse órgão tenha que sopesar nuances relacionadas com as áreas técnicas de auditoria, o que provoca uma necessária interação entre as instituições, mas não limita, em nada, a impostergável análise jurídico-constitucional dos atos e fatos da administração pública. Também não limita a adoção de medidas necessárias para a defesa dos direitos fundamentais e do respeito dos poderes públicos aos cidadãos, na realização das prestações positivas necessárias.

A Constituição Federal de 1988, ao conferir ao Ministério Público essas tarefas, fê-lo não somente porque a instituição já possuía certa estrutura nacional, presente em todo o território, mesmo que de forma precária, mas porque suas atribuições o aproximavam da coletividade na área criminal, em questões com menores, questões eleitorais e perante a Corte Suprema. Ainda há o fato de ele ser visto como órgão de Estado que, ganhando a independência financeira, orçamentária e a desvinculação com o Poder Executivo e Judiciário, passou a ser a instituição com os atributos para o desempenho das funções na defesa da sociedade.

É possível vislumbrar a grande vantagem do Ministério Público. Além de atribuições e ferramentas, ele tem inserção em todas as comunidades do país, independência financeira, orçamentária e funcional, diferente de outras instituições. Essas condições possibilitam que ele desenvolva trabalhos que se multiplicam em defesa do direito social de forma sistemática, coordenada e contínua, com assistência mútua entre seus diversos ramos, dos estados e União.

O Ministério Público deve também assegurar o desejo constitucional de uma maior participação do cidadão em decisões da administração pública, principalmente na área orçamentária, proporcionando as mudanças necessárias para que ele ocupe os espaços públicos de discussão e de imposição de suas necessidades. Essa atuação cumpre os princípios democráticos e republicanos, pois o exercício da cidadania passa pela participação dele na elaboração e na implementação de políticas públicas, bem como por sua concretização por meio do orçamento público.[329]

Na perspectiva de promover uma participação mais efetiva da população nas decisões, ressai a importância de integrar, a esse processo, as associações civis, conselhos e toda ordem de agrupamento que propicie o maior desenvolvimento das atividades que criam caminhos para o engajamento do cidadão, não só no controle mais efetivo, mas também na escolha das alocações das despesas públicas.

Podem ser citados vários dispositivos constitucionais que integram a participação do cidadão ao controle social: arts. 5º, LXXIII; 29, XII; 31, §3º; 37, §3º, I; 74, §2º; 198, III; 204, II; 205, *caput* e VI; 216-A, X; e 227, §1º, todos da CF/88. Eles estabelecem a participação popular na elaboração e formulação, entre outras, das políticas públicas de planejamento urbano, saúde, assistência social, educação, direitos da criança e do adolescente, que se realizam por meio de conselhos, em especial dos conselhos municipais.[330]

A criação de diversos conselhos por lei também impõe a participação do cidadão no processo orçamentário, uma vez que esses órgãos são a forma descentralizada de administração dos recursos e de escolhas democráticas de aplicação do dinheiro público.

Dessa sorte, se cabe ao Ministério Público atuar na defesa da ordem jurídica, do regime democrático e dos interesses sociais, impõe-se a ele zelar pela efetiva implementação e funcionamento dos conselhos

---

[329] FRISCHEISEN, Luiza Cristina Fonseca. Políticas públicas: planejamento, desenvolvimento e fiscalização. Conselhos gestores e democracia participativa. O papel do Ministério Público. *In*: BUCCI, Maria Paula Dallari *et al*. (Org.) *Direitos humanos e políticas públicas*. São Paulo: Instituto Pólis, 2001. p. 44.

[330] Esses dispositivos serão detalhados no tópico em que se analisará o papel do MP no controle social.

O PAPEL DO MINISTÉRIO PÚBLICO NA CONCRETIZAÇÃO DEMOCRÁTICA DO ORÇAMENTO | 153

gestores de políticas públicas e outros procedimentos democráticos de participação popular, bem como das diretrizes e ações aprovadas.[331]

Assim, deve o Ministério Público agir como defensor da existência e do bom funcionamento desses conselhos, como também deve se abastecer das informações e dos atos neles praticados na defesa do patrimônio público, uma vez que muitos recursos públicos são repassados da esfera federal e estadual para os municípios, e sua aplicação deve ser monitorada pelos citados conselhos.[332]

A incorporação do controle social de forma efetiva no processo orçamentário impõe, ao Ministério Público, assumir o papel de ser instrumento de fomento e ligação entre a vontade da Constituição Federal e a transformação da realidade.

Por fim, o disposto na Constituição e nas leis que regulamentam a fiscalização e o controle das finanças públicas e o orçamento, independentemente de ter sido ou não analisado e até decidido nas instâncias administrativas de controle interno ou externo, deve ser objeto de análise pelo Ministério Público, como o fim de assegurar a concretização dos direitos sociais e a democracia, como se passa a analisar, com a pretensão de indicar os parâmetros mínimos de atuação.

---

[331] FRISCHEISEN, *op. cit.*, p. 47. "As leis federais que regulamentam a existência e implantação dos conselhos preveem, em regra, que o Ministério Público zelará pelos direitos assegurados nas referidas leis."

[332] Ibidem, p. 47.

4 O Ministério Público como instituição indutora dos compromissos democráticos firmados no orçamento público

A boa governança a ser praticada pela administração pública, calcada no desiderato, entre outros, do cumprimento dos direitos fundamentais sociais, previstos na Constituição Federal, deve pautar a atividade do Ministério Público na consecução da fiscalização dos atos que tenham relação com a elaboração e execução do orçamento, além de relacionada com o fomento e o incentivo da participação cidadã nesse processo.

O Ministério Público deve se aperfeiçoar na atividade de fiscal da ordem jurídica, do regime democrático e dos interesses sociais e individuais indisponíveis, especialmente relacionada com a verificação das normas constitucionais e infraconstitucionais orçamentárias, que estão previstas nos arts. 165 a 169 da CF/88 e na Lei nº 4.320/64 e LC nº 101/2000 – LRF.

No campo da defesa da ordem jurídica, a instituição deve assegurar que os dispositivos jurídicos sejam interpretados e aplicados de acordo com os valores constantes da Constituição Federal, principalmente no que concerne aos fundamentos e objetivos da República. Daí ressai a relação entre a manutenção do equilíbrio entre os poderes da República, a importância do regime democrático e a observância das normas orçamentárias. O orçamento, como instrumento jurídico que congrega os valores sociais, econômicos e políticos a serem concretizados, acaba por demonstrar a simbiose necessária entre os poderes públicos e a força do regime democrático no processo de escolha das prioridades.

Sobre a perspectiva da função de defensor do regime democrático, incluída apenas em 1988, cuja atribuição não constava do anterior estatuto (LC nº 40/1981), o Ministério Público tem o objetivo de preservar o aparato estatal e organizacional necessário à manutenção do Estado democrático, em contraposição a um regime autoritário. Além disso, deve garantir a existência de meios políticos e jurídicos capazes de propiciar as liberdades individuais e coletivas, a representação popular nas decisões públicas e outros direitos básicos que possibilitem uma vida digna e com igualdade de condições.

Trata esse ponto de dar importância à vontade popular, manifestada por meio de sua representação, o que faz o Ministério Público observar criticamente o conteúdo dos atos jurídicos de quaisquer poderes e instâncias.[333] Acerca do regime democrático, é bom lembrar que se trata de valor universal que busca preservar os interesses fundamentais do cidadão, como a garantia das liberdades e potencialidades, ou seja, a autodeterminação individual e social, bem como a interação dos valores morais e prioridades que devem ser estabelecidas em coletividade e constar do orçamento público.[334]

---

[333] MAZZILLI, Hugo Nigro. O Ministério Público e a defesa do regime democrático. *Revista de Informação Legislativa*, ano 35, n. 138, p. 70-71, 1998. Disponível em: https://www.mazzilli.com.br/. Acesso em: 6 jul. 2020. "Assim, a existência de uma democracia legítima pressupõe longo caminho a ser trilhado, um caminho de efetivo exercício da própria democracia. Supõe-se, naturalmente, a necessidade de um sistema constitucional legítimo, que assegure: a) a divisão do poder (quem faz a lei não é quem julga nem a aplica; quem a aplica não a faz nem julga; quem julga, não é quem a faz nem a aplica administrativamente); b) o controle da separação do poder (não basta a Constituição dizer que o poder é repartido; é necessário que existam mecanismos de freios e contrapesos, e que estes mecanismos funcionem efetivamente); c) o reconhecimento de direitos e garantias individuais e coletivos; d) o respeito à liberdade e à igualdade das pessoas, bem como à dignidade da pessoa humana; e) a existência de decisões tomadas direta ou indiretamente pela maioria, respeitados sempre os direitos da minoria; f) a total liberdade na tomada de decisões pelo povo (decisões tomadas em 'seu entender livre', como dizia Ataliba Nogueira, e não decisões conduzidas pelos governantes, nem fruto de manifestação de uma opinião pública forjada pelos meios de comunicação); g) um sistema eleitoral livre e apto para recolher a vontade expressa pelos cidadãos; h) o efetivo acesso a alimentação, saúde, educação, trabalho, Justiça e demais condições básicas de vida por parte de todos. Além disso, uma democracia representativa só funciona adequadamente se houver um sistema efetivo de partidos, com programas de governo – para que a vontade dos eleitores não seja burlada pelos eleitos que queiram trair os compromissos e programas partidários que foram usados para captar os votos dos eleitores. Por isso, a nosso ver, faz parte da democracia o pluripartidarismo, sim, mas também a necessidade de fidelidade aos compromissos e programas de partido."

[334] MAZZILLI, *op. cit.* p. 67. "Dando ênfase a essa proposta, o hoje Ministro do Supremo Tribunal Federal, então Promotor Público paulista José Celso de Mello Filho, publicou artigo intitulado Ministério Público e a Legalidade democrática, onde afirmou: "a Associação Paulista do Ministério Público, por deliberação de sua Assembléia Geral Extraodinária tomada por maioria de votos, deverá postular uma redefinição do conceito de Ministério Público, a fim de que nele se passe a vislumbrar o instrumento de preservação de uma legalidade que se qualifique como essencialmente democrática. Em consequência, o Ministério Público deixará de ser o fiscal de qualquer lei para se converter no guardião de um ordenamento jurídico cujos fundamentos repousem na vontade do povo, legitimamente manifestada através de seus representantes. O Ministério Público deixa, pois, de fiscalizar a lei pela lei, inútil exercício de mero legalismo. Propõe-se, agora, que o Ministério Público avalie, criticamente, o conteúdo da norma jurídica, aferindo-lhe as virtudes intrínsecas, e

Cabe ao Ministério Público a defesa dos interesses sociais e individuais indisponíveis, sendo essa atribuição que vincula os interesses democráticos constitucionalizados aos interesses coletivos e dá integralidade ao Estado Democrático de Direito. Ao Ministério Público cabe, nessa perspectiva, adotar as medidas necessárias para que seja concretizado, como fato da vida, o que está previsto na Constituição Federal, no caso, a materialização dos direitos sociais, por meio da observância do instrumento orçamentário.

Ana Paula de Barcellos, analisando a sindicabilidade de políticas públicas, estabelece três assertivas, quais sejam: as normas constitucionais são dotadas de hierarquia e eficácia normativa; os direitos fundamentais têm centralidade no direito e para o Estado, no sentido de promover e de protegê-los como diretriz de atuação; os poderes públicos estão submetidos à Constituição, que estabelece não só limites, mas as vinculações mínimas para os agentes políticos, sobretudo no respeito aos direitos fundamentais.[335]

Diante dessas assertivas e da definição de que as políticas públicas são o meio para concretizar os fins constitucionais, bem como que a realização delas demanda gastos, e esses requerem escolhas de prioridades, conclui Barcellos que a "(...) Constituição vincula as escolhas em matéria de políticas públicas e o gasto dos recursos públicos".[336]

Continua Barcellos, explicando que "(...) isento de controle social a concreção dos direitos fundamentais, por meio do controle jurídico ou jurisdicional das políticas públicas, estaria boa parte dos comandos constitucionais esvaziada, bem como marcada pela corrupção, clientelismo e ineficiência".[337]

Com isso, pode-se afirmar a possibilidade de controle jurisdicional das políticas públicas, bem como o instrumento de concretização dessas políticas, o orçamento público, exceto no que se refere ao aspecto da avaliação que recai sobre a escolha eminentemente política, isso quando as circunstâncias que a envolvem não se submetem a limites ou a vinculações constitucionais. Na esteira do que já assentou a doutrina jurídica brasileira nesse sentido, indicam-se alguns expoentes, dentre

---

neutralize, desse modo, o absolutismo formal de regras legais, muitas vezes divorciadas dos valores, ideias e concepções vigentes na comunidade em dado momento histórico-cultural."

[335] BARCELLOS, *op. cit.*, p. 104-105.
[336] Ibidem, p. 106.
[337] Idem, p. 107-110.

158 | RUBIN LEMOS

muitos, como Rodolfo de Carmargo Mancuso,[338] Eduardo Mendonça[339] e Ana Paula de Barcellos,[340] todos referenciados neste trabalho.

Demonstra Ana Paula de Barcellos que o controle jurisdicional pode ocorrer sob três fundamentos: a norma jurídica, que traça os deveres que, descumpridos, ensejam a intervenção; o fundamento moral, compreendido dentro de um consenso social; e o fundamento técnico-científico consolidado. Fora isso, não há a possibilidade de intervenção judicial.[341]

Dessa maneira, as políticas públicas e o orçamento devem ser objeto de controle e de avaliação pelo Ministério Público, por meio da utilização de padrões estabelecidos de forma abstrata (na elaboração do orçamento) e também em casos concretos (execução do orçamento aprovado).[342]

Nesse ponto, faz-se necessário informar, como já feito na introdução, uma questão metodológica que justifica a análise mais ampla do orçamento, não só sob o aspecto da sua execução. É que o processo orçamentário possui limitações e vinculações firmadas em sua concepção (fase da elaboração), e é na execução dinâmica do instrumento que aparecem as dificuldades e oportunidades de correção, não só durante o exercício em que é executado (execução), mas nos exercícios seguintes (elaboração). Isso ocorre muito em função do próprio sistema de planejamento que foi dimensionado, cuja avaliação e controle devem ser constantemente renovados.

Dessa forma, o controle se daria, sob o aspecto abstrato, com base na análise das questões vinculadas à elaboração do conteúdo orçamentário, levando em conta as regras e princípios constitucionais

---

[338] MANCUSO, Rodolfo de Camargo. A ação civil pública como instrumento de controle judicial das chamadas políticas públicas. *In*: MILARÉ, Edis (Coord.). *Ação civil pública*: Lei 7347/1985: 15 anos, *apud* OLIVEIRA, Swarai Cervone de. Poderes do juiz nas ações coletivas. *In*: CARMONA, Carlos Alberto (Coord.). *Coleção Atlas de Processo Civil*. São Paulo: Atlas, 2009. p. 110.

[339] MENDONÇA, *op. cit.*, p. 272.

[340] Ibidem, p. 113.

[341] Idem, p. 114-115.

[342] MENDONÇA, *op. cit.*, p. 272. "Esse dever inicial de liberação dos recursos é parte essencial da lógica do sistema e, como tal, não se deve assumir que será sistematicamente descumprido. Como regra, não deve ser necessária a intervenção pontual do judiciário para assegurar essa dinâmica de funcionamento, mas ela não pode ser descartada. Nesse sentido, a retenção inválida de recursos constituiria grave violação à ordem jurídica e a legalidade orçamentária. Adicionalmente, haveria violação também aos interesses associados à atividade estatal que se tornou impossível ou esvaziada. Nessas condições, não parece difícil caracterizar a violação a interesses sociais relevantes difusos e/ou coletivos, permitindo que o controle seja realizado por meio de ação civil pública."

O PAPEL DO MINISTÉRIO PÚBLICO NA CONCRETIZAÇÃO DEMOCRÁTICA DO ORÇAMENTO | 159

e infraconstitucionais, as limitações e vinculações dos poderes, dentre eles a legitimidade, razoabilidade e justiça na concretização dos direitos sociais.

Ainda, no âmbito da elaboração do orçamento, o Ministério Público deve se socorrer dos princípios relacionados com a necessidade de progressividade na concretização desses direitos. Por isso, dá-se a aplicação dos princípios da proibição do retrocesso e da progressividade, da não proteção deficiente e da segurança jurídica, sob o pálio da confiança do cidadão na implementação dos direitos ou no gozo deles, vinculados a um caráter de justiça social.

Assim, pode-se fazer uma síntese dos aspectos relevantes que devem ser observados na fiscalização e no controle pelo Ministério Público, na elaboração do orçamento: a) respeito aos princípios e normas financeiras e orçamentárias constitucionais e infraconstitucionais, especialmente a legitimidade, razoabilidade, justiça e a progressividade; b) inclusão de políticas públicas que devem concretizar direitos sociais no orçamento; c) fixação de metas e de resultados esperados; d) recursos públicos adequados e proporcionais; e) avaliação dos planos PPA, LDO e LOA.

Após a análise da elaboração, passa-se para a execução orçamentária, não mais de forma abstrata, mas com base nos fatos e atos praticados no processo de cumprimento e verificação das prioridades a serem concretizadas. Essa atuação do Ministério Público baseia-se na análise, por exemplo, do atingimento dos resultados esperados ou na adequada quantidade de recursos alocada; na avaliação da eficiência e da efetividade da política pública[343] na entrega dos bens e serviços que foram escolhidos pelo processo democrático. Concretamente, seria o caso de analisar se a construção da escola X ocorreu ou se as metas (de despesa) e seus resultados esperados se verificaram: atendimento em creche de X mil crianças de 0 a 3 anos, com o gasto de X milhões de reais no período X meses.[344]

A atividade de fiscalização a ser realizada pelo Ministério Público brasileiro sobre as finanças públicas e, especialmente, a orçamentária, cujo papel já tarda a acontecer, deve ocorrer de forma coordenada,

---

[343] Estaria aberto um campo de atuação especialmente fértil para que se concretize o papel institucional do Ministério Público na defesa da ordem jurídica e dos referidos interesses.

[344] BARCELLOS, *op. cit.*, p. 118-124. Aqui se verifica, além do aspecto normativo, os aspectos moral e técnico-científico descritos por Barcellos, pois há uma norma a ser atendida, há questões morais na escolha dos gastos a serem feitos e há também questões técnico-científicas que devem ser respeitadas e aprimoradas, principalmente para correção em novos planejamentos orçamentários.

racional e contínua, observando, pelo menos, três aspectos como parâmetros mínimos de atuação: a) fiscalização, como órgão de controle externo jurisdicional sobre as políticas públicas; b) defesa do cidadão, perante os demais órgãos e poderes públicos, no cumprimento de políticas públicas e direitos fundamentais previstos no orçamento; c) controle social, fomentando e incentivando, por meio de maior transparência de dados e informações orçamentárias públicas, a efetivação das normas que determinam a participação dos cidadãos e dos conselhos, com ações efetivas para que haja maior participação e integração dos cidadãos no processo orçamentário.

Os parâmetros estabelecidos procuram facilitar o entendimento sobre o objeto de atuação do Ministério Público, não significando que eles sejam partes estanques, sem relação entre si, mas que, apesar do processo orçamentário ser praticado em fases, eles se inter-relacionam, são dependentes e complementares.[345]

Passa-se, então, a detalhar cada aspecto da fiscalização proposta para alinhavar a sistematização da atividade a ser desenvolvida pelo Ministério Público, com a fundamentação constitucional e legal e podendo servir de base teórica para sua realização na prática.

4.1 A fiscalização do Ministério Público como órgão de controle externo jurisdicional

Sobre a fiscalização, como instituição de controle externo jurisdicional sobre as políticas públicas em abstrato, inicialmente, deve-se levar em conta princípios e regras constitucionais e legais relacionados com os objetivos e fundamentos da República, com a administração pública, com o processo orçamentário, com a responsabilidade na gestão de recursos públicos, bem como a legitimidade, razoabilidade e justiça, além do princípio da progressiva concretização dos direitos sociais e outros que com ele dialogam.

É bom esclarecer que a ideia não é tratar de cada princípio ou regra que pode ser utilizada de maneira pormenorizada, mas apenas citá-los de forma geral e tecer comentários mais detalhados sobre aqueles que são mais relevantes na análise orçamentária. A indicação de

---

[345] OLIVEIRA, W., 2013, *op. cit.*, p. 650-651. "O real mundo do planejamento não é tão trivial assim, como veremos. Será a estruturação que se der ao plano plurianual que definirá as possibilidades de elaboração da LDO em compatibilidade com ele; e, na sequência, será a forma como a LDO vier a definir metas e prioridades que permitirá a verificação da compatibilidade da LOA com ela."

atuação do Ministério Público será permeada de exemplos extraídos dos resultados das análises feitas, referentes aos programas orçamentários escolhidos como premissas: educação infantil e saneamento básico urbano.

Ressalte-se que, no desenvolvimento da ideia dos parâmetros mínimos de atuação por parte do Ministério Público, no processo orçamentário, leva-se em consideração que os princípios e regras constitucionais e infraconstitucionais estão interligados, complementam-se e se integram de maneira sistêmica, como um grande emaranhado de conceitos que se agrupam, formando o sistema orçamentário.

Inicialmente, citam-se como essenciais os objetivos e fundamentos previstos nos arts. 1º e 3º da Constituição, que já foram objeto de análise e são fontes para toda a interpretação e diretriz a ser observada, especialmente para a concretização de direitos sociais, de onde alguns foram destacados para análise, como a dignidade da pessoa humana.

A dignidade da pessoa humana, princípio de direito, estabelecido explicitamente na Constituição Federal como fundamento do Estado Democrático de Direito, será abordada na perspectiva da relação entre os direitos do cidadão e os deveres do Estado; não como fonte abstrata que ilumina os direitos fundamentais, mas calcada em sua concreção como direito fundamental e em sua relação direta com o cumprimento do orçamento. Esse princípio é manejado não como expressão universalista, mas com a vinculação a um processo concreto de realização dos direitos humanos, vez que, apesar da dignidade ser fundamento para a realização desses direitos fundamentais, somente se pode dizer que houve respeito à dignidade da pessoa humana com a fruição dos direitos.

De acordo com Antonio H. G. Suxberger e Rubin Lemos, a crítica sobre a utilização genérica da categoria jurídica da dignidade da pessoa humana pode ser vencida na medida em que se conforma a ela o aspecto jurídico concreto de sua utilização. Para tanto, invoca-se a compreensão dessa categoria jurídica como processo de construção do caminho necessário para obtenção de bens e serviços, por meio do acesso igualitário às políticas públicas.[346]

A negativa ou a falta de fornecimento de bens e serviços sem justificativa plausível e fundamentada, causando a diminuição ou a

---

[346] SUXBERGER, Antonio Henrique Graciano; LEMOS, Rubin. O orçamento público como instrumento de concretização da dignidade da pessoa humana. *Revista Jurídica da Presidência*, v. 22, n. 126, p. 88-112, 2020, p. 93. Disponível em: http://dx.doi.org/. Acesso em: 22 jun. 2020.

não aplicação de recursos públicos para grupos que necessitam da execução dessas políticas para poder viverem condignamente, se torna incompatível com o princípio da dignidade da pessoa humana. É o caso das pessoas que são dependentes de medicamentos ou de tratamentos públicos, de escolas com ensino especial para deficientes e não podem por esses serviços.

Nessa perspectiva, o gasto regressivo[347] em direitos que têm relação com o mínimo existencial constitui violação à dignidade da pessoa humana, pois retira dela as condições básicas de uma vida digna, além de impossibilitar a vida democrática. Veja-se o caso do não fornecimento do serviço de saneamento básico urbano, devidamente demonstrado nos orçamentos da capital do Ceará no período de 2014 a 2018. O resultado jogou luz sobre a falta de cuidado com essa área em termos de políticas públicas e teve como consequência 50% da população de Fortaleza vivendo sem saneamento básico, em condições de insalubridade.

Detalhando melhor a situação, verifica-se aí a violação da dignidade da pessoa humana concretamente, pois o saneamento básico é um serviço que possui relação direta com a qualidade de vida, com doenças, com o desenvolvimento de crianças e jovens, educação, saúde e outros. O prejuízo pode ser verificado em indicadores constantes de estudos científicos e técnicos, encontrados em pesquisas de organismos que monitoram o desenvolvimento de áreas de interesse público, como o Instituto Trata Brasil,[348] o IBGE, Institutos de Pesquisa Econômica e Social, em relatórios dos tribunais de contas, além dos divulgados pelas universidades. Tais dados demonstram, efetivamente, a perda de dignidade da pessoa humana, decorrente da desigualdade, da pobreza, do prejuízo na aprendizagem, utilizando-se o método comparativo.

Nesse caso, o direito social violado deve ser objeto de reivindicação aos poderes públicos, por meio de instrumentos democráticos e pela atuação do Ministério Público, que, utilizando suas prerrogativas funcionais, pode adotar providências em favor dessa coletividade. O fundamento normativo é a falta do atendimento ao princípio da dignidade, a fim de que o orçamento contemple, de forma adequada e

---

[347] O termo é aqui utilizado com o significado de gasto autorizado e decrescente, ou seja, quando o Poder Executivo gasta cada vez menos em determinada rubrica orçamentária, mesmo havendo deliberação do Parlamento para a realização do gasto em valores superiores.

[348] TRATA BRASIL. São Paulo. 2007-2020. Disponível em: http://www.tratabrasil.org.br/. Acesso em: 22 jun. 2020.

progressiva, por meio do estabelecimento de metas de despesas na área e dos resultados esperados, a erradicação do problema identificado.

Paulo Caliendo esclarece que uma "(...) compreensão da razoável proteção dos direitos fundamentais sociais deve ser realizada mediante uma eficácia máxima possível que implica em levar o custo (reserva do possível) e a complexidade (reserva de consistência) da efetivação" desses direitos em consideração. "(...) Nessa concepção existiria uma proibição de insuficiência no fornecimento e na preservação do mínimo existencial necessário à dignidade da pessoa humana."[349]

Por sua vez, Jayme W. Neto e Vinicius D. Vizzotto defendem que o papel do Ministério Público é o de:

> (...) induzir e influenciar os agentes públicos e políticos a priorizarem o atendimento aos direitos fundamentais. O orçamento deve estar vinculado à concretização da dignidade humana ou do "mínimo existencial", o conjunto formado pela seleção dos direitos sociais, econômicos e culturais considerados mais relevantes, por integrarem o núcleo da dignidade da pessoa humana.[350]

Há um segundo grupo de princípios e regras que também devem ser observados, estão previstos no art. 37 da CF/88, têm relação com a atuação da administração pública e são importantes para o cumprimento da elaboração e execução do orçamento.[351] Dentre esses princípios, faz-se necessário discorrer sobre a legalidade, não na perspectiva do cumprimento da lei formal, mas do ponto de vista geral do respeito à Constituição na interpretação e na aplicação das leis, além da finalidade pública das regras e das decisões da administração. Essas propiciam ao Estado a legitimidade necessária para o gasto público responsável.

José Afonso da Silva explica que D'Entrève, ao vincular a legalidade à legitimidade, com o abandono da noção puramente formal do conceito de legalidade, propõe que essa seja "(...) a realização das condições necessárias para o desenvolvimento da dignidade humana", bem

---

[349] CALIENDO, *op. cit.*, p. 179.

[350] WEINGARTNER NETO, Jaime; VIZZOTTO, Vinicius Diniz. Ministério Público, ética, boa governança e mercados: uma pauta de desenvolvimento e da economia. *In*: SARLET, I.; TIMM, L. (Org.) *et al. Direitos fundamentais, orçamento e "reserva do possível"*. 2. ed. Porto Alegre: Livraria do Advogado, 2010. p. 264-265.

[351] Art. 37. A administração pública direta e indireta de qualquer dos Poderes da União, dos Estados, do Distrito Federal e dos Municípios obedecerá aos princípios de legalidade, impessoalidade, moralidade, publicidade e eficiência (...).

como da garantia do desenvolvimento da personalidade humana.[352] Essa vinculação acabou prevista como parâmetro de controle externo no *caput* do art. 70 da CF (legalidade, legitimidade e economicidade).

Sua função, no que concerne aos gastos públicos, é demonstrar que a previsão legal, sua finalidade pública e o respeito ao cumprimento das funções de maneira menos custosa para o Estado, dado a escassez dos recursos, preenchem o conteúdo da razoabilidade, da congruência e da justa distribuição dos recursos públicos.

A razoabilidade estaria na análise da proporcionalidade no atendimento de alguns direitos sociais em detrimento de outros, pois há que se estabelecerem prioridades e, dentro delas, padrões de razoabilidade na elaboração e execução do orçamento. Por exemplo, não parece razoável que um município gaste mais dinheiro público com realização de *shows* e eventos do que gasta com educação e saúde.

No que se refere à congruência, a análise deve ser feita sobre a relação entre a destinação pública dos recursos com a finalidade deliberada democraticamente, não podendo dela se desviar. Não há congruência em gastar recursos públicos destinados à educação com pessoas que não têm qualquer relação com o ambiente escolar.

Já o conceito de justiça, na distribuição dos recursos voltados a concretizar os direitos sociais, é o que produz tratamento mais igualitário. Busca a criação de meios e oportunidades para os indivíduos que se encontram em situações mais precárias, melhores condições de concorrência na vida em sociedade. Portanto, o investimento de recursos públicos deve ter como prioridade as coletividades que estejam em condições mais difíceis, desiguais, indignas, e não as coletividades mais abastadas. Seria o caso, por exemplo, da aplicação de recursos federais em saneamento básico em áreas pouco atendidas, como a região Norte do país, que possui menos de 15% de residências com a cobertura desse serviço.

A aplicação do princípio da legalidade, por sua vez, assume papel fundamental nos atos da administração pública, pois vincula a possibilidade de fazer com o que a lei determina. Aqui, restaria analisar a discricionariedade, mas essa já foi objeto de análise, bastando asseverar que os atos discricionários devem ser motivados e também podem ser justiciáveis para o controle das arbitrariedades. Os demais princípios dispostos no art. 37 da CF (moralidade, probidade, finalidade, impessoalidade, etc.) devem ser observados pela administração

---

[352] SILVA, *op. cit.*, p. 371.

em suas decisões, por meio da razoabilidade, da legitimidade e da congruência entre motivos, meios e fins.[353]

Seguindo na análise dos princípios, verifica-se que, na demanda gerencial e voltada para o atingimento de resultados na atividade da administração pública, foi incluído o princípio da eficiência, o qual será objeto de avaliação sob o aspecto relacionado com a execução do orçamento. Dessa maneira, quando for abordado esse princípio, também serão analisadas a eficácia e a economicidade como parâmetros previstos no art. 70, *caput* (controle externo), e no art. 74, II (controle interno), ambos da CF/88.

No que concerne aos princípios específicos orçamentários da legalidade, exclusividade, universalidade, unidade, transparência, publicidade e o da participação popular,[354] que devem ser verificados tanto na elaboração quanto na execução, constata-se que eles estão mais relacionados com o conteúdo e com a forma dos orçamentos – exceto o da transparência e o da participação popular – e menos com os meios que possibilitem a avaliação de seu resultado gerencial. Por isso, vão ser analisados de forma geral no decorrer do trabalho.[355]

Restam, ainda, a apreciação e análise do princípio da progressividade dos direitos sociais e de sua relação com outros princípios que com ele dialogam. Sobre o assunto, deve-se trazer a lume a centralidade dos direitos do cidadão, dispostos na CF/88, além do fundamento e, ao mesmo tempo, do valor principiológico da dignidade da pessoa humana ante a necessidade de concretização dos direitos sociais. A norma busca na forma progressiva a garantia dos direitos sociais e sua observância de forma paulatina, especialmente presentes em países pobres que não têm capacidade financeira para implementar todos os direitos de uma só vez, com a finalidade de modificar as condições socioeconômicas. O princípio está materializado em documentos internacionais que determinam a proteção e a promoção de direitos sociais, como é o caso do Pacto Internacional dos Direitos Econômicos, Sociais e Culturais[356]

---

[353] Ibidem, p. 569-570.

[354] A transparência e a participação popular serão objeto de análise na parte seguinte do trabalho, na qual se cuida do aspecto da atuação do Ministério Público no controle social.

[355] CREPALDI; CREPALDI, *op. cit.*, p. 54-58. "Universalidade (art. 2º, 3º, 4º da 4.320/64 e 165 §5º da CF), Unidade (art 2º da 4.320/64 e 165, §5º, da CF), Exclusividade (art. 7º da 4.320/64] e 165 §8º, da CF), Programação (art. 48, II e IV e 165, §4º da CF e art. 5º da LRF), Legalidade (art. 165, §1º da CF), Transparência (art. 48, 49 da LRF e 165 §6º da CF), Publicidade (art. 37, 165, §3º e 166, §7º da CF), Equilíbrio (art. 4º, I, da LRF), Participativo (art. 44 da Lei 10257/2001 e 182 da CF), Não afetação (art. 167, I, da CF)."

[356] BRASIL. Governo Federal. *Decreto 591/92*. Pacto Internacional sobre Direitos Econômicos, Sociais e Culturais Art. 2º- 1. Cada Estado Parte do presente Pacto compromete-se a adotar

e do Protocolo de San Salvador.[357] Eles consagram a realização desses direitos de forma progressiva pelos poderes públicos até o máximo dos recursos disponíveis.[358]

A progressividade na concretização dos direitos sociais é um braço da efetividade das normas de direitos fundamentais constitucionais e tem a função de tornar obrigatória a atuação estatal, isso no sentido de conferir gradual eficácia aos direitos fundamentais, não se admitindo condutas que impliquem retrocesso. Em matéria orçamentária, isso não é diferente, pois é possível vislumbrar a decisão de uma maioria política de ocasião que desvirtue as dotações orçamentárias, reduzindo a implementação de direitos fundamentais ou simplesmente deixando de observá-los. Opta-se por aplicar as verbas públicas em gastos que não correspondem às prioridades constitucionalmente previstas, enquanto se deveria agir de modo gradual nessa área.

De acordo com Emerson Affonso da Costa Moura e Jamir Calili Ribeiro, o princípio da progressividade serve como paradigma na concretização dos direitos sociais e é um fator que baliza a posição "(...) entre os extremos apresentados – a exigibilidade plena e imediata de todos direitos sociais ou a inércia do Estado na sua concreção – capaz de delimitar um núcleo mínimo exigível de prestações positivas de direitos sociais".[359] Esclarecem, ainda, que o princípio da progressividade se:

---

medidas, tanto por esforço próprio como pela assistência e cooperação internacionais, principalmente nos planos econômico e técnico, até o máximo de seus recursos disponíveis, que visem a assegurar, progressivamente, por todos os meios apropriados, o pleno exercício dos direitos reconhecidos no presente Pacto, incluindo, em particular, a adoção de medidas legislativas. Disponível em: http://www.planalto.gov.br/. Acesso em: 22 jun. 2020.

[357] BRASIL. Governo Federal. *Decreto 3.321/99*. Protocolo Adicional à Convenção Americana sobre Direitos Humanos em Matéria de Direitos Econômicos, Sociais e Culturais "Protocolo de São Salvador", concluído em 17 de novembro de 1988. Art. 1º. Obrigação de Adotar Medidas. Os Estados-Partes neste Protocolo Adicional à Convenção Americana sobre Direitos Humanos comprometem-se a adotar as medidas necessárias, tanto de ordem interna como por meio da cooperação entre os Estados, especialmente econômica e técnica, até o máximo dos recursos disponíveis e levando em conta seu grau de desenvolvimento, a fim de conseguir, progressivamente e de acordo com a legislação interna, a plena efetividade dos direitos reconhecidos neste Protocolo.

[358] PIOSEVAN, Flávia. *Direitos humanos e o Direito Constitucional Internacional*. 3. ed. São Paulo: Max Limonad, 1997. p. 195-199 *apud* MOURA, Emerson Affonso da C.; RIBEIRO, Jamir C. Direitos fundamentais sociais, orçamento público e reserva do possível: o dever de progressividade nos gastos públicos. *Revista de Direito Brasileira*, v. 16, n. 7, p. 228, 2017. Disponível em: www.indexlaw.org/. Acesso em: 2 jul. 2018.

[359] MOURA, Emerson Affonso da Costa; RIBEIRO, Jamir Calili. Direitos fundamentais sociais, orçamento público e reserva do possível: o dever de progressividade nos gastos públicos. *Revista de Direito Brasileira*, v. 16, n. 7, p. 229, 2017. Disponível em: www.indexlaw.org. Acesso em: 22 jun. 2020.

O PAPEL DO MINISTÉRIO PÚBLICO NA CONCRETIZAÇÃO DEMOCRÁTICA DO ORÇAMENTO | 167

Coaduna com o imperativo de estabelecimento de distintos momentos, graus e modos de efetivação dos bens e interesses sociais pelos poderes públicos, diante da necessidade de promoção de outros direitos fundamentais insertos nas disponibilidades de recursos financeiros do Estado, porém, compreendendo que não será possível os poderes públicos se furtarem à realização destes interesses e tão pouco o grau progressivo da sua realização. Isto não importa, na banalização da escassez dos recursos públicos, reconduzindo a equivocada concepção de que os direitos sociais apenas vinculam os poderes públicos diante das possibilidades econômicas (LIMA JUNIOR, 2001, p. 111), porque mesmo diante das restrições de recursos financeiros, subsiste o dever de realização progressiva do conjunto de prestações indispensáveis a sua fruição.[360]

Marcia Bühring, citando Flávia Piovesan, explica que a progressividade é uma imposição em políticas públicas voltada para a concreção dos direitos:

Se os direitos civis e políticos devem ser assegurados de plano pelo Estado, sem escusa ou demora – têm a chamada auto-aplicabilidade, os direitos sociais, econômicos e culturais, por sua vez, nos termos em que estão concebidos pelo Pacto, apresentam realização progressiva. (...) No entanto, cabe realçar que tanto os direitos sociais, como os direitos civis e políticos demandam do Estado prestações positivas e negativas, sendo equivocada e simplista a visão de que os direitos sociais só demandariam prestações positivas.[361]

A cláusula da proibição de retrocesso, que tem relação de efeito com o princípio da progressividade, decorre do sistema jurídico-constitucional, como explica Marcia Andrea Bühring: "(...) entende-se que se uma lei, ao regulamentar um mandamento constitucional, instituir determinado direito, ele se incorpora ao patrimônio jurídico da cidadania e não pode ser absolutamente suprimido".[362]

Luís Roberto Barroso adverte, sobre a aplicação do princípio da vedação do retrocesso, que:

(...) por este princípio, que não é expresso, mas decorre do sistema jurídico-constitucional, entende-se que se uma lei, ao regulamentar

---

[360] Ibidem, p. 237.
[361] BÜHRINGA, Marcia Andrea. Direito social: proibição de retrocesso e dever de progressão. *Direito & Justiça*, v. 41, n. 1, p. 56-73, 2015, p. 61.
[362] Ibidem.

um mandamento constitucional, instituir determinado direito, ele se incorpora ao patrimônio jurídico da cidadania e não pode ser arbitrariamente suprimido. Nessa ordem de ideias, uma lei posterior não pode extinguir um direito ou garantia, especialmente os de cunho social, sob pena de promover um retrocesso, abolindo um direito fundado na Constituição. O que se veda é o ataque à efetividade da norma, que foi alcançado a partir de sua regulamentação. Assim, por exemplo, se o legislador infraconstitucional deu concretude a uma norma programática ou tornou viável o exercício de um direito que dependia de sua intermediação, não poderá simplesmente revogar o ato legislativo, fazendo a situação voltar ao estado de omissão legislativa anterior.[363]

É importante destacar que o princípio da proibição do retrocesso foi expressamente acolhido pelo ordenamento jurídico nacional por meio do Pacto de São José da Costa Rica[364] e "caracteriza-se pela impossibilidade de redução dos direitos sociais amparados na Constituição, garantindo ao cidadão o acúmulo de patrimônio jurídico", como defende Márcia A. Buhringa.[365]

Acrescente-se, ainda, que o princípio da proibição do retrocesso social tem intensa relação com a proibição de proteção deficiente e com a proibição de excesso, uma vez que o Estado, por meio das prestações sociais, devidas constitucionalmente, tem o dever de procurar maximizar o mínimo existencial. Isso é feito dando efetividade a esses direitos, de modo que o que já foi garantido ou concretizado não pode vir a ser suprimido ou limitado por qualquer ato estatal sem uma justificativa plausível ou compensação real.

---

[363] BARROSO, Luís Roberto *Direito Constitucional e a efetividade das normas*. 5. ed. Rio de Janeiro: Renovar, 2001. p. 158-159.

[364] BRASIL. Governo Federal. *Decreto 678/92*, de 6 de novembro de 1992. Promulga a Convenção Americana sobre Direitos Humanos (Pacto de São José da Costa Rica), de 22 de novembro de 1969. Disponível em: http://www.planalto.gov.br/ccivil_03/decreto/d0678. htm. Acesso em: 7 jul. 2020. "Artigo 2. Dever de Adotar Disposições de Direito Interno. Se o exercício dos direitos e liberdades mencionados no artigo no artigo 1 ainda não estiver garantido por disposições legislativas ou de outra natureza, os Estados-Partes comprometem-se a adotar, de acordo com as suas normas constitucionais e com as disposições desta Convenção, as medidas legislativas ou de outra natureza que forem necessárias para tornar efetivos tais direitos e liberdades. (...). Artigo 26. Desenvolvimento Progressivo. Os Estados-Partes comprometem-se a adotar providência, tanto no âmbito interno como mediante cooperação internacional, especialmente econômica e técnica, a fim de conseguir progressivamente a plena efetividade dos direitos que decorrem das normas econômicas, sociais e sobre educação, ciência e cultura, constantes da Carta da Organização dos Estados Americanos, reformada pelo Protocolo de Buenos Aires, na medida dos recursos disponíveis, por via legislativa ou por outros meios apropriados."

[365] BÜHRINGA, *op. cit.*, p. 61.

Essa dimensão foi analisada por Marcia Andrea Bühring quando cita o tratamento do princípio da proibição do retrocesso com base na discussão travada no STF por meio da ação direta de inconstitucionalidade (ADI nº 2.065-DF) de relatoria do ministro Sepúlveda Pertence. Ela reproduz parte do voto do relator:

> (...) ADI questionava a constitucionalidade de dispositivos legais que extinguiam os Conselhos municipais e estaduais da Previdência Social. (...) quando, já vigente a Constituição, se editou norma integrativa necessária à plenitude da eficácia [da norma constitucional], pode subseqüentemente o legislador, no âmbito de sua liberdade de conformação, ditar outra disciplina legal igualmente integrativa do preceito constitucional programático ou de eficácia limitada; mas não pode retroceder – sem violar a Constituição – ao momento anterior de paralisia de sua efetividade pela ausência da complementação legislativa ordinária reclamada para implementação efetiva de uma norma constitucional. (...) Com o admitir, em tese, a inconstitucionalidade da regra legal que a revogue, não se pretende emprestar hierarquia constitucional à primeira lei integradora do preceito da Constituição, de eficácia limitada. Pode, é óbvio, o legislador substituí-la por outra, de igual função complementadora da Lei Fundamental; o que não pode é substituir a regulação integradora precedente – pré ou pós constitucional – pelo retorno ao vazio normativo que faria retroceder a regra incompleta da Constituição à sua quase completa impotência originária. (ADI nº 2065-0/DF, voto do Ministro Sepúlveda Pertence).[366]

Outros julgados foram produzidos no STF, afirmando a proibição de retrocesso, como a ARE nº 639.337, julgada em 2011, tendo como relator o ministro Celso de Mello:

> (...) A PROIBIÇÃO DO RETROCESSO SOCIAL COMO OBSTÁCULO CONSTITUCIONAL À FRUSTRAÇÃO E AO INADIMPLEMENTO, PELO PODER PÚBLICO, DE DIREITOS PRESTACIONAIS. – O princípio da proibição do retrocesso impede, em tema de direitos fundamentais de caráter social, que sejam desconstituídas as conquistas já alcançadas pelo cidadão ou pela formação social em que ele vive. – A cláusula que veda o retrocesso em matéria de direitos a prestações positivas do Estado (como o direito à educação, o direito à saúde ou o direito à segurança pública, v.g.) traduz, no processo de efetivação

---

[366] BRASIL. Supremo Tribunal Federal. *Ação Declaratória de Inconstitucionalidade*. ADI nº 2065-0/DF, Rqte: Partido Democrático Trabalhista-PDT e Outros. Rqdo: Presidente da República. Tribunal Pleno, Rel. Min. Sepúlveda Pertence, Brasília-DF, 17 de fevereiro de 2000. DJ, 4 de junho de 2004. Disponível em: www.stf.jus.br/. Acesso em: 7 jul. 2020.

desses direitos fundamentais individuais ou coletivos, obstáculo a que os níveis de concretização de tais prerrogativas, uma vez atingidos, venham a ser ulteriormente reduzidos ou suprimidos pelo Estado. Em consequência desse princípio, o Estado, após haver reconhecido os direitos prestacionais, assume o dever não só de torná-los efetivos, mas, também, se obriga, sob pena de transgressão ao texto constitucional, a preservá-los, abstendo-se de frustrar – mediante supressão total ou parcial – os direitos sociais já concretizados.[367]

Já com relação ao princípio da proteção deficiente e da proibição do excesso, é vedado ao Estado utilizar meios que, embora não atinjam o núcleo dos direitos que foram concretizados, possam promover um retrocesso social. Demonstraria uma fraca eficácia e efetividade das normas definidoras de direitos fundamentais, de sua proteção contra medidas de cunho retroativo e das garantias do princípio da proteção da confiança, ainda, uma intervenção estatal além do necessário.[368]

Ingo Wolfgang Sarlet observa que a garantia da segurança jurídica não se esgota, segundo o artigo 5º, inciso XXXVI, da Constituição, na irretroatividade das leis, direito adquirido, coisa julgada e ato jurídico perfeito, nem mesmo na limitação ao poder constituinte derivado, mas, sim, vai além, podendo atingir regras que "(...) possam implicar algum retrocesso social, frustrando legítimas expectativas de direito, criadas pelo próprio Estado ao concretizar direitos fundamentais proclamados

---

[367] BRASIL. Supremo Tribunal Federal. *Agravo em Recurso Extraordinário*. ARE 639337. Agvte: Município de São Paulo. Agvdo: Ministério Público. Rel. Min. Celso De Mello, Brasília-DF, 23 de agosto de 2011. DJ, 15 de setembro de 2011. Ementa: criança de até cinco anos de idade – atendimento em creche e em pré-escola – sentença que obriga o município de São Paulo a matricular crianças em unidades de ensino infantil próximas de sua residência ou do endereço de trabalho de seus responsáveis legais, sob pena de multa diária por criança não atendida – legitimidade jurídica da utilização das "astreintes" contra o poder público – doutrina – jurisprudência – obrigação estatal de respeitar os direitos das crianças – educação infantil – direito assegurado pelo próprio texto constitucional (cf, art. 208, iv, redação da ec nº 53/2006) – compreensão global do direito constitucional à educação – dever jurídico cuja execução se impõe ao poder público, notadamente ao município (cf, art. 211, §2º) – legitimidade constitucional da intervenção do poder judiciário em caso de omissão estatal na implementação de políticas públicas previstas na constituição-inocorrência de transgressão ao postulado da separação de poderes – proteção judicial de direitos sociais, escassez de recursos e a questão das "escolhas trágicas" – reserva do possível, mínimo existencial, dignidade da pessoa humana e vedação do retrocesso social – pretendida exoneração do encargo constitucional por efeito de superveniência de nova realidade fática – questão que sequer foi suscitada nas razões de recurso extraordinário – princípio "jura novit curia" – invocação em sede de apelo extremo – impossibilidade – recurso (...) improvido. Disponível em: http://www.stf.jus.br/. Acesso em: 7 jul. 2020.

[368] TAVEIRA, Christiano de O.; MARÇAL, Thais Boia. Proibição de retrocesso social e orçamento: em busca de uma relação harmônica. *RDA – Revista de Direito Administrativo*, Rio de Janeiro, v. 264, p. 161-186, 2013.

na Lei Maior", isso porque a "segurança jurídica, na sua dimensão objetiva, exige um patamar mínimo de continuidade do Direito".[369] A segurança jurídica deve ser entendida como a possibilidade de o indivíduo se conduzir e planejar a vida, com base na estabilidade da ordem jurídico-social, calcada na certeza de que a ordenação jurídica e seus direitos serão respeitados. O instituto deve ser analisado por duas perspectivas: objetiva, fundada na certeza e na previsibilidade do ordenamento; e subjetiva, relacionada com a proteção da confiança do indivíduo.

Pode-se afirmar, assim, que o descumprimento do orçamento público – seja relacionado com a não execução da dotação como deliberada, sem justificativa plausível, seja com a diminuição de seus valores, sem o incremento de outros direitos ou sua compensação – encontra vedação nos princípios da proibição do retrocesso, na segurança jurídica e na progressividade.

Passa-se a analisar a fixação de metas, resultados esperados, bem como o montante de recursos públicos adequados e proporcionais a serem alocados, além da própria avaliação. Após citar alguns princípios que devem ser observados pelo Ministério Público na sua atuação, abordam-se as regras que devem ser manejadas.

Na fase de elaboração do orçamento, deve-se verificar a compatibilidade das leis orçamentárias e financeiras propostas todos os anos com o prescrito na Constituição Federal e estadual, também verificar sua compatibilidade com as regras estabelecidas nas normas gerais de finanças públicas (LC nº 101/2000 e na Lei nº 4.320/64) e as específicas,

---

[369] SARLET, Ingo Wolfgang. *A eficácia do direito fundamental à segurança jurídica*: dignidade da pessoa humana, direitos fundamentais e proibição de retrocesso social no direito constitucional brasileiro. 2005, *apud* BÜHRINGA, Marcia Andrea. Direito Social: proibição de retrocesso e dever de progressão. *Direito & Justiça*, Porto Alegre, v. 41, n. 1, p. 56-73, 2015, p. 61. Ver p. 63. Acórdão nº 509/2002, Processo nº 768/2002, apreciado pelo Tribunal Constitucional de Portugal em 19.12.2002, cuja inconstitucionalidade por violação do princípio da proibição de retrocesso, pois excluiu da fruição do benefício às pessoas com idade entre 18 e 25 anos. "Decreto da Assembleia da República que, ao substituir o antigo rendimento mínimo garantido por um novo rendimento social de inserção, excluiu da fruição do benefício (ainda que mediante a ressalva dos direitos adquiridos) pessoas com idade entre 18 e 25 anos. Em termos gerais e para o que importa neste momento, a decisão, ainda que não unânime, entendeu que a legislação revogada, atinente ao rendimento mínimo garantido, concretizou o direito à segurança social dos cidadãos mais carentes (incluindo os jovens entre os 18 e 25 anos), de tal sorte que a nova legislação, ao excluir do novo rendimento social de inserção as pessoas nesta faixa etária, sem a previsão e/ou manutenção de algum tipo de proteção social similar, estaria a retroceder no grau de realização já alcançado do direito à segurança social a ponto de violar o conteúdo mínimo desse direito já que atingido o conteúdo nuclear do direito a um mínimo de existência condigna, não existindo outros instrumentos jurídicos que o possam assegurar com um mínimo de eficácia."

aplicadas para os diferentes segmentos da sociedade que têm políticas públicas, como se verifica no Plano Nacional de Educação ou de saneamento básico.[370] Na prática, é a análise conjunta dos princípios e regras previstos na Constituição Federal – art. 150, §6º, 155, §2º, XII, "g" (regula a forma de conceder isenção ou renúncia de receita), art. 165-169 (normas orçamentárias de elaboração e execução), art. 174 (determinação para o poder público do planejamento) da CF; art. 35, §2º (prazo de remessa dos orçamentos), art. 113 (determinação de previsão do impacto financeiro e orçamentário) da ADCT, entre outras regras orçamentárias, a depender do que se analisa – com os princípios gerais aplicáveis aos direitos sociais – art. 1º (fundamentos da República), art. 3º (objetivos a serem alcançados), art. 5º, §§1º e 2º (normas que definem que os direitos fundamentais são aplicáveis imediatamente), art. 6º (direitos sociais), art. 28, XII (participação popular no orçamento dos municípios), art. 193 (determinação que o direito social atinja o bem-estar e a justiça social), todos da CF.

No caso específico dos programas de educação infantil, analisam-se os arts. 205 (direito à educação), 208, IV, VII, §§1º e 2º (dever do Estado e direito subjetivo à educação, sua obrigatoriedade no caso de educação infantil, creche e pré-escola, de crianças até 5 anos e suas condições) e 214 (necessidade de Plano Nacional de Educação com validade de 10 anos) da CF, EC nº 53/2006 (FUNDEB) e das Leis nº 9.394/94 (LDB) e 13.005/2014 (PNE), entre outras que destinam recursos para a educação básica/infantil. Além disso, também se analisam os dispositivos da Lei nº 4.320/64 que tenham relação com a elaboração dos orçamentos, como, por exemplo, os arts. 2º, 3º, 4º,[371] art. 7º

---

[370] O novo marco legal do saneamento básico foi aprovado pelo PL nº 4.162/2019 em 24.06.2020, Lei nº 14.026/2020.

[371] BRASIL. *Lei 4.320/64*, de 17 de março de 1964. Estatui Normas Gerais de Direito Financeiro para elaboração e controle dos orçamentos e balanços da União, dos Estados, dos Municípios e do Distrito Federal. Brasília-DF: Presidência da República, [2020]. Disponível em: http://www.planalto.gov.br/. Acesso em: 7 jul. 2020. "Art. 2º A Lei do Orçamento conterá a discriminação da receita e despesa de forma a evidenciar a política econômica financeira e o programa de trabalho do Governo, obedecidos os princípios de unidade universalidade e anualidade. §1º Integrarão a Lei de Orçamento: I – Sumário geral da receita por fontes e da despesa por funções do Governo; II – Quadro demonstrativo da Receita e Despesa segundo as Categorias Econômicas, na forma do Anexo nº 1; III – Quadro discriminativo da receita por fontes e respectiva legislação; IV – Quadro das dotações por órgãos do Governo e da Administração. §2º Acompanharão a Lei de Orçamento: I – Quadros demonstrativos da receita e planos de aplicação dos fundos especiais; II – Quadros demonstrativos da despesa, na forma dos Anexos nº 6 a 9; III – Quadro demonstrativo do programa anual de trabalho do Governo, em termos de realização de obras e de prestação de serviços. Art. 3º A Lei de Orçamentos compreenderá todas as receitas, inclusive as de operações de crédito autorizadas em lei. Parágrafo único. Não se consideram para os fins deste artigo as

(autorizações ao Executivo), art. 8º (discriminação das receitas e despesas), art. 15 (discriminação das despesas no mínimo por elementos), arts. 2º a 33 (elaboração dos orçamentos), e os art. 1º (normas de finanças públicas voltadas para a responsabilidade na gestão fiscal), §1º,[372] 4º (o que deve constar da LDO e as metas),[373] art. 5º (o que deve constar da LOA),[374] 11 e 12 (regras de previsão da arrecadação e o dever do

---

operações de credito por antecipação da receita, as emissões de papel-moeda e outras entradas compensatórias, no ativo e passivo financeiros. (Veto rejeitado no D.O. 05/05/1964). Art. 4º A Lei de Orçamento compreenderá todas as despesas próprias dos órgãos do Governo e da administração centralizada, ou que, por intermédio deles se devam realizar, observado o disposto no artigo 2º."

[372] BRASIL. *Lei de Responsabilidade Fiscal*. "Art. 1º, §1º A responsabilidade na gestão fiscal pressupõe a ação planejada e transparente, em que se previnem riscos e corrigem desvios capazes de afetar o equilíbrio das contas públicas, mediante o cumprimento de metas de resultados entre receitas e despesas e a obediência a limites e condições no que tange a renúncia de receita, geração de despesas com pessoal, da seguridade social e outras, dívidas consolidada e mobiliária, operações de crédito, inclusive por antecipação de receita, concessão de garantia e inscrição em Restos a Pagar."

[373] BRASIL. *Lei de Responsabilidade Fiscal*. "Art. 4º A lei de diretrizes orçamentárias atenderá o disposto no §2º do art. 165 da Constituição e: I – disporá também sobre: a) equilíbrio entre receitas e despesas; b) critérios e forma de limitação de empenho, a ser efetivada nas hipóteses previstas na alínea *b* do inciso II deste artigo, no art. 9º e no inciso II do §1º do art. 31; (…); e) normas relativas ao controle de custos e à avaliação dos resultados dos programas financiados com recursos dos orçamentos; f) demais condições e exigências para transferências de recursos a entidades públicas e privadas; (…); §1º Integrará o projeto de lei de diretrizes orçamentárias Anexo de Metas Fiscais, em que serão estabelecidas metas anuais, em valores correntes e constantes, relativas a receitas, despesas, resultados nominal e primário e montante da dívida pública, para o exercício a que se referirem e para os dois seguintes. §2º O Anexo conterá, ainda: I – avaliação do cumprimento das metas relativas ao ano anterior; II – demonstrativo das metas anuais, instruído com memória e metodologia de cálculo que justifiquem os resultados pretendidos, comparando-as com as fixadas nos três exercícios anteriores, e evidenciando a consistência delas com as premissas e os objetivos da política econômica nacional; III – evolução do patrimônio líquido, também nos últimos três exercícios, destacando a origem e a aplicação dos recursos obtidos com a alienação de ativos; IV – avaliação da situação financeira e atuarial: a) dos regimes geral de previdência social e próprio dos servidores públicos e do Fundo de Amparo ao Trabalhador; b) dos demais fundos públicos e programas estatais de natureza atuarial; V – demonstrativo da estimativa e compensação da renúncia de receita e da margem de expansão das despesas obrigatórias de caráter continuado. §3º A lei de diretrizes orçamentárias conterá Anexo de Riscos Fiscais, onde serão avaliados os passivos contingentes e outros riscos capazes de afetar as contas públicas, informando as providências a serem tomadas, caso se concretizem. §4º A mensagem que encaminhar o projeto da União apresentará, em anexo específico, os objetivos das políticas monetária, creditícia e cambial, bem como os parâmetros e as projeções para seus principais agregados e variáveis, e ainda as metas de inflação, para o exercício subsequente."

[374] BRASIL. *Lei de Responsabilidade Fiscal*. "Art 5º. conterá, em anexo, demonstrativo da compatibilidade da programação dos orçamentos com os objetivos e metas constantes do documento de que trata o §1º do art. 4º; II – será acompanhado do documento a que se refere o §6o do art. 165 da Constituição, bem como das medidas de compensação a renúncias de receita e ao aumento de despesas obrigatórias de caráter continuado; III – conterá reserva de contingência, cuja forma de utilização e montante, definido com base na receita corrente

Ministério Público na análise das propostas de arrecadação), art. 13 (metas bimestrais de arrecadação, com a especificação, em separado, quando cabível, das medidas de combate à evasão e à sonegação, da quantidade e valores de ações ajuizadas para cobrança da dívida ativa, bem como da evolução do montante dos créditos tributários passíveis de cobrança administrativa), art. 14 (regras para renúncia de receitas), art. 16 (regras para geração de despesas), art. 24 (regra para criação de benefícios com a seguridade social), art. 48 (instrumentos de transparência da gestão fiscal) e art. 49 (prestação de contas do chefe do Poder Executivo) da LRF, bem como da Lei nº 10.257/2001 (participação social)[375] e, no caso do saneamento básico urbano, da Lei nº 11.445/2007, arts. 1º e 2º, I.[376]

No que concerne à elaboração dos orçamentos, além dos prazos, o conteúdo deve ser devidamente fiscalizado, principalmente o que se relaciona, por exemplo, com a concessão de benefícios fiscais e, hoje, é um grande problema a ser enfrentado pelos governos que o utilizam, muitas vezes com sentido de troca de favores para aprovação de outros

---

líquida, serão estabelecidos na lei de diretrizes orçamentárias, destinada ao: a) (VETADO); b) atendimento de passivos contingentes e outros riscos e eventos fiscais imprevistos. §1º Todas as despesas relativas à dívida pública, mobiliária ou contratual, e as receitas que as atenderão, constarão da lei orçamentária anual. §2º O refinanciamento da dívida pública constará separadamente na lei orçamentária e nas de crédito adicional. §3º A atualização monetária do principal da dívida mobiliária refinanciada não poderá superar a variação do índice de preços previsto na lei de diretrizes orçamentárias, ou em legislação específica. §4º É vedado consignar na lei orçamentária crédito com finalidade imprecisa ou com dotação ilimitada. §5º A lei orçamentária não consignará dotação para investimento com duração superior a um exercício financeiro que não esteja previsto no plano plurianual ou em lei que autorize a sua inclusão, conforme disposto no §1o do art. 167 da Constituição. §6º Integrarão as despesas da União, e serão incluídas na lei orçamentária, as do Banco Central do Brasil relativas a pessoal e encargos sociais, custeio administrativo, inclusive os destinados a benefícios e assistência aos servidores, e a investimentos."

[375] BRASIL. *Lei 10.257/2001*, de 10 de julho de 2001. Regulamenta os arts. 182 e 183 da Constituição Federal, estabelece diretrizes gerais da política urbana e dá outras providências. Disponível em: http://www.planalto.gov.br/ccivil_03/leis/leis_2001/l10257.htm. Acesso em: 7 jul. 2020. "Art. 44. No âmbito municipal, a gestão orçamentária participativa de que trata a alínea f do inciso III do art. 4º desta Lei incluirá a realização de debates, audiências e consultas públicas sobre as propostas do plano plurianual, da lei de diretrizes orçamentárias e do orçamento anual, como condição obrigatória para sua aprovação pela Câmara Municipal."

[376] BRASIL. *Lei 11.445/2007*, de 5 janeiro de 2007. Estabelece as diretrizes nacionais para o saneamento básico; cria o Comitê Interministerial de Saneamento Básico; altera as Leis nº 6.766, de 19 de dezembro de 1979, 8.666, de 21 de junho de 1993, e 8.987, de 13 de fevereiro de 1995; e revoga a Lei nº 6.528, de 11 de maio de 1978. Disponível em: http://www.planalto.gov.br/ccivil_03/_ato2007-2010/2007/lei/l11445.htm. Acesso em: 7 jul. 2020. "Art. 1º Esta Lei estabelece as diretrizes nacionais para o saneamento básico e para a política federal de saneamento básico. Art. 2º Os serviços públicos de saneamento básico serão prestados com base nos seguintes princípios fundamentais: I – universalização do acesso (...)."

projetos. O Poder Executivo é extremamente criativo nessa área e, sem o menor cuidado com o estudo de impacto orçamentário e financeiro exigido pela Constituição Federal[377] e pela legislação,[378] realiza a concessão. No caso, cabe ao Ministério Público promover a ação direta de inconstitucionalidade no controle concentrado das normas incompatíveis com o descrito no sistema orçamentário e financeiro constitucional ou uma ação civil pública, na defesa dos interesses sociais, de natureza difusa (inconstitucionalidade no caso concreto), caso se possa questionar uma medida ou ato concreto da administração pública.[379]

A atuação do Ministério Público nesse caso se daria no cumprimento das atribuições de defesa da ordem jurídico-normativa, pois, na formalização da concessão de benefícios fiscais de ICMS, não foram observadas as regras constitucionais (ação de inconstitucionalidade)[380] ou, no caso da existência da concessão concreta dos benefícios ficais de ICMS, a atuação poderia se dar por meio de ADPF ou via da ação civil pública de nulidade de ato e/ou por improbidade,[381] quando se verifica

---

[377] BRASIL. *Constituição Federal de 1988*. ADCT- "Art. 113. A proposição legislativa que crie ou altere despesa obrigatória ou renúncia de receita deverá ser acompanhada da estimativa do seu impacto orçamentário e financeiro."

[378] BRASIL. *Lei de Responsabilidade Fiscal*. "Art. 4º A lei de diretrizes orçamentárias atenderá o disposto no §2º do art. 165 da Constituição e: §2º O Anexo conterá, ainda: V – demonstrativo da estimativa e compensação da renúncia de receita e da margem de expansão das despesas obrigatórias de caráter continuado. Art. 5º O projeto de lei orçamentária anual, elaborado de forma compatível com o plano plurianual, com a lei de diretrizes orçamentárias e com as normas desta Lei Complementar: II – será acompanhado do documento a que se refere o §6º do art. 165 da Constituição, bem como das medidas de compensação a renúncias de receita e ao aumento de despesas obrigatórias de caráter continuado; Art. 14. A concessão ou ampliação de incentivo ou benefício de natureza tributária da qual decorra renúncia de receita deverá estar acompanhada de estimativa do impacto orçamentário-financeiro no exercício em que deva iniciar sua vigência e nos dois seguintes, atender ao disposto na lei de diretrizes orçamentárias e a pelo menos uma das seguintes condições (...)."

[379] MAZZILLI, Hugo Nigro. O Ministério Público e a defesa do regime democrático. *Revista de Informação Legislativa*, ano 35, n. 138, p. 69, 1998. Disponível em: http://www.mazzilli.com.br/. Acesso em: 6 jul. 2020.

[380] TJDF. Conselho Especial. ADI nº 20190020030090 8, ADI nº 20190020030079 7, ADI nº 2017.00.2.022983-7, ADI nº 2017002021214-2, ADI nº 20170022019536-8, ADI nº 2016002044733-5, entre outras.

[381] PORTAL DE NOTÍCIAS G1.globo.com. PJE 0016342-41.2015.8.070018, 7ª VFP/DF. Disponível em: http://g1.globo.com/. Acesso em: 7 jul. 2020. "Segundo a Promotoria de Defesa da Ordem Tributária, o ex-governador infringiu normas de finanças públicas e orçamentárias ao encaminhar projetos à Câmara Legislativa que não atendiam exigências da LRF. Cálculo feito pelo Ministério Público aponta que os R$ 6 bilhões 'perdoados' pelo governo em 2013 correspondiam a mais de 90% do esperado arrecadação de ICMS no DF. Segundo o MP, a equipe foi responsável por aprovar a lei distrital 4732/2011, concedendo benefícios de ICMS sem indicar qual seria a contrapartida financeira – ou seja, sem dizer de onde viriam os recursos para compensar a perda de arrecadação. A ação foi protocolada pelo MP em junho do ano passado e aponta prejuízos de R$ 6 bilhões aos cofres públicos, só em 2013.

uma situação fiscal já comprometida. Isso pode ocorrer, por exemplo, no caso de o resultado primário já indicar ser negativo e, ainda assim, se insistir na renúncia de receitas. Isso porque as receitas não financeiras já não comportariam o pagamento das despesas não financeiras (incluindo os gastos com direitos sociais), aliado ao fato de que, para a compensação da renúncia, não se poderia levar em conta o eventual acréscimo de valores em função do próprio programa do REFIS, mas, sim, o acréscimo na arrecadação, advindo de aumento de tributos, como previsto no art. 14, *caput* e II, da LRF.[382] O exemplo foi verificado na prática, quando, no exercício da função do Ministério Público, foi necessária a judicialização de uma questão para se exigir o cumprimento das normas orçamentárias, com a finalidade de preservar a higidez das contas públicas e assegurar a concretização dos direitos sociais.

A atuação pautada no fundamento de um consenso moral, como outra possibilidade de atuação do Ministério Público, dissociada do fundamento jurídico-normativo, diz respeito à inclusão de políticas públicas que necessitam concretizar direitos sociais no orçamento. Essa inclusão pode ser exemplificada com o resultado da análise dos programas de saneamento básico de Fortaleza, no período de 2014-2018, no qual foi possível concluir que não houve a intenção de implantação real dessa política pública. Aqui a discussão se daria no campo político,

---

Segundo a Promotoria de Defesa da Ordem Tributária, o valor corresponde a quase 90% da arrecadação esperada de ICMS no DF, naquele ano." Portal de notícias G1.globo.com PJE 0704487-19.2018.8.07.0018. Disponível em: https://g1.globo.com/ Acesso em: 7 jul. 2020. "A Justiça tornou réu por improbidade administrativa o deputado distrital Rafael Prudente (MDB). Ele é acusado de ter aprovado o Programa Pró-50 sem fazer estudos de impacto econômico. O projeto dá incentivo fiscal a empresas que contratem trabalhadores com mais de 50 anos, com abatimentos no ISS e no ICMS. A Promotoria de Justiça de Defesa da Ordem Tributária (Pdot) ajuizou na última sexta-feira, 18 de maio, ação por improbidade administrativa contra o deputado distrital Rafael Prudente (MDB). Na Comissão de Economia, Orçamento e Finanças (CEOF/CLDF), o parlamentar relatou o projeto que criou o Programa Pró-50 Anos, no qual afirmou, em parecer oral, aos seus pares, responsáveis pela votação da matéria relatada, que a renúncia fiscal não ocasionaria qualquer impacto financeiro. Essa não é a primeira ação do Ministério Público do DF e Territórios (MPDFT) contra agentes públicos por irregularidades na aprovação de renúncia de receitas."

[382] BRASIL. *Lei de Responsabilidade Fiscal.* "Art. 14. A concessão ou ampliação de incentivo ou benefício de natureza tributária da qual decorra renúncia de receita deverá estar acompanhada de estimativa do impacto orçamentário-financeiro no exercício em que deva iniciar sua vigência e nos dois seguintes, atender ao disposto na lei de diretrizes orçamentárias e a pelo menos uma das seguintes condições: (Vide Medida Provisória nº 2.159, de 2001) (Vide Lei nº 10.276, de 2001) I – demonstração pelo proponente de que a renúncia foi considerada na estimativa de receita da lei orçamentária, na forma do art. 12, e de que não afetará as metas de resultados fiscais previstas no anexo próprio da lei de diretrizes orçamentárias; II – estar acompanhada de medidas de compensação, no período mencionado no *caput*, por meio do aumento de receita, proveniente da elevação de alíquotas, ampliação da base de cálculo, majoração ou criação de tributo ou contribuição."

e a verificação deve ser feita na deliberação, ou seja, se foi democrática ou é resultado de ato discricionário do Executivo, dado que o programa sempre existiu. Se for ato discricionário, poderia o Ministério Público, caso necessário, no campo judicial, propor uma ação de inconstitucionalidade por omissão ou uma ação civil pública com obrigação de fazer. Pode também promover a dotação do programa com recursos necessários e de estabelecimento de metas no próximo orçamento.

Além disso, poderia o Ministério Público, utilizando de suas prerrogativas e instrumentos, chamar a atenção da população e de seus representantes a respeito do fato, exigindo a justificação para o desinteresse, como será visto no tópico relacionado à sua função no controle social das políticas públicas, que ressalta a *accountability*.

Além disso, também se poderia provocar sua inclusão na elaboração do orçamento seguinte, levando em conta que as dotações e a execução demonstraram claramente, no período de quatro anos, o prejuízo efetivo à política pública de fornecimento desse serviço, resultando na metade da população do município de Fortaleza sem saneamento,[383] mas esse fato não impediu a concessão de anistia fiscal em 2014, 2015, 2017 e 2019, o que, comprovadamente, não traz benefícios às finanças públicas.[384] Pode-se questionar a conexão entre os dois pontos levantados – REFIS e falta de dotação para saneamento básico –, mas o fato é que não se poderia alegar falta de recursos financeiros para alocar em saneamento, uma vez que, nos programas de REFIS implantados, acabou-se abrindo mão de parte de receita que poderia ser utilizada.

No que concerne à análise do montante de recursos públicos necessários, adequados e proporcionais ao cumprimento das políticas públicas, em um primeiro momento, o valor deve ser estabelecido no processo democrático de escolha de prioridades e de planos a serem dimensionados. O que pode ser verificado pelo Ministério Público é se os percentuais mínimos de aplicação vinculada foram observados, por exemplo, se o cálculo atende ao mínimo que o estado tem de aplicar em educação, como determinado na Constituição Federal, no PNE e na LRF. No caso de descumprimento, cabe intervenção no estado, pela limitação na destinação de transferências constitucionais. Também é possível verificar se determinado montante, de pronto, já não alcança

---

[383] Afirmação decorrente da análise dos dados da pesquisa empírica deste trabalho com dados do *site* Trata Brasil.

[384] PONTES, Paulo Araújo; FREIRE JUNIOR, José. REFIS: Avaliação dos impactos na Arrecadação Tributária do CEARÁ. *Discussão nº 130*. *IPECE*. Governo do Ceará. Secretaria de Planejamento. 2019. Disponível em: https://www.ipece.ce.gov.br/. Acesso em: 7 jul. 2020.

de forma suficiente o resultado esperado, o que pode ser objeto de *accountability* e até de responsabilização. Ainda deve ser objeto de atuação do Ministério Público a constatação de que o montante foi reduzido sem justificativa plausível e fundamentada nas normas, sob amparo dos princípios da progressividade e da proibição do retrocesso.

Por outro fundamento, agora calcado em análises técnico-científicas, a atuação do Ministério Público é possibilitada com base no substrato de pesquisas e trabalhos realizados de forma técnica e científica, tanto por órgãos e entidades públicas quanto privadas. Esses órgãos e entidades monitoram atividades de interesse público, como a educação, o saneamento, a saúde e outros, e produzem conhecimento que deve servir para o desenvolvimento das atividades essenciais à sociedade. Dessa forma, é possível questionar se o gasto realizado em determinada política está ou não atendendo aos objetivos traçados tecnicamente para aquela atividade, bem como possibilitar a realização de debate público pelo controle social, com o fim de alteração ou não de determinada concepção de política a ser executada. O papel do Ministério Público aqui é, essencialmente, propiciar a discussão pública do tema, vinculado às necessidades básicas sociais, e de sua implantação progressiva, numa concretização democrática dos direitos.

A fase da avaliação se dá, via de regra, após a execução de um programa no processo orçamentário, por ser ele dinâmico e marcado pela necessidade de planejamento e ação avaliativa das diretrizes gerais, regionais, setoriais e locais, bem como dos limites de atuação, estabelecidos para o cumprimento do orçamento anual- LOA. Eles devem ser checados o tempo todo, com base no que foi deliberado no PPA e na LDO, instrumentos de planejamento que se complementam para uma gestão responsável e de resultados planejados dos recursos público. É possível se falar de avaliação na fase de elaboração, pois, como se demonstrou, exige-se observância de normas e de preceitos jurídicos, morais e técnico-científicos também nessa fase.

No que se refere à análise da fixação de metas e de resultados esperados, que são objetos do controle das políticas públicas, de acordo com Ana Paula de Barcellos, a atuação é vinculada pela perspectiva de uma resposta do Estado para um problema real a ser enfrentado. As metas devem ser estabelecidas para produzir resultado, e esse deve ser esperado, dimensionado pelas metas ou pelas atividades que devem ser concretizadas na alteração da realidade.[385]

---

[385] BARCELLOS, 2002, *op. cit.*, p. 117.

Nos resultados da análise dos programas de saneamento básico, a fixação de metas pode corresponder, por exemplo, à cobertura de 50% da população que não tem saneamento básico até 2021 ou a sua universalização. O resultado esperado, quando não há meta específica, serve para verificar mudanças da realidade com a aplicação dos recursos disponíveis para o gasto.

Esse assunto vai ser mais aprofundado, dado que ela corresponde a uma maior intervenção no processo orçamentário. Nesse contexto, importante é demonstrar que a fixação de metas impostas no planejamento do orçamento público e dos resultados esperados não se refere, apenas, aos resultados primário, nominal e endividamento, mas, sim, tem relação com a arrecadação e com a própria despesa, como determina o §2º do art. 4º da LRF.[386]

As metas significam a intenção de atingir um resultado quantitativamente auferido.[387] Portanto, revelam em que políticas públicas o gestor irá produzir maior ou menor impacto, diante de uma situação inicial, visto que a dotação pode ser objeto de complementação por meio dos créditos adicionais, como os suplementares. É esse planejamento deliberado que verdadeiramente aponta em que sentido irá investir o Estado.

O plano da educação infantil descrito no PNE estabeleceu que, até 2016, todas as crianças de 4 e 5 anos seriam atendidas na pré-escola, isto é, determinou a universalização do direito. Também estabeleceu que, até 2024, haveria creches para, pelo menos, 50% das crianças de até 3 anos. Em 2018, percebeu-se que os estados conseguiram alcançar o percentual de mais de 90% de crianças de 4 a 5 anos matriculadas na pré-escola. De acordo com o Observatório do PNE, um dos estados que conseguiu o maior percentual, 98,5%, foi o Ceará. Com relação à disponibilização de creches, o percentual atingiu, no total, 35,6% das crianças. Pesquisas demonstram desigualdade no acesso às creches entre os 25% mais pobres e os 25% mais ricos, sendo que os mais pobres atingiram o percentual de 29,18%, e os mais ricos, 50,80%. Destaque-se que o estado de São Paulo praticamente já atingiu essa meta bem antes do prazo final.[388]

---

[386] BRASIL. *Lei Complementar nº 101*, de 4 de maio de 2000. Disponível em: http://www.planalto.gov.br/. Acesso em: 7 jul. 2020. "Art. 4º A lei de diretrizes orçamentárias atenderá o disposto no §2º do art. 165 da Constituição e: §1º Integrará o projeto de lei de diretrizes orçamentárias Anexo de Metas Fiscais, em que serão estabelecidas metas anuais, em valores correntes e constantes, relativas a receitas, despesas, resultados nominal e primário e montante da dívida pública, para o exercício a que se referirem e para os dois seguintes."

[387] OLIVEIRA, W., 2013, *op. cit.*, p. 477.

[388] PORTAL Observatório do PNE. *O PNE on-line*. Disponível em: http://www.observatoriodopne.org.br/. Acesso em: 22 jun. 2020.

Além disso, pode-se verificar, com base nas metas delimitadas pelo PNE para a educação infantil, que crianças de 4 e 5 anos, com prazo de atendimento para 2016, foram praticamente atendidas com um percentual de mais de 90% em cada estado. Afora a meta e resultado delimitados, constata-se a proporcional e adequada alocação de recursos públicos nesse programa que cumpriu os planos deliberados.

Atingida a meta, passa-se à fase de avaliação anual do programa para interferir na elaboração do orçamento, agora com a intenção de, com as adequações necessárias, manter o percentual de quase 100% de crianças da faixa etária na pré-escola (princípio da proibição do retrocesso).[389]

Analisando a relação da meta com o fornecimento de creches, é possível desvelar a necessidade de, para os planos orçamentários anuais seguintes, se destinar um montante de recursos superior para as camadas mais carentes, os 25% mais pobres, dado que a meta praticamente já foi alcançada antes de 2024 para a camada mais rica dessa população. Pode-se investir em outras áreas, a depender dos planos, devendo ser os resultados sempre mais visíveis e de fácil acesso público para controle e fiscalização pelo Ministério Público e para o controle social, com o fim de se cumprir o princípio da progressividade.

Importante também na avaliação da política pública é verificar a existência ou não dessas metas, o que não ocorreu no programa de saneamento básico de Fortaleza. Uma explicação possível seria a de que o marco legal do saneamento estava em discussão e ainda se pretendiam estabelecer as metas e sua relação com os recursos necessários. Isso dificultou a concretização do investimento; a opção pela delegação do serviço pode ser mais favorável a uma prestação de qualidade, a depender do modelo político de atuação que o estado implante.

Neste ponto, passa-se à análise da execução do orçamento propriamente dita.

4.2 O exercício da sua função sob o aspecto da defesa do cidadão perante os demais órgãos e poderes públicos

Na fase da execução orçamentária, também se faz necessária a aplicação dos princípios e regras constitucionais citados na fase de elaboração, especialmente os relacionados com os princípios fundamentais e com os objetivos da República, bem como os previstos para a administração pública (não serão novamente analisados). Também

---

[389] Ibidem.

os fundamentos para a atuação do Ministério Público são os mesmos, vinculados à defesa do aspecto jurídico-normativo, da moralidade e de aspectos técnico-científicos, os quais devem ser observados no: a) atingimento das metas e dos resultados esperados; b) na eficiência nos gastos públicos; c) na efetiva aplicação dos recursos previstos e d) na avaliação do PPA, LDO e LOA.

A atuação do Ministério Público deve se pautar, nessa fase, pelo acompanhamento da execução orçamentária, tanto no aspecto da arrecadação quanto no da despesa. Para tanto, é preciso alinhavar que principais dispositivos jurídicos e instrumentos de transparência devem ser utilizados no processo orçamentário.

A análise será feita, fundamentalmente, sobre os dispositivos da LRF e da Lei nº 4.320/64, pois, quando a referência é à execução do orçamento, fala-se da LOA, que deve se pautar pelas regras acima e pelas dispostas na LDO e no PPA.

A LOA, que é resultado do cumprimento da LDO, deve observar o disposto no art. 4º da LRF, uma vez que nele há: o estabelecimento do equilíbrio entre receitas e despesas; os critérios e a forma de limitação de empenho a ser efetivado nas hipóteses previstas no art. 9º e no inciso II, §1º, do art. 31; os dispositivos relativos ao controle de custos e à avaliação dos resultados dos programas financiados com recursos dos orçamentos; e as metas a serem atingidas.

O dispositivo previsto no art. 5º da LRF veicula, além das regras voltadas para a concessão de renúncia de receitas (citadas nesse e no art. 14 da LRF), a previsão e o uso da reserva de contingência, bem como o tratamento da dívida pública, os quais devem ser fiscalizados pelo Ministério Público.

Os arts. 8º, 9º e 10º da LRF[390] cuidam da execução do orçamento propriamente dita, pois estabelecem a programação financeira e o

---

[390] BRASIL. *Lei de Responsabilidade Fiscal.* Disponível em: http://www.planalto.gov.br/. Acesso em: 7 jul. 2020. "Da Execução Orçamentária e do Cumprimento das Metas. Art. 8º Até trinta dias apos a publicaçao dos orçamentos, nos termos em que dispuser a lei de diretrizes orçamentárias e observado o disposto na alínea *c* do inciso I do art. 4º, o Poder Executivo estabelecerá a programação financeira e o cronograma de execução mensal de desembolso. Parágrafo único. Os recursos legalmente vinculados a finalidade específica serão utilizados exclusivamente para atender ao objeto de sua vinculação, ainda que em exercício diverso daquele em que ocorrer o ingresso. Art. 9º Se verificado, ao final de um bimestre, que a realização da receita poderá não comportar o cumprimento das metas de resultado primário ou nominal estabelecidas no Anexo de Metas Fiscais, os Poderes e o Ministério Público promoverão, por ato próprio e nos montantes necessários, nos trinta dias subsequentes, limitação de empenho e movimentação financeira, segundo os critérios fixados pela lei de diretrizes orçamentárias. §1º No caso de restabelecimento da receita prevista, ainda que parcial, a recomposição das dotações cujos empenhos foram limitados dar-se-á de forma proporcional às reduções efetivadas. §2º Não serão objeto de limitação

cronograma de execução mensal de desembolso; a limitação de empenho e a movimentação financeira (chamado de contingenciamento), seu objeto e recomposição, segundo os critérios fixados pela Lei de Diretrizes Orçamentárias; prazos para avaliação do cumprimento das metas a ser amplamente informado, inclusive por meio de audiência pública nos parlamentos; identificação dos beneficiários dos precatórios.

Constata-se, nesse ponto, que o Poder Executivo, além de estabelecer o cronograma de desembolso e o contingenciamento de recursos públicos com desvios de finalidade, uma vez que não os realiza conforme descrito nos dispositivos legais, utiliza-se, ainda, das regras dos créditos adicionais,[391] da transposição, do remanejamento e da transferência.[392] Essas, apesar de previstas no art. 167, VI, da CF/88, não foram regulamentadas na LRF. Isso quer dizer que, em que pese a necessidade de autorização legislativa para essas concessões, as próprias regras propiciam sua utilização em programas ou áreas distintas, uma vez que, entre os motivos para alteração dos créditos aprovados

---

as despesas que constituam obrigações constitucionais e legais do ente, inclusive aquelas destinadas ao pagamento do serviço da dívida, e as ressalvadas pela lei de diretrizes orçamentárias. §3º No caso de os Poderes Legislativo e Judiciário e o Ministério Público não promoverem a limitação no prazo estabelecido no *caput*, é o Poder Executivo autorizado a limitar os valores financeiros segundo os critérios fixados pela lei de diretrizes orçamentárias. §4º Até o final dos meses de maio, setembro e fevereiro, o Poder Executivo demonstrará e avaliará o cumprimento das metas fiscais de cada quadrimestre, em audiência pública na comissão referida no §1º do art. 166 da Constituição ou equivalente nas Casas Legislativas estaduais e municipais. §5º No prazo de noventa dias após o encerramento de cada semestre, o Banco Central do Brasil apresentará, em reunião conjunta das comissões temáticas pertinentes do Congresso Nacional, avaliação do cumprimento dos objetivos e metas das políticas monetária, creditícia e cambial, evidenciando o impacto e o custo fiscal de suas operações e os resultados demonstrados nos balanços. Art. 10. A execução orçamentária e financeira identificará os beneficiários de pagamento de sentenças judiciais, por meio de sistema de contabilidade e administração financeira, para fins de observância da ordem cronológica determinada no art. 100 da Constituição."

[391] São os créditos que não estavam previstos ordinariamente e serão suplementados, criados para atender novas despesas (especiais) ou gerados para situações graves sociais, como na pandemia de COVID-19 (extraordinários). Todos necessitam de autorização legislativa, exceto os extraordinários. A autorização para o crédito suplementar pode ser de uma autorização global dada na LOA, em que não há uma avaliação de caso a caso. O fato é que tanto os créditos suplementares como os especiais, por necessitarem da indicação de recursos, acabam viabilizando a mudança dos investimentos nos programas como foram deliberados, nem sempre com uma justificativa e fundamento necessários.

[392] CREPALDI; CREPALDI, 2009, *op. cit.*, p. 109. A transposição de créditos ocorre sempre no âmbito do órgão ou organização e se dá no caso de reforma administrativa que signifique a extinção de órgão e criação de outro ou sua substituição por outro. A transferência de créditos ocorre entre categorias econômicas de despesa por mudança na priorização dos gastos. Correspondem aos movimentos de recursos de um item ou de um elemento de despesa de uma mesma categoria econômica ou entre categorias diferentes de uma mesma unidade. O remanejamento é o movimento de recursos no âmbito da programação de trabalho, entre projetos e atividades, de um mesmo programa ou entre programas diferentes de uma mesma unidade, quando se apresentarem executados ou forem cancelados.

O PAPEL DO MINISTÉRIO PÚBLICO NA CONCRETIZAÇÃO DEMOCRÁTICA DO ORÇAMENTO | 183

ordinariamente, estão a reforma administrativa, a alteração no rumo das políticas públicas ou a mudança na prioridade dos gastos. Porém, via de regra, não se verifica a ocorrência de reformas e, quando ocorrem, sempre são decorrentes da mudança de governo.[393]

A administração pública, de fato, tem se utilizado dos procedimentos de contingenciamento, transferência e remanejamento que geram prejuízos concretos à aplicação nos gastos relacionados com os programas de direitos sociais. É o resultado do trato conservador do orçamento, do que resulta em termos práticos: a não execução das dotações orçamentárias, a criação de superávit financeiro e o aumento dos restos a pagar.[394] Esse fato provoca violação na aplicação das receitas vinculadas, que são as que possuem um destino de gasto obrigatório, como é o caso: da manutenção e do desenvolvimento do ensino (art. 212 da CF); das ações e dos serviços públicos de saúde (art. 198, §2º, da CF); dos fundos de participação dos estados e municípios; das descritas na DRU, entre outros. Apesar da vinculação, o Poder Executivo não as observa durante o exercício nem em exercício posterior, conforme determina o art. 167, IV, da CF, como identificou Weder de Oliveira.[395]

No que concerne à execução da receita, os arts. 11 e 12 da LRF dispõem que é requisito essencial da responsabilidade na gestão fiscal a instituição, a previsão e a efetiva arrecadação de todos os tributos da competência constitucional do ente da federação, o que, caso não se verifique, pode ocasionar a vedação das transferências voluntárias. Ainda preveem que a reestimativa de receita por parte do Poder Legislativo só será admitida se comprovado erro ou omissão de ordem técnica ou legal. O montante previsto para as receitas de operações de crédito não poderá ser superior ao das despesas de capital constantes do projeto de lei orçamentária.

Quanto ao regime dos créditos adicionais, necessário é ficar atento aos dispositivos previstos nos art. 40 a 46 da Lei nº 4.320/64, os quais demandam indicação de fonte e autorização legal, exceto para os créditos extraordinários.[396]

---

[393] Ibidem, p. 109-110.

[394] OLIVEIRA, W. 2013, *op. cit.*, p. 735-744.

[395] Ibidem, p. 752. "A lei coíbe eventual entendimento que sustentasse a possibilidade de ocorrer a desvinculação se os recursos não fossem utilizados na finalidade específica no mesmo exercício em que fossem arrecadados. Ou seja, desejando o Poder Executivo, talvez com aquiescência e/ou mesmo omissão do Poder Legislativo, não cumprir a vinculação e aplicar os recursos vinculados em finalidade distinta daquela determinada em lei, bastaria deixar de aplicá-los durante o exercício seguinte por meio de créditos adicionais usando como fonte o referido superávit."

[396] BRASIL. *Lei 4.320/64*, de 17 de março de 1964. Estatui Normas Gerais de Direito Financeiro para elaboração e controle dos orçamentos e balanços da União, dos Estados,

184 | RUBIN LEMOS

Sob o aspecto da despesa, a LRF determinou, nos art. 15, 16 e 17, o que considera como despesa ou seu aumento, bem como despesa de caráter continuado, além de estabelecer os requisitos que devem ser atendidos para as novas despesas que não constam dos orçamentos. Para essa possibilidade, a LRF apresentou os conceitos de despesa adequada e compatível,[397] cujos requisitos constituem condição prévia para: "I – empenho e licitação de serviços, fornecimento de bens ou execução de obras; (...)".

Já o art. 17[398] da LRF cuida da criação de nova despesa de caráter continuado que deve demonstrar a origem dos recursos que serão

---

dos Municípios e do Distrito Federal. Brasília-DF: Presidência da República, [2020]. Disponível em: http://www.planalto.gov.br/. Acesso em: 7 jul. 2020. "Art. 40. São créditos adicionais, as autorizações de despesa não computadas ou insuficientemente dotadas na Lei de Orçamento. Art. 41. Os créditos adicionais classificam-se em: I – suplementares, os destinados a reforço de dotação orçamentária; II – especiais, os destinados a despesas para as quais não haja dotação orçamentária específica; III – extraordinários, os destinados a despesas urgentes e imprevistas, em caso de guerra, comoção intestina ou calamidade pública. Art. 42. Os créditos suplementares e especiais serão autorizados por lei e abertos por decreto executivo. Art. 43. A abertura dos créditos suplementares e especiais depende da existência de recursos disponíveis para ocorrer a despesa e será precedida de exposição justificativa. §1º Consideram-se recursos para o fim deste artigo, desde que não comprometidos: I – o superávit financeiro apurado em balanço patrimonial do exercício anterior; II – os provenientes de excesso de arrecadação; III – os resultantes de anulação parcial ou total de dotações orçamentárias ou de créditos adicionais, autorizados em Lei; IV – o produto de operações de credito autorizadas, em forma que juridicamente possibilite ao poder executivo realizá-las. §2º Entende-se por superávit financeiro a diferença positiva entre o ativo financeiro e o passivo financeiro, conjugando-se, ainda, os saldos dos créditos adicionais transferidos e as operações de credito a eles vinculadas. §3º Entende-se por excesso de arrecadação, para os fins deste artigo, o saldo positivo das diferenças acumuladas mês a mês entre a arrecadação prevista e a realizada, considerando-se, ainda, a tendência do exercício. §4º Para o fim de apurar os recursos utilizáveis, provenientes de excesso de arrecadação, deduzir-se-a a importância dos créditos extraordinários abertos no exercício. Art. 44. Os créditos extraordinários serão abertos por decreto do Poder Executivo, que deles dará imediato conhecimento ao Poder Legislativo. Art. 45. Os créditos adicionais terão vigência adstrita ao exercício financeiro em que forem abertos, salvo expressa disposição legal em contrário, quanto aos especiais e extraordinários. Art. 46. O ato que abrir crédito adicional indicará a importância, a espécie do mesmo e a classificação da despesa, até onde for possível."

[397] BRASIL. *Lei de Responsabilidade Fiscal*. Estabelece normas de finanças públicas voltadas para a responsabilidade na gestão fiscal e dá outras providências. Brasília, DF: Presidência da República, [2020]. Disponível em: http://www.planalto.gov.br/ Acesso em: 7 jul. 2020. "Art. 17. I – adequada com a lei orçamentária anual, a despesa objeto de dotação específica e suficiente, ou que esteja abrangida por crédito genérico, de forma que somadas todas as despesas da mesma espécie, realizadas e a realizar, previstas no programa de trabalho, não sejam ultrapassados os limites estabelecidos para o exercício; II – compatível com o plano plurianual e a lei de diretrizes orçamentárias, a despesa que se conforme com as diretrizes, objetivos, prioridades e metas previstos nesses instrumentos e não infrinja qualquer de suas disposições."

[398] BRASIL. *Lei de Responsabilidade Fiscal*. Disponível em: http://www.planalto.gov.br/. Acesso em: 7 jul. 2020. "Art. 17- Considera-se obrigatória de caráter continuado a despesa corrente derivada de lei, medida provisória ou ato administrativo normativo que fixem para o ente a obrigação legal de sua execução por um período superior a dois exercícios."

utilizados para pagamento das obrigações. Essa despesa não será executada antes da implementação das medidas referidas no §2º, as quais integrarão o instrumento que a criar ou que a aumentar. Além disso, não se aplica às despesas destinadas ao serviço da dívida nem ao reajustamento de remuneração de pessoal, de que trata o inciso X do art. 37 da Constituição, a determinação da estimativa e da indicação da origem do custeio. Por fim, deve ser considerada como aumento de despesa a prorrogação daquela criada por prazo determinado.

A execução da despesa necessita de análise sistêmica do ordenamento jurídico. Portanto, fazem-se necessárias a interpretação e a aplicação em conjunto da LRF, com os dispositivos dos arts. 58-70 da Lei nº 4.320/64, dos quais constam a regulamentação de todas as fases da despesa, ou seja, o empenho, a liquidação e o pagamento.[399]

---

[399] BRASIL. *Lei 4.320/64*, de 17 de março de 1964. Estatui Normas Gerais de Direito Financeiro para elaboração e controle dos orçamentos e balanços da União, dos Estados, dos Municípios e do Distrito Federal. Brasília-DF: Presidência da República, [2020]. Disponível em: http://www.planalto.gov.br/. Acesso em: 7 jul. 2020. "Art. 58. O empenho de despesa é o ato emanado de autoridade competente que cria para o Estado obrigação de pagamento pendente ou não de implemento de condição. Art. 59 – O empenho da despesa não poderá exceder o limite dos créditos concedidos.§1º Ressalvado o disposto no Art. 67 da Constituição Federal, é vedado aos Municípios empenhar, no último mês do mandato do Prefeito, mais do que o duodécimo da despesa prevista no orçamento vigente.§2º Fica, também, vedado aos Municípios, no mesmo período, assumir, por qualquer forma, compromissos financeiros para execução depois do término do mandato do Prefeito.§3º As disposições dos parágrafos anteriores não se aplicam nos casos comprovados de calamidade pública. §4º Reputam-se nulos e de nenhum efeito os empenhos e atos praticados em desacordo com o disposto nos parágrafos 1º e 2º deste artigo, sem prejuízo da responsabilidade do Prefeito nos termos do Art. 1º, inciso V, do Decreto-lei nº 201, de 27 de fevereiro de 1967. Art. 60. É vedada a realização de despesa sem prévio empenho. §1º Em casos especiais previstos na legislação específica será dispensada a emissão da nota de empenho. §2º Será feito por estimativa o empenho da despesa cujo montante não se possa determinar. §3º É permitido o empenho global de despesas contratuais e outras, sujeitas a parcelamento. Art. 61. Para cada empenho será extraído um documento denominado "nota de empenho" que indicará o nome do credor, a representação e a importância da despesa bem como a dedução desta do saldo da dotação própria. Art. 62. O pagamento da despesa só será efetuado quando ordenado após sua regular liquidação. Art. 63. A liquidação da despesa consiste na verificação do direito adquirido pelo credor tendo por base os títulos e documentos comprobatórios do respectivo crédito. §1º Essa verificação tem por fim apurar: I – a origem e o objeto do que se deve pagar; II – a importância exata a pagar; III – a quem se deve pagar a Importância, para extinguir a obrigação. §2º A liquidação da despesa por fornecimentos feitos ou serviços prestados terá por base: I – o contrato, ajuste ou acôrdo respectivo; II – a nota de empenho; III – os comprovantes da entrega de material ou da prestação efetiva do serviço. Art. 64. A ordem de pagamento é o despacho exarado por autoridade competente, determinando que a despesa seja paga. Parágrafo único. A ordem de pagamento só poderá ser exarada em documentos processados pelos serviços de contabilidade. Art. 65. O pagamento da despesa será efetuado por tesouraria ou pagadoria regularmente instituídos por estabelecimentos bancários credenciados e, em casos excepcionais, por meio de adiantamento. Art. 66. As dotações atribuídas às diversas unidades orçamentárias poderão quando expressamente determinado na Lei

186 | RUBIN LEMOS

Sobre as despesas de pessoal, apesar de parecer não estar diretamente relacionada com o objeto desta dissertação, há clara vinculação com a diminuição total da receita a ser utilizada em direitos sociais, porque pode configurar a prática de crime contra as finanças públicas. Por isso, indicam-se alguns dispositivos para monitoramento: arts. 18 e 19, 22 e 23, referentes ao valor percentual da receita corrente líquida[400] que fica limitada para a despesa total com pessoal, a ser verificado ao final de cada quadrimestre, bem como as medidas a serem adotadas, no caso de ser ultrapassado o limite prudencial.

Da mesma forma, o endividamento necessita de cuidado, pois há limites impostos pelo Senado Federal, na Resolução nº 40/2001, que estabeleceram, para os estados e para o Distrito Federal, o limite no valor de duas vezes a receita corrente líquida. Para os municípios, o limite é 1,2 vez da receita corrente líquida. Caso seja necessária a recondução da dívida aos limites, deve-se ater ao previsto no art. 31 da LRF.[401]

---

de Orçamento ser movimentadas por órgãos centrais de administração geral. Parágrafo único. É permitida a redistribuição de parcelas das dotações de pessoal, de uma para outra unidade orçamentária, quando considerada indispensável à movimentação de pessoal dentro das tabelas ou quadros comuns às unidades interessadas, a que se realize em obediência à legislação específica. Art. 67. Os pagamentos devidos pela Fazenda Pública, em virtude de sentença judiciária, far-se-ão na ordem de apresentação dos precatórios e à conta dos créditos respectivos, sendo proibida a designação de casos ou de pessoas nas dotações orçamentárias e nos créditos adicionais abertos para êsse fim. Art. 68. O regime de adiantamento é aplicável aos casos de despesas expressamente definidos em lei e consiste na entrega de numerário a servidor, sempre precedida de empenho na dotação própria para o fim de realizar despesas, que não possam subordinar-se ao processo normal de aplicação. Art. 69. Não se fará adiantamento a servidor em alcance nem a responsável por dois adiantamentos. Art. 70. A aquisição de material, o fornecimento e a adjudicação de obras e serviços serão regulados em lei, respeitado o princípio da concorrência."

[400] BRASIL. *Lei de Responsabilidade Fiscal*. Disponível em: http://www.planalto.gov.br/. Acesso em: 7 jul. 2020. "Art. 2º. IV- receita corrente líquida: somatório das receitas tributárias, de contribuições, patrimoniais, industriais, agropecuárias, de serviços, transferências correntes e outras receitas também correntes, deduzidos: a) na União, os valores transferidos aos Estados e Municípios por determinação constitucional ou legal, e as contribuições mencionadas na alínea a do inciso I e no inciso II do art. 195, e no art. 239 da Constituição; b) nos Estados, as parcelas entregues aos Municípios por determinação constitucional; c) na União, nos Estados e nos Municípios, a contribuição dos servidores para o custeio do seu sistema de previdência e assistência social e as receitas provenientes da compensação financeira citada no §9º do art. 201 da Constituição. §1º Serão computados no cálculo da receita corrente líquida os valores pagos e recebidos em decorrência da Lei Complementar no 87, de 13 de setembro de 1996, e do fundo previsto pelo art. 60 do Ato das Disposições Constitucionais Transitórias. §2º Não serão considerados na receita corrente líquida do Distrito Federal e dos Estados do Amapá e de Roraima os recursos recebidos da União para atendimento das despesas de que trata o inciso V do §1º do art. 19. §3º A receita corrente líquida será apurada somando-se as receitas arrecadadas no mês em referência e nos onze anteriores, excluídas as duplicidades."

[401] BRASIL. *Lei de Responsabilidade Fiscal*. Disponível em: http://www.planalto.gov.br/. Acesso em: 7 jul. 2020. "Art. 31. Se a dívida consolidada de um ente da Federação ultrapassar o respectivo limite ao final de um quadrimestre, deverá ser a ele reconduzida até o término

O PAPEL DO MINISTÉRIO PÚBLICO NA CONCRETIZAÇÃO DEMOCRÁTICA DO ORÇAMENTO | 187

Fundamental, também, é a fiscalização das operações de crédito para impedir o comprometimento de recursos acima dos limites e das finalidades ali estabelecidas. Assim, os arts. 35 a 38 da LRF dispõem sobre as vedações nessa seara.[402]

---

dos três subseqüentes, reduzindo o excedente em pelo menos 25% (vinte e cinco por cento) no primeiro. §1º Enquanto perdurar o excesso, o ente que nele houver incorrido: I – estará proibido de realizar operação de crédito interna ou externa, inclusive por antecipação de receita, ressalvado o refinanciamento do principal atualizado da dívida mobiliária; II – obterá resultado primário necessário à recondução da dívida ao limite, promovendo, entre outras medidas, limitação de empenho, na forma do art. 9º. §2º Vencido o prazo para retorno da dívida ao limite, e enquanto perdurar o excesso, o ente ficará também impedido de receber transferências voluntárias da União ou do Estado. §3º As restrições do §1º aplicam-se imediatamente se o montante da dívida exceder o limite no primeiro quadrimestre do último ano do mandato do Chefe do Poder Executivo. §4º O Ministério da Fazenda divulgará, mensalmente, a relação dos entes que tenham ultrapassado os limites das dívidas consolidada e mobiliária. §5º As normas deste artigo serão observadas nos casos de descumprimento dos limites da dívida mobiliária e das operações de crédito internas e externas."

[402] BRASIL. *Lei de Responsabilidade Fiscal*. Disponível em: http://www.planalto.gov.br/. Acesso em: 7 jul. 2020. "Art. 35. É vedada a realização de operação de crédito entre um ente da Federação, diretamente ou por intermédio de fundo, autarquia, fundação ou empresa estatal dependente, e outro, inclusive suas entidades da administração indireta, ainda que sob a forma de novação, refinanciamento ou postergação de dívida contraída anteriormente. §1º Excetuam-se da vedação a que se refere o *caput* as operações entre instituição financeira estatal e outro ente da Federação, inclusive suas entidades da administração indireta, que não se destinem a: I – financiar, direta ou indiretamente, despesas correntes; II – refinanciar dívidas não contraídas junto à própria instituição concedente. §2º O disposto no *caput* não impede Estados e Municípios de comprar títulos da dívida da União como aplicação de suas disponibilidades. Art. 36. É proibida a operação de crédito entre uma instituição financeira estatal e o ente da Federação que a controle, na qualidade de beneficiário do empréstimo. Parágrafo único. O disposto no *caput* não proíbe instituição financeira controlada de adquirir, no mercado, títulos da dívida pública para atender investimento de seus clientes, ou títulos da dívida de emissão da União para aplicação de recursos próprios. Art. 37. Equiparam-se a operações de crédito e estão vedados: I – captação de recursos a título de antecipação de receita de tributo ou contribuição cujo fato gerador ainda não tenha ocorrido, sem prejuízo do disposto no §7º do art. 150 da Constituição; II – recebimento antecipado de valores de empresa em que o Poder Público detenha, direta ou indiretamente, a maioria do capital social com direito a voto, salvo lucros e dividendos, na forma da legislação; III – assunção direta de compromisso, confissão de dívida ou operação assemelhada, com fornecedor de bens, mercadorias ou serviços, mediante emissão, aceite ou aval de título de crédito, não se aplicando esta vedação a empresas estatais dependentes; IV – assunção de obrigação, sem autorização orçamentária, com fornecedores para pagamento a *posteriori* de bens e serviços. Art. 38. A operação de crédito por antecipação de receita destina-se a atender insuficiência de caixa durante o exercício financeiro e cumprirá as exigências mencionadas no art. 32 e mais as seguintes: I – realizar-se-á somente a partir do décimo dia do início do exercício; II – deverá ser liquidada, com juros e outros encargos incidentes, até o dia dez de dezembro de cada ano; III – não será autorizada se forem cobrados outros encargos que não a taxa de juros da operação, obrigatoriamente prefixada ou indexada à taxa básica financeira, ou à que vier a esta substituir; IV – estará proibida: a) enquanto existir operação anterior da mesma natureza não integralmente resgatada; b) no último ano de mandato do Presidente, Governador ou Prefeito Municipal. §1º As operações de que trata este artigo não serão computadas para efeito do que dispõe

Quanto ao aspecto relacionado com restos a pagar, o acompanhamento pelo Ministério Público se faz importante, ainda mais quando se trata do último exercício do mandato do gestor ou responsável, já que várias medidas são vedadas para que não se imponha prejuízo à nova gestão. É o caso do art. 42 (é vedado ao titular de Poder ou órgão referido no art. 20, nos últimos dois quadrimestres do seu mandato, contrair obrigação de despesa que não possa ser cumprida integralmente dentro dele, ou que tenha parcelas a serem pagas no exercício seguinte sem que haja suficiente disponibilidade de caixa para esse efeito. Na determinação da disponibilidade de caixa, serão considerados os encargos e despesas compromissadas a pagar até o final do exercício). Já os art. 35 a 37 da Lei nº 4.320/64 disciplinam como devem ser tratados os restos a pagar, estabelecendo que se reverta à dotação a importância de despesa anulada no exercício. Quando a anulação ocorrer após seu encerramento, considerar-se-á receita do ano em que se efetivar.

Os arts. 44 e 45 da LRF trazem regras de gestão para a preservação do patrimônio público, como a vedação da aplicação da receita de capital derivada da alienação de bens e direitos que integram o patrimônio público para o financiamento de despesa corrente, salvo se destinada por lei aos regimes de previdência social, geral e próprio dos servidores públicos. No caso, o art. 45 determina que a Lei Orçamentária e as de créditos adicionais somente podem incluir novos projetos após adequadamente atendidos os que estão em andamento e contempladas as despesas de conservação do patrimônio público, nos termos da LDO.

As normas relacionadas com a transparência e seus instrumentos, estabelecidos na LRF, estão previstos nos art. 48 e 49. Os dispositivos estabelecem o modo, prazo e quais instrumentos gerenciais que devem ser publicados para que haja o controle externo e o controle social.[403]

---

o inciso III do art. 167 da Constituição, desde que liquidadas no prazo definido no inciso II do *caput*. §2º As operações de crédito por antecipação de receita realizadas por Estados ou Municípios serão efetuadas mediante abertura de crédito junto à instituição financeira vencedora em processo competitivo eletrônico promovido pelo Banco Central do Brasil. §3º O Banco Central do Brasil manterá sistema de acompanhamento e controle do saldo do crédito aberto e, no caso de inobservância dos limites, aplicará as sanções cabíveis à instituição credora."

[403] BRASIL. *Lei de Responsabilidade Fiscal*. Disponível em: http://www.planalto.gov.br/. Acesso em: 7 jul. 2020. "Art. 48. São instrumentos de transparência da gestão fiscal, aos quais será dada ampla divulgação, inclusive em meios eletrônicos de acesso público: os planos, orçamentos e leis de diretrizes orçamentárias; as prestações de contas e o respectivo parecer prévio; o Relatório Resumido da Execução Orçamentária e o Relatório de Gestão Fiscal; e as versões simplificadas desses documentos. Art. 49. As contas apresentadas pelo Chefe do Poder Executivo ficarão disponíveis, durante todo o exercício, no respectivo Poder Legislativo e no órgão técnico responsável pela sua elaboração, para consulta e

Os instrumentos de monitoramento da gestão a que se refere aqui são: Relatório de Gestão Fiscal (RGF) e Relatório Resumido de Execução Orçamentária (RREO), previstos nos arts. 52 a 54 da LRF. Os relatórios devem ser informados aos órgãos públicos de controle e à sociedade.

O RREO deve ser publicado até 30 dias após o encerramento de cada bimestre e é composto de balanço orçamentário (receitas e despesas realizadas e a realizar), de demonstrativos da execução das receitas e despesas e de demonstrativos relativos, entre outros, dos resultados nominal, primário e restos a pagar.

Já o RGF é publicado em até 30 dias depois de emitido, ao final de cada quadrimestre, com ampla divulgação, inclusive por meio eletrônico, sob pena de a unidade federada não receber as transferências voluntárias e não poder contratar operações de crédito. Sua finalidade é o acompanhamento das despesas de pessoal, operações de crédito, acompanhamento das dívidas consolidadas e mobiliárias.

Os relatórios gerenciais são considerados, pela LRF, instrumentos de transparência da gestão fiscal responsável, mas pouco são utilizados para a responsabilização dos gestores de recursos públicos, em que pese a previsão do art. 73. Esse estabelece as infrações a suas disposições, que foram inseridas no Código Penal (Lei nº 10.028/2000), na Leis nº 1.079/50 (crimes de responsabilidade) e 8.429/92 (Lei de Improbidade Administrativa) e no Decreto-Lei nº 201/67 (Lei de Responsabilidade de Prefeitos e Vereadores).

Dessa maneira, a atuação do Ministério Público, sob o aspecto da defesa do cidadão perante os demais órgãos e poderes públicos, no cumprimento de políticas públicas e direitos fundamentais, deve verificar o atingimento ou não das metas, o montante dos recursos aplicados, a eficiência/efetividade dos gastos públicos e a avaliação dinâmica a ser feita sobre todo o processo orçamentário.

Em relação ao atingimento ou não das metas, é possível demonstrar que tal análise serve para aclarar se os programas estão conseguindo atender a seus objetivos, ou seja, se os recursos disponibilizados estão cumprindo a função de modificar a realidade. Os resultados servem ao Ministério Público e ao controle social para provocar a discussão

---

apreciação pelos cidadãos e instituições da sociedade. Parágrafo único. A prestação de contas da União conterá demonstrativos do Tesouro Nacional e das agências financeiras oficiais de fomento, incluído o Banco Nacional de Desenvolvimento Econômico e Social, especificando os empréstimos e financiamentos concedidos com recursos oriundos dos orçamentos fiscal e da seguridade social e, no caso das agências financeiras, avaliação circunstanciada do impacto fiscal de suas atividades no exercício."

pública sobre determinados programas, não havendo necessariamente uma providência judicial, mas, sim, a função de fazer com que as informações sejam disponibilizadas e haja um debate público acerca desse gasto público. Por exemplo: com relação ao programa de saneamento básico de Fortaleza, seria possível um debate público sobre a necessidade de a iniciativa privada assumir, por delegação, os serviços de saneamento, dado que o programa foi abandonado pelo estado e, ainda, se essa seria a melhor decisão. Inclusive, necessita de uma justificativa para tanto (*accountability*).

Sob o aspecto do montante de recursos alocados, a análise deve ser feita, de regra, após a execução, na avaliação, porque somente o cumprimento dos dispositivos previstos no PPA, na LDO e na LOA não explica as situações identificadas, como suficiência ou não dos recursos alocados, se não for de fácil percepção, ou seja, quando os montantes forem previstos em valores muito aquém do necessário. Aqui é possível questionar os parâmetros utilizados, tanto para o estabelecimento da dotação quanto da própria previsão da receita, que significará a possibilidade de gastos com algumas exceções.

É possível, também, que, durante a execução, se identifiquem irregularidades na criação de créditos adicionais ou de transferências de recursos entre os diversos gastos ou, até mesmo, no contingenciamento, que não atende as regras previstas nos art. 8º e 9º da LRF. Isso ocorreu com a não execução das dotações orçamentárias demonstradas nesta pesquisa, pois elas ficaram abaixo do índice considerado pelo TCU como satisfatório de 75%. Essa situação deve ser objeto de atuação extrajudicial ou judicial, se necessário, para correção das condutas e, dependendo do quadro, de uma Adin, ADPF ou de ação de civil pública.

Além desse exemplo, também se pode citar o caso da não aplicação das receitas vinculadas, não só no percentual determinado na Constituição ou na lei, mas a própria execução da dotação aprovada, que deve ser aplicada mesmo em exercício distinto daquele em que foi arrecadada, conforme dispõe a CF/88. Aqui também é plenamente justificável a intervenção do Ministério Público para correção e aplicação dos valores deliberados democraticamente.[404]

---

[404] BRASIL. Supremo Tribunal Federal. *Ação Direta de Inconstitucionalidade. ADI: 2925 DF*, Reqte: Confederação Nacional Do Transporte – CNT. Reqdo: Presidente da República, Congresso Nacional. Tribunal Pleno. Rel. Min. ELLEN GRACIE, Brasília-DF 19 de dezembro de 2003. Diário da Justiça, Brasília-DF 04 de março de 2005. Ementa: processo objetivo – ação direta de inconstitucionalidade – lei orçamentária. Mostra-se adequado o controle concentrado de constitucionalidade quando a lei orçamentária revela contornos abstratos e autônomos, em abandono ao campo da eficácia concreta. Lei orçamentária –

Nessa fase, tem o Ministério Público o poder-dever de, independentemente de sua provocação, realizar os atos de fiscalização e controle necessários ao cumprimento das normas orçamentárias em todo o país. Essa instituição, além de sua capilaridade de atuação, nutre o respeito da coletividade e possui instrumentos procedimentais extrajudiciais e judiciais capazes de provocar o devido *accountability* e a responsabilização, que são fundamentos da boa governança e devem propiciar a eficiência *lato sensu* entendida.[405]

Tem-se como princípio da eficiência, de acordo com Weder de Oliveira, um conceito que abarca todos os outros princípios relacionados com a avaliação de resultados, bem como o princípio da boa governança, referindo-se, então, aos 4 "Es" – eficácia, efetividade, eficiência e economicidade –, definidos anteriormente.[406]

Beatriz Camasmie C. Salione, citando José Afonso da Silva, afirma que o administrador público deve realizar sua "(…) atividade buscando os efeitos desejados, de maneira imparcial e objetiva, mas, ainda, deve fazê-lo de maneira lépida, competente e sem burocracia desnecessária". E continua: "Não se trata (…) da consagração constitucional da tecnoburocracia, mas, sim, da adoção de critérios legais, econômicos e morais que busquem a realização dos objetivos de maneira econômica, rápida e competente".[407]

Maria Sylvia Zanella Di Pietro entende que o princípio da eficiência não deve ser adotado de forma isolada, mas em harmonia com os demais princípios da administração pública, que são interligados e articulados.[408]

Para Weder de Oliveira, não há diferença substancial, no campo jurídico, entre a eficiência e a economicidade como existe no campo da avaliação de programas. A eficiência assume uma conotação jurídica

---

contribuição de intervenção no domínio econômico – importação e comercialização de petróleo e derivados, gás natural e derivados e álcool combustível – CIDE – destinação – artigo 177, §4º, da constituição federal. É inconstitucional interpretação da lei orçamentária nº 10.640, de 14 de janeiro de 2003, que implique abertura de crédito suplementar em rubrica estranha à destinação do que arrecadado a partir do disposto no §4º do artigo 177 da Constituição Federal, ante a natureza exaustiva das alíneas a, b e c do inciso II do citado parágrafo. Disponível em: http://www.stf.jus.br/. Acesso em: 7 jul. 2020.

[405] Referenciam-se todos os âmbitos da eficiência gerencial como eficácia, efetividade e economicidade.

[406] OLIVEIRA, W., 2013, *op. cit.*, p. 472-473.

[407] SALIONE, *op. cit.*, p. 48.

[408] DI PIETRO, Maria Sylvia Zanella. *Direito Administrativo*. 10. ed. São Paulo: Atlas, 1998. p. 73-74.

mais ampla.[409] Além disso, demonstra Weder de Oliveira que os princípios são extremamente imbricados, dependentes e complementares:

> O resultado da avaliação dessas múltiplas dimensões deve ser interpretado no conjunto sistemicamente. Não nos interessa um programa eficaz e altamente oneroso, por má gestão. Não nos interessa um programa bem gerido (na ótica da eficácia) com resultados pífios. Ou um programa mal concebido, de pouco impacto efetivo, embora produza resultados a baixos custos, resultados que não levam ao alcance de benefícios sociais tangíveis, fruto da má formulação do programa. Ao fim e ao cabo o que se deseja dos programas governamentais é que produzam os impactos prometidos na realidade social e econômica ao menor custo, por meio de uma boa gestão.[410]

Aqui ressai a importância de citar a ênfase na *performance* que a administração pública ganhou quando incluiu a eficiência como parâmetro de atuação, o que se aplica ao orçamento, o chamado *performance budget*.[411]

A dimensão da *performance*, sob a ótica de Marcos Nóbrega, citando Marc Robinson, é a de que ela representa:

> (...) um procedimento ou mecanismo ligando os fundos providos pelo setor público e os resultados (*outputs*[412] e *outcomes*)[413] alcançados, considerando as informações sobre as performances dos programas de governo e atualização dessa informação pelos tomadores das decisões, gerentes, políticos e sociedade, cujo objetivo e aprimorar a alocação e a eficiência dos recursos públicos.[414]

O modelo de gestão por resultados tem a descentralização, o estabelecimento de metas e a responsividade e *accountability* como

---

[409] OLIVEIRA, W., 2014, *op. cit.*, p. 493.

[410] Ibidem, p. 493.

[411] NÓBREGA, Marcos. Orçamento, eficiência e performance budget. *In*: CONTI, José Mauricio; SCAFF, Fernando Facury *et al.* (Coord.). *Orçamentos públicos e Direito Financeiro*. São Paulo: Revista dos Tribunais, 2011. p. 718.

[412] Ibidem, p. 721. "*OUTPUTS*: sua medida é fundamental porque representa o imediato resultado apresentado. Não se deve desprezar os momento pré e pós outputs, com o fim deavaliar o motivo dos resultados obtidos."

[413] Idem, p. 721. "*OUTCOMES*: representam um passo adiante na avaliação dos programas de governo. São indicadores mais amplos dos verdadeiros resultados, avaliando-se o programa está tendo uma função transformadora como de fato se propõe. São fundamentais para sinalizar ao governo se os objetivos estão sendo alcançados e quais as medidas corretivas podem ser tomadas."

[414] Idem, p. 719.

fundamentos. Sua eficiência acaba sendo um dos elementos importantes a serem utilizados em sua avaliação, que ressalta o aspecto da soberania popular e da democracia.[415]

Ocorre que essa avaliação da eficiência nem sempre é simples, dado que ela deve levar em conta aspectos como efeitos redistributivos e outras externalidades. Isso acaba por realçar a importância da efetividade no sentido de demonstrar a entrega dos bens e serviços a serem cumpridos.

Assim, no estabelecimento de resultados, como defende Marcos Nóbrega, é importante ter em conta o impacto que o programa tem ou deveria ter sobre os indivíduos, sobre as estruturas sociais e sobre o próprio governo, deixando claro que o que importa não é somente a eficácia[416] do programa baseado na meta, mas sua utilidade prática, o resultado socialmente esperado, carregado pelo conceito da efetividade. Apesar de, em alguns casos, ser extremamente complexa a demonstração da efetividade, em outros é possível ser identificada com mais facilidade, em função da clara falta de correlação entre o que se deliberou como resultado social e o que se forneceu de bens ou serviços.[417]

Dessa sorte, como resultados esperados aplicados ao programa de educação infantil, poder-se-ia pensar além de uma avaliação quantitativa, por exemplo, de números de crianças matriculadas; também em uma avaliação qualitativa, por exemplo, da melhoria da compreensão de português no ensino fundamental de quem teve acesso à creche e à pré-escola; ou na melhoria do desenvolvimento educacional, após a instalação da rede de esgoto (saneamento básico).

Além disso, os resultados perseguidos têm impactos imediatos (*outputs*) e mediatos (*outcomes*). Por exemplo: no caso do saneamento, pode-se ter como *output* o aumento da quantidade de famílias de uma região que passarão a ter acesso a saneamento básico e, como *outcomes*, a pretensão de melhoria da saúde e do desenvolvimento escolar pela comparação de notas após a implantação do saneamento.

No que concerne à política desenvolvida para educação infantil, aplicada à pré-escola e que deveria ser universalizada até 2016, como já demonstrado, em 2018 apresentou percentuais acima de 90%. Esse dado demonstra que o *output* foi alcançado, porém é preciso analisar o impacto dessa política para as crianças que estão no ensino básico,

---

[415] SALIONE, *op. cit.*, p. 53-54.
[416] OLIVEIRA, W., 2017, *op. cit.*, p. 466-495.
[417] NOBREGA, *op. cit.*, p. 720-721.

como, por exemplo, a maior facilidade de aprendizado ou melhores notas em grupos de alunos que vieram da pré-escola como *outcomes*.

Sobre essa perspectiva, pode-se analisar o caso dos orçamentos de Fortaleza, que chamaram mais a atenção no período de 2014 e 2018, quanto à implantação de saneamento básico. De acordo com o que disposto acima, não foi o orçamento um instrumento de concretização dessa política, uma vez que ela não foi estabelecida como prioridade. Apesar da existência formal do programa, não houve estabelecimento de resultados a serem atendidos, *outputs* e *outcomes*. Portanto, essa política foi totalmente ineficiente, deixando a administração pública de entregar o serviço essencial, fato que impõe sua revisão pelos mecanismos da *accountability* e da responsabilização. O Ministério Público tem o dever de fomentar a discussão e de adotar as medidas cabíveis.

Passa-se a analisar a função do Ministério Público sob a ótica do controle social.

4.3 O desenvolvimento de suas competências sob o aspecto do controle social na promoção de ações efetivas para fomentar e integrar os cidadãos ao processo orçamentário

Como última função do Ministério Público, a instituição deve ter o objetivo de fomentar e incentivar a maior participação e integração do cidadão no processo orçamentário, por meio da fiscalização da qualidade da transparência de dados e de informações orçamentárias. Também pela promoção do cumprimento dos princípios e regras que se aplicam à participação dos cidadãos, dos conselhos e associações na gestão pública.

Sobre esse assunto, podem-se citar os dispositivos constitucionais e infraconstitucionais que regulam o direito à participação e ao controle pelos cidadãos e pelos organismos nos gastos públicos. Eles estão carentes de uma atuação incisiva de *accountability* e de sua responsabilização pelo Ministério Público.

A participação do cidadão e de organismos não está se dando como exigida pelo legislador constitucional, especialmente no acompanhamento e fiscalização do orçamento público. Isso porque não há uma participação de qualidade no processo orçamentário, bem como o Poder Executivo não atingiu a transparência necessária de seus atos para possibilitar a exigência integral, por parte do cidadão e da sociedade civil organizada, da prestação de contas da gestão de recursos públicos.

Nesse quadro é que se insere o importante papel do Ministério Público na melhoria da *accountability*, voltada a proporcionar maior transparência da dados e informações, e na justificação fundamentada dos atos. A Constituição Federal, no art. 5º, LXXIII, prevê que qualquer cidadão é parte legítima para propor ação popular que vise anular ato lesivo ao patrimônio público ou a entidades de que o Estado participe, à moralidade administrativa, ao meio ambiente e ao patrimônio histórico e cultural, ficando o autor, salvo comprovada má-fé, isento de custas judiciais e do ônus da sucumbência.

O art. 29 da Constituição Federal dispõe sobre o regramento dos municípios e diz expressamente que haverá cooperação das associações representativas no planejamento municipal (inciso XII). Instrumentalizando esse dispositivo constitucional, a Lei nº 10.257/2001 (Estatuto da Cidade), nos arts. 4º, III, "f", 44 e 45, complementa que a gestão orçamentária participativa incluirá a realização de debates, audiências e consultas públicas sobre as propostas anuais do PPA, da LDO e a LOA, como condição obrigatória para sua aprovação pela câmara municipal. As regiões metropolitanas e aglomerações urbanas incluirão obrigatória e significativamente a participação da população e de associações representativas dos vários segmentos da comunidade, de modo a garantir o controle direto de suas atividades e o pleno exercício da cidadania.[418]

Com relação aos art. 31, §3º, e 37, §3º, I, da CF, eles dispõem sobre o direito do cidadão de questionar o poder público sobre os gastos e serviços públicos, o primeiro na esfera municipal, e o segundo na esfera federal. Já o art. 74, §2º, da CF/88 estabelece que "qualquer cidadão, partido político, associação ou sindicato é parte legítima para, na forma da lei, denunciar irregularidades ou ilegalidades perante o Tribunal de Contas da União". Aqui está a vertente do TCU que serve ao *accountability*.

Em outras oportunidades, o texto constitucional prevê a participação da população na elaboração da política pública, como ocorre nos casos dos arts. 198, III; 204, II; 205, *caput* e VI; 216-A, X; e 227, §1º.

A previsão do princípio da transparência vem destacada, desde o início, na legislação que atualizou as normas de finanças públicas. O art. 1º, §1º, da LRF estabelece, no *caput*, que a responsabilidade na

---

[418] SÃO PAULO. TJSP. *Ação Declaratória de Inconstitucionalidade. ADIN Nº: 0494816-60.2010.8.26.0000* RECTE: Procurador Geral de Justiça do Estado de São Paulo RECDOs: Prefeito Municipal de Mogi das Cruzes e Presidente da Câmara Municipal de Mogi das Cruzes. São Paulo, 14 set. 2011. Disponível em: http://www.urbanismo.mppr.mp.br/. Acesso em: 7 jul. 2020.

gestão fiscal supõe a ação planejada e transparente. No art. 9º, §4º, dispõe, de modo pioneiro, que a administração pública prestará contas da execução orçamentária, comprovando e avaliando o cumprimento das metas fiscais a cada quadrimestre, em audiência pública a ser realizada nos parlamentos.

Até o final de maio, setembro e fevereiro, isso é feito pelo Poder Executivo, para demonstrar preocupação com o acompanhamento, pelo cidadão e pelas instituições, do controle de recursos públicos sobre as metas estabelecidas e sua execução. Já no art. 45, a LRF se preocupa com a preservação do patrimônio e com a consecução do planejamento e dos programas deliberados. Prescreve que a Lei Orçamentária e as de créditos adicionais só incluirão novos projetos após adequadamente atendidos os que estão em andamento e contempladas as despesas de conservação do patrimônio público, nos termos em que dispuser a LDO. Estabelece, inclusive, que essa prestação de contas deve ser remetida ao Parlamento com ampla divulgação.[419]

Os instrumentos de transparência da gestão fiscal, previstos no art. 48 da LRF, determinam que haja ampla divulgação dos aspectos concernentes ao orçamento. Estabelece o incentivo à participação popular e à realização de audiências públicas durante os processos de elaboração e discussão dos PPA, LDO e orçamentos anuais, além da liberação ao pleno conhecimento e acompanhamento pela sociedade, em tempo real, de informações detalhadas da execução orçamentária e financeira, em meios eletrônicos de acesso público. Ressalte-se que a disponibilização dos dados deve ser feita por meio eletrônico de amplo acesso público.

Em complemento, a LRF ainda descreve que tipos de dados e informações devem os entes da Federação disponibilizar a qualquer pessoa física ou jurídica, sendo que as informações referentes à despesa devem disponibilizar os dados referentes ao número do correspondente processo, ao bem fornecido ou ao serviço prestado, à pessoa física ou jurídica beneficiária do pagamento e, quando for o caso, ao procedimento licitatório realizado. As informações relacionadas com a receita circunscrevem-se a lançamento e recebimento de toda a receita das unidades gestoras, inclusive referentes aos recursos extraordinários.

---

[419] BRASIL. *Lei de Responsabilidade Fiscal*. "Art. 45. Parágrafo Único. O poder executivo de cada ente encaminhará ao legislativo, até a data do envio do projeto de lei de diretrizes orçamentárias, relatório com as informações necessárias ao cumprimento do disposto neste artigo, ao qual será dada ampla divulgação."

A LRF também prevê sanção para a inobservância da ampla divulgação pública dos dados, que pode ensejar o bloqueio de transferências voluntárias e de contratação de operações de crédito, exceto as destinadas ao refinanciamento do principal atualizado da dívida mobiliária.

Em relação à prestação de contas, cumprindo o que já consta da CF/88, a LRF estabelece que as contas apresentadas pelo chefe do Poder Executivo ficarão disponíveis, durante todo o exercício, no respectivo Poder Legislativo e no órgão técnico responsável pela sua elaboração para consulta e apreciação pelos cidadãos e pelas instituições da sociedade.

Diante de tudo que acima se descreveu, não é possível a continuidade do processo orçamentário sem a participação popular, fato que necessita a atuação do Ministério Público. A instituição deve atuar em parceria com a sociedade civil organizada, conselhos e associações para estimular e fomentar que a população seja fiscal e participante do processo orçamentário. A instituição do Ministério Público tem um papel de vocalizador de demandas sociais e da promoção do *accountability* por parte do Poder Executivo.

O Ministério Público deve servir como catalisador dos anseios sociais, trabalhando para preencher esse espaço institucional, fazendo valer suas prerrogativas a fim de que o orçamento seja devidamente fiscalizado pela população. Deve, portanto, ser a instituição que exige dos Poderes Executivo e Legislativo e do Tribunal de Contas o cumprimento dos princípios e regras voltadas para a transparência e participação popular, melhorando a qualidade do controle social.

Um exemplo a citar é a determinação de audiências públicas para tratar das necessidades a serem incluídas nos orçamentos, LDO e LOA. O dispositivo, baseado nos princípios da democracia e da transparência, descrito no art. 48 da LRF, não é cumprido e, quando o é, serve apenas como justificativa formal de seu cumprimento, e não como instrumento de participação efetiva da população nas escolhas democráticas dos gastos públicos.

O Ministério Público, então, possui relevante papel social a desempenhar na busca da integração da coletividade ao processo orçamentário, com o fim de tornar real e efetivo o controle social. Sem uma prestação de contas de qualidade e transparente, uma justificativa fundamentada do ato de gestão e a consciência e meios para o exercício dessa participação, toda a elaboração jurídica da participação do cidadão e das organizações civis no processo orçamentário fica apenas na retórica.

A atuação em prol de uma maior conscientização sobre a importância da participação popular no processo orçamentário não só contribui para a qualidade da *accountability*, mas também para a própria democracia, que ganha com a transparência das informações, dando ao cidadão conhecimento do que é feito com o dinheiro público por aqueles que se elegeram. Esse fato possibilita ao cidadão, além da adoção de posições políticas e jurídicas, a tomada de decisão mais consciente no momento do voto eleitoral.

Igualmente, a participação do cidadão no processo orçamentário, mesmo que não tenha a capacidade de ser vinculante e obrigatória no sentido da aplicação do recurso – como ocorre nas discussões feitas em audiências públicas –, propicia àquelas políticas que foram incluídas no instrumento orçamentário uma força moral que demanda uma justificativa mais sólida e fundamentada para o seu descumprimento.

Dessa maneira, uma política pública inserida no orçamento, como a necessidade de construção de uma escola pública que tenha sido objeto de análise e controle social, com discussão da coletividade sobre a proposta, faz com que a obrigatoriedade de sua efetivação ganhe força moral e jurídica, não uma efetivação do gasto, mas de seu conteúdo e finalidade. O Ministério Público tem o poder-dever de fiscalizar e adotar as providências cabíveis.

Nesse sentido é que se passa a discorrer sobre os instrumentos procedimentais e processuais que podem ser utilizados pelo Ministério Público no trato desses problemas.

4.4 As ferramentas administrativas, procedimentais e legais à disposição do Ministério Público para exigir dos poderes públicos posições jurídicas democráticas

Inicialmente, é preciso esclarecer que a Constituição Federal impôs ao Ministério Público a defesa da ordem jurídica, do regime democrático e dos interesses sociais e individuais indisponíveis. Para tanto, criou instrumentos procedimentais e processuais para que ele desempenhasse essas funções.

Muito já se evoluiu desde 1988 não só em termos da legislação que criou instrumentos de atuação do Ministério Público, como da própria maturidade da instituição quanto ao uso de determinadas ferramentas. Inicialmente, elas pareciam as ideais, mas, ao longo do tempo, apesar de sua função, ainda importante, acabaram por demonstrar particularidades que restringem o seu uso, a depender da questão a ser levada ao Judiciário, em virtude de vários fatores. Um deles é o entendimento conservador desse poder no que se refere ao tratamento de questões relacionadas com direitos difusos, dentre eles os direitos sociais.

Aqui a referência é à ação civil pública, que é o instrumento processual mais importante que o Ministério Público possui para discussão de casos mais complexos e relacionados com os direitos sociais, inclusive no que concerne a seus efeitos concretos.[420]

Além disso, a importância da ação civil pública, no que se refere à necessidade de universalização de direitos e à segurança jurídica, principalmente quando se discutem políticas públicas, deve ser ressaltada, apesar de uma ação própria estrutural, com mais flexibilidade, dando mais poder às partes com a coordenação do Judiciário, e mostrar-se mais adequada a casos complexos, que dependem de decisões político-administrativas para sua implementação.[421]

Sérgio Arenhart explica que "(...) a ampliação do uso das demandas coletivas para a proteção de interesses frente ao poder público trona-se, então, mecanismo de participação da sociedade na administração da coisa pública". E continua dizendo que as demandas coletivas "(...) acabam assumindo o papel de verdadeiro instrumento de democracia participativa, servindo para extravasar as diversas orientações populares sobre os rumos a serem adotados pelo governo nacional".[422]

Cláudio Pereira de Souza Neto assevera que deve haver prioridade para as ações civis públicas, exatamente pela importância que têm sobre as políticas públicas. Ele elenca as razões:

> (...) a) As decisões proferidas no âmbito de ações coletiva garantem a universalização da prestação. (...); b) As decisões proferidas em ações coletivas desorganizam menos a Administração Pública, (...); c) Nas ações coletivas, é possível discutir com o cuidado necessário os aspectos técnicos envolvidos; d) A priorização das ações coletiva estimula que o cidadão se mobilize par a atuação política conjunta, sobretudo através de associações da sociedade civil; e) A priorização de ações coletivas evita que apenas cidadãos que possuam um acesso qualificado à justiça

---

[420] BRASIL. *Lei 7.347/85*, de 24 de julho de 1985. Disciplina a ação civil pública de responsabilidade por danos causados ao meio-ambiente, ao consumidor, a bens e direitos de valor artístico, estético, histórico, turístico e paisagístico e dá outras providências. Disponível em: http://www.planalto.gov.br/ccivil_03/leis/l7347orig.htm. Acesso em: 7 jul. 2020.

[421] SOUZA NETO, *op. cit.*, p. 540.

[422] ARENHART, Sérgio Cruz. As ações coletivas e o controle das políticas públicas pelo poder judiciário. *Revista Eletrônica do Ministério Público Federal*. s. l, ano I, n. 1, p. 1-20, 2009. Disponível em: www.prrj mpf.mp.br. Acesso em: 7 jul. 2020.

sejam efetivamente destinatários de prestações sociais; f) Nas ações coletivas, é possível analisar, de modo mais preciso, o impacto da política no orçamento.[423]

Canotilho desenvolve a ideia de que:

> (...) o cidadão, ao desfrutar de instrumentos jurídico-processuais possibilitadores de uma influência directa no exercício das decisões dos poderes públicos que afectam ou pode afectar os seus direitos, garante a si mesmo um espaço de real liberdade e de efectiva autodeterminação no desenvolvimento da sua personalidade.[424]

Assim, apesar da importância do instrumento processual, a discussão doutrinária sempre foi sobre um viés de substituição de uma decisão política da administração pela decisão judicial. Ocorre que nem sempre essa dicotomia deve ser encarada como se houvesse uma invasão de competências entre os poderes, muito mais quando se examinam as funções do Ministério Público nessa questão, uma vez que a ele cabe a defesa *lato sensu* da sociedade.

Já a discussão sobre os limites e a legitimidade das decisões do Poder Judiciário sobre políticas públicas acabou dando pouca importância ao papel do Ministério Público como instituição de Estado, com a função de promover e proteger os direitos fundamentais no âmbito coletivo e difuso. Não se discutiram adequadamente suas competências nem a utilização de instrumentos específicos para análise e debate de questões complexas, como os direitos sociais.

O fato, aliado à dificuldade de obtenção de decisões mais ágeis do Poder Judiciário, fez com que diversas ações fossem propostas, pleiteando direitos individuais de caráter social, como foram as causas envolvendo o direito à saúde e à educação, direito à pré-escola e creches. As decisões acabam afetando as políticas públicas, como já se demonstrou, às quais o Judiciário sempre se mostrou mais sensível.[425]

O que importa, agora, é demonstrar os instrumentos, procedimentos e ações que podem ser utilizados pelo Ministério Público na

---

[423] SOUZA NETO, *op. cit.*, p. 543-544.

[424] CANOTILHO, José Joaquim Gomes. Constituição e défice procedimental. Estudos sobre direitos fundamentais. Coimbra: Coimbra, 2004. p. 73 *apud* ARENHART, Sérgio Cruz. As ações coletivas e o controle das políticas públicas pelo poder judiciário. *Revista Eletrônica do Ministério Público Federal.* s. l, ano I, n. 1, p. 1-20, 2009. Disponível em: www.prrj.mpf. mp.br/. Acesso em: 7 jul. 2020.

[425] ZAVASCKI, *op. cit.*, p. 32.

defesa dos direitos sociais, com o fim de elucidar que há várias possibilidades no tratamento da questão, das quais nem sempre se exige a propositura de ação perante o Judiciário.

Inicialmente, aborda-se a atuação judicial constitucional, na qual se incluem a ação direta de inconstitucionalidade, a declaratória de constitucionalidade, a ação de inconstitucionalidade por omissão, a ADPF e o mandado de injunção. As ações constitucionais, exceto a ADPF e o mandado de injunção, são todas utilizadas para a defesa da ordem jurídica que engloba o regime democrático e os interesses sociais. Elas se destinam ao controle concentrado da constitucionalidade das leis e demais atos normativos, sob a perspectiva abstrata das normas. Sua função é de "ato político de fiscalização dos poderes constituídos decorrente da aferição da Constituição pelos atos normativos deles emanados" e acaba tutelando até direitos subjetivos individuais, conforme afirma Teori Zavascki.[426]

Assim, as ações de controle concentrado de constitucionalidade têm, de acordo com Teori Zavascki:

> (...) não só a eficácia direta de tutelar a ordem jurídica, mas também, indiretamente, a de autorizar ou desautorizar a incidência da norma, objeto da ação, sobre os fatos jurídicos, confirmando ou negando a existência dos direitos subjetivos individuais. Ora considerando essa circunstância e, ainda mais, que ditas sentenças têm eficácia ex tunc, do ponto de vista material, e erga omnes, na sua dimensão subjetiva, (...).[427]

Aqui há duas possibilidades de atuação, no âmbito do STF, pelo controle concentrado de constitucionalidade por ofensa direta à Constituição ou, no âmbito dos tribunais de justiça dos estados, cuja decisão por meio de seus conselhos, quando a ofensa é à constituição estadual ou à do Distrito Federal. Nesses casos, não há espaço para tutelas individuais, mas apenas coletivas de defesa dos direitos difusos, como pode ocorrer no caso da elaboração do orçamento contra as regras e princípios nele dispostos, de caráter formal ou material. Além disso, é possível imaginar sua propositura quando se refere à fixação de metas impossíveis de serem alcançadas ou que impliquem retrocesso do direito social ou, ainda, no caso da não aplicação dos percentuais estabelecidos na Constituição em educação ou saúde, entre outros.[428]

---

[426] Ibidem. p. 51.

[427] Idem.

[428] BRASIL. Supremo Tribunal Federal. *Ação Direta de Inconstitucionalidade. ADI: 2925 DF*, Reqte: Confederação Nacional Do Transporte – CNT. Reqdo: Presidente da República,

Outra modalidade de controle é o da inconstitucionalidade alegada em caso concreto, no qual, para a tutela dos direitos, nega-se a constitucionalidade de normas, o chamado controle difuso de constitucionalidade. Essa modalidade pode ser também objeto de pleito individual. Na defesa da coletividade, o Ministério Público pode alegar o fundamento em uma ação civil pública movida contra a edição de uma lei que estabeleça procedimento inconstitucional, com efeito direto na elaboração ou execução do orçamento. Como exemplo, há a concessão de benefícios fiscais estaduais sem observância das regras previstas na Constituição Federal, como convênios do Conselho Nacional dos Órgãos Fazendários (Confaz).

Há também o controle da inconstitucionalidade por omissão que atenta contra a força normativa da Constituição e seus comandos normativos. Nesse, a omissão do legislador ou do administrador se verifica pela inércia em face de um dever de agir descrito em princípios ou regras de caráter formal ou material (art. 103, §2º, da CF). Nessa modalidade, pode-se vislumbrar sua aplicação no caso de um ato de gestão, como a necessidade de alocar recursos em determinada política pública, devidamente deliberada pelo processo democrático e que não foi concretizada por decisão da administração pública. É possível pensar aqui, também, nos casos de omissão no estabelecimento de metas obrigatórias na LDO ou de não apresentação de demonstrativo de impacto financeiro e orçamentário no caso de renúncia de receitas.

A primeira modalidade desse controle de constitucionalidade por omissão é o mandado de injunção, que deve tutelar direitos subjetivos individuais ou coletivos. Nessa última modalidade, o Ministério Público é parte legítima para ingressar perante juiz na justiça local, de acordo com o art. 12, I, da Lei nº 13.300/2016, por falta total ou parcial de legislação regulamentadora que torne inviável o exercício dos direitos e liberdades constitucionais e das prerrogativas inerentes à nacionalidade, à soberania e à cidadania.

Congresso Nacional. Tribunal Pleno. Rel. Min. Ellen Gracie. 19 de dezembro de 2003. DJ, 4 de março de 2005. "Mostra-se adequado o controle concentrado de constitucionalidade quando a lei orçamentária revela contornos abstratos e autônomos, em abandono ao campo da eficácia concreta. Lei orçamentária – contribuição de intervenção no domínio econômico – importação e comercialização de petróleo e derivados, gás natural e derivados e álcool combustível – cide – destinação – artigo 177, §4º, da constituição federal. É inconstitucional interpretação da Lei Orçamentária nº 10.640, de 14 de janeiro de 2003, que implique abertura de crédito suplementar em rubrica estranha à destinação do que arrecadado a partir do disposto no §4º do artigo 177 da Constituição Federal, ante a natureza exaustiva das alíneas a, b e c do inciso II do citado parágrafo." Disponível em: www.stf. jud.br/. Acesso em: 7 jul. 2020.

O PAPEL DO MINISTÉRIO PÚBLICO NA CONCRETIZAÇÃO DEMOCRÁTICA DO ORÇAMENTO | 203

A decisão nessa modalidade de ação determinará prazo razoável para que o impetrado promova a edição do dispositivo jurídico regulamentador ou estabelecerá as condições em que se dará o exercício dos direitos, das liberdades ou das prerrogativas reclamados ou, se for o caso, as condições em que poderá o interessado promover ação própria, visando exercê-los, caso não seja suprida a mora legislativa no prazo determinado (art. 8º da Lei nº 13.300/16). Nesse caso, é possível imaginar o mandado de injunção para que se imponha um ato ao legislativo local ou à administração pública, no sentido de regulamentar programa ou fundo para receber verbas para aplicação, por exemplo, em educação, uma vez que a falta da disposição jurídica impede o gozo do direito social pelos cidadãos que a ele fazem jus.

Quanto a seus efeitos, a sentença fará coisa julgada limitadamente às pessoas integrantes da coletividade, do grupo, da classe ou da categoria substituídos pelo impetrante, sem prejuízo do disposto nos §§1º e 2º do art. 9º. Além disso, não induz litispendência em relação aos mandados individuais. Os efeitos da coisa julgada não beneficiarão o impetrante que não requerer a desistência da demanda individual no prazo de 30 (trinta) dias, a contar da ciência comprovada da impetração coletiva. Aqui é importante pontuar que essa ação tem cabimento nos estados e no Distrito Federal. Sua regulamentação complementar segue a Lei do Mandado de Segurança.

Já a ação declaratória de constitucionalidade (ADC), prevista também na Lei nº 9.868/99 e que faz parte do controle concentrado de constitucionalidade das normas em abstrato, tem a função de verificar se a norma questionada está de acordo com as regras e princípios constitucionais e se sua interpretação se coaduna ao que visa a Constituição Federal. Produz eficácia contra todos e efeito vinculante relativamente aos demais órgãos do Poder Judiciário e à administração pública em todas as esferas (art. 102, §2º, da CF). Nesse caso, seria possível pensar em ato cuja administração dá interpretação divergente daquela que protege direitos fundamentais. Como exemplo, cita-se ato do Poder Executivo que amplia a capacidade de se endividar ou de contrair empréstimo sem ter capacidade de pagamento, que tem impacto direto no conjunto das receitas e, portanto, nas despesas.

A arguição de descumprimento de preceito fundamental (ADPF), prevista na Lei nº 9.882/99, destina-se a reparar ou a evitar lesão a preceito fundamental, resultante de ato do poder público ou quando for relevante o fundamento da controvérsia constitucional sobre lei ou ato normativo federal, estadual ou municipal. Essa modalidade deve ser proposta perante o STF, e a decisão fixará as condições e o modo de interpretação e de aplicação do preceito fundamental, tendo eficácia contra todos e efeito vinculante relativamente aos demais órgãos do poder público. Como exemplo, pode-se visualizar seu manejo, no caso do controle dos resultados esperados das políticas públicas inseridas no orçamento e na análise do montante de recursos necessários a determinado programa de direito social, especificamente na falta de medicamentos na rede pública ou de vagas em creches ou pré-escolas, como determina a Constituição Federal. É possível, também, visualizar sua utilização no caso da não fixação de metas (se se entender a Lei Orçamentária de efeito concreto).[429]

Ainda é necessário trazer à baila a legislação que determina a atuação do Ministério Público no campo da proteção do patrimônio público e da defesa dos interesses sociais em casos concretos, como a Lei da Ação Civil Pública por Improbidade Administrativa, Lei nº 8.429/92. Ela disciplina condutas como atos de improbidade relacionados com a gestão financeira e orçamentária, previstos nos arts. 10, VI, VII, IX, X, XI, 10-A e 11, I, IV e VI.[430]

As ações de improbidade admitem, como inovação, a celebração de acordo de não persecução cível (art. 17, §1º), continuando possível a realização de termo de acordo de conduta para composição da questão (art. 113, §6º, da Lei nº 8.078/90).[431]

---

[429] BARCELLOS, *op. cit.*, p. 129-131.

[430] BRASIL. *Lei 8.429/92*. "Art. 10. Constitui ato de improbidade administrativa que causa lesão ao erário qualquer ação ou omissão, dolosa ou culposa, que enseje perda patrimonial, desvio, apropriação, malbaratamento ou dilapidação dos bens ou haveres das entidades referidas no art. 1º desta lei, e notadamente: VI – realizar operação financeira sem observância das normas legais e regulamentares ou aceitar garantia insuficiente ou inidônea; VII – conceder benefício administrativo ou fiscal sem a observância das formalidades legais ou regulamentares aplicáveis à espécie; IX – ordenar ou permitir a realização de despesas não autorizadas em lei ou regulamento; X – agir negligentemente na arrecadação de tributo ou renda, bem como no que diz respeito à conservação do patrimônio público; XI – liberar verba pública sem a estrita observância das normas pertinentes ou influir de qualquer forma para a sua aplicação irregular. Art. 10-A. Constitui ato de improbidade administrativa qualquer ação ou omissão para conceder, aplicar ou manter benefício financeiro ou tributário contrário ao que dispõem o caput e o §1º do art. 8º-A da Lei Complementar nº 116, de 31 de julho de 2003. (Incluído pela Lei Complementar nº 157, de 2016) (Produção de efeito) Seção III Art. 11. Constitui ato de improbidade administrativa que atenta contra os princípios da administração pública qualquer ação ou omissão que viole os deveres de honestidade, imparcialidade, legalidade, e lealdade às instituições, e notadamente: I – praticar ato visando fim proibido em lei ou regulamento ou diverso daquele previsto, na regra de competência; IV – negar publicidade aos atos oficiais; VI – deixar de prestar contas quando esteja obrigado a fazê-lo."

[431] SÃO PAULO. Tribunal de Justiça de São Paulo. 11ª Câmara de Direito Público. *Apelação Cível nº 1005065-75.2016.8.26.0073*. Apelante: Paulo Sérgio Guerso. Apelado: Ministério Público do Estado de São Paulo. Rel. Des. Jarbas Gomes. São Paulo-SP, 06 de março de

Afora isso, importa destacar que todas as regras da LRF infringidas possuem sanção e devem ser informadas ao Ministério Público (aqui incluído o Ministério Público junto ao TC), de acordo com o disposto em seu art. 73. Há fatos que, se infringidos, possuem sanções de natureza administrativa, cível, política e também criminal.[432]

O Ministério Público deve, então, zelar não só pela apuração criminal, mas também pela apuração das sanções administrativas e políticas previstas nas demais legislações (Lei nº 1.079/50 e Decreto-Lei nº 201/67). Se necessário for, deve determinar a abertura e acompanhar o desenrolar do processo administrativo, conforme prevê o art. 22 c/c art. 15, parágrafo único, ambos da Lei nº 8.429/90.[433]

A Lei nº 10.028/00 (Lei de Crimes de Responsabilidade Fiscal) alterou o Código Penal no art. 339, que trata da denunciação caluniosa (art. 1º da LCRF); prescreveu um novo capítulo no título que trata dos crimes contra a administração pública (crimes contra as finanças públicas – art. 2º da LCRF); alterou a Lei nº 1.079/50, acrescentando oito novas condutas ao rol dos ilícitos político-administrativos previstos no art. 10 (art. 3º da LCRF); estendeu a responsabilização pelas condutas previstas no art. 10 a outras pessoas de direito público (arts. 39-A e 40- A da Lei nº 1.079/50, com nova redação dada pelo art. 3º da LCRF); instituiu o rito das ações penais ajuizadas contra as pessoas que podem ser responsabilizadas pela prática das condutas previstas no art. 10 (art.

2019, São Paulo-SP, DJ, 6 de março de 2019. A 11ª Câmara de Direito Público do Tribunal de Justiça de São Paulo manteve a condenação do ex-prefeito de Arandu Paulo Sérgio Guerso (PTB) por improbidade administrativa. O petebista teve seus direitos políticos suspensos por quatro anos e pagará multa correspondente a 10 vezes o valor que ganhava de salário. Para o relator, o réu não apresentou nenhum motivo capaz de suscitar dúvida sobre a validade dos cálculos realizados pelo TCE. Sobre o artigo 42, que proíbe ao titular de Poder nos últimos dois quadrimestres do seu mandato, contrair obrigação de despesa que não possa ser cumprida integralmente dentro dele, o desembargador avaliou que não seria possível flexibilizar a sua interpretação como se pedia. A decisão foi unânime. No caso, as contas de 2012 da cidade foram rejeitadas pelo Tribunal de Contas do Estado de São Paulo, e o ex-prefeito, embora alertado sobre faltas graves nos orçamentos anteriores, reincidiu na infração à LRF. Disponível em: http:// www.tjsp.jus.br/. Acesso em: 7 jul. 2020.

[432] BRASIL. *Lei de Responsabilidade Fiscal*. "Art. 73. As infrações dos dispositivos desta Lei Complementar serão punidas segundo o Decreto Lei nº 2.848, de 7 de dezembro de 1940 (Código Penal); a Lei nº 1.079, de 10 de abril de 1950; o Decreto-Lei nº 201, de 27 de fevereiro de 1967; a Lei nº 8.429, de 2 de junho de 1992; e demais normas da legislação pertinente. Art. 73-A. Qualquer cidadão, partido político, associação ou sindicato é parte legítima para denunciar ao respectivo Tribunal de Contas e ao órgão competente do Ministério Público o descumprimento das prescrições estabelecidas nesta Lei Complementar."

[433] BRASIL. *Lei 8.429/90*. "Art. 22. Para apurar qualquer ilícito previsto nesta lei, o Ministério Público, de ofício, a requerimento de autoridade administrativa ou mediante representação formulada de acordo com o disposto no art. 14, poderá requisitar a instauração de inquérito policial ou procedimento administrativo."

206 | RUBIN LEMOS

41-A, primeira parte, com nova redação dada pelo art. 3º da LCRF); permitiu, a qualquer cidadão, o oferecimento da denúncia pela prática de condutas previstas no art. 10 (art. 41-A, segunda parte, com nova redação dada pelo art. 3º da LCRF), e incluiu, ainda, no Decreto-Lei nº 201/67 (Lei de Responsabilidade de Prefeitos e Vereadores) as mesmas condutas acrescentadas à Lei nº 1.079/50 (art. 4º da LCRF). É importante salientar que apenas os arts. 1º e 2º da Lei nº 10.028/2000 trazem sanções penais ao sujeito, sendo que as demais são de natureza administrativa e política, daí a impropriedade da Lei nº 10.028/2000.[434] Em relação aos crimes aqui previstos, é cabível, se atendidos os requisitos, o acordo de não persecução penal, previsto no art. 28-A da Lei nº 13.964/19.

Afora esses procedimentos, a recomendação é instrumento de comunicação institucional, de diálogo institucional, uma vez que seu

---

[434] BRASIL. *Lei 10.028/2000*, 19 de outubro de 2000. Altera o Decreto-Lei nº 2.848, de 7 de dezembro de 1940 – Código Penal, a Lei nº 1.079, de 10 de abril de 1950, e o Decreto-Lei nº 201, de 27 de fevereiro de 1967. Disponível em: http://www.planalto.gov.br/ccivil_03/LEIS/L10028.htm. Acesso em: 7 jul. 2020. "Contratação de operação de crédito" (AC) "Art. 359-A. Ordenar, autorizar ou realizar operação de crédito, interno ou externo, sem prévia autorização legislativa": (AC) "Pena – reclusão, de 1 (um) a 2 (dois) anos". (AC) "Parágrafo único. Incide na mesma pena quem ordena, autoriza ou realiza operação de crédito, interno ou externo": (AC) "I – com inobservância de limite, condição ou montante estabelecido em lei ou em resolução do Senado Federal"; (AC) "II – quando o montante da dívida consolidada ultrapassa o limite máximo autorizado por lei". (AC) "Inscrição de despesas não empenhadas em restos a pagar" (AC) "Art. 359-B. Ordenar ou autorizar a inscrição em restos a pagar, de despesa que não tenha sido previamente empenhada ou que exceda limite estabelecido em lei": (AC) "Pena – detenção, de 6 (seis) meses a 2 (dois) anos". (AC) "Assunção de obrigação no último ano do mandato ou legislatura" (AC) "Art. 359-C. Ordenar ou autorizar a assunção de obrigação, nos dois últimos quadrimestres do último ano do mandato ou legislatura, cuja despesa não possa ser paga no mesmo exercício financeiro ou, caso reste parcela a ser paga no exercício seguinte, que não tenha contrapartida suficiente de disponibilidade de caixa": (AC) "Pena – reclusão, de 1 (um) a 4 (quatro) anos". (AC) "Ordenação de despesa não autorizada" (AC) "Art. 359-D. Ordenar despesa não autorizada por lei": (AC) "Pena – reclusão, de 1 (um) a 4 (quatro) anos". (AC) "Prestação de garantia graciosa" (AC) "Art. 359-E. Prestar garantia em operação de crédito sem que tenha sido constituída contragarantia em valor igual ou superior ao valor da garantia prestada, na forma da lei": (AC) "Pena – detenção, de 3 (três) meses a 1 (um) ano". (AC) "Não cancelamento de restos a pagar" (AC) "Art. 359-F. Deixar de ordenar, de autorizar ou de promover o cancelamento do montante de restos a pagar inscrito em valor superior ao permitido em lei": (AC) "Pena – detenção, de 6 (seis) meses a 2 (dois) anos". (AC) "Aumento de despesa total com pessoal no último ano do mandato ou legislatura" (AC) "Art. 359-G. Ordenar, autorizar ou executar ato que acarrete aumento de despesa total com pessoal, nos cento e oitenta dias anteriores ao final do mandato ou da legislatura": (AC) "Pena – reclusão, de 1 (um) a 4 (quatro) anos". (AC) "Oferta pública ou colocação de títulos no mercado" (AC) "Art. 359-H. Ordenar, autorizar ou promover a oferta pública ou a colocação no mercado financeiro de títulos da dívida pública sem que tenham sido criados por lei ou sem que estejam registrados em sistema centralizado de liquidação e de custódia": (AC) "Pena – reclusão, de 1 (um) a 4 (quatro) anos". (AC).

conteúdo informa ao administrador público ou agente público o que o Ministério Público está entendendo acerca de determinada conduta. Essa pode ser contraditada por fatos e provas e, caso não aceita a resposta, sua observância pode acarretar a propositura de medidas ou ações na esfera administrativa, cível ou criminal.

O Ministério Público ainda possui instrumentos procedimentais importantes, como a requisição de informações e, inclusive, de pessoal técnico-científico, necessário à realização de determinado trabalho que necessite *expertise* em áreas específicas, como contabilidade, auditoria, engenharia e outras.

Vale a pena também chamar a atenção para a possibilidade de o Ministério Público realizar audiências públicas, na busca de informações na comunidade e/ou outras instituições acerca de determinado assunto. No caso do tema deste trabalho, por exemplo, a audiência pública poderia ter como objeto a busca pelo conhecimento dos entraves que levam à não participação da população nos encontros promovidos pelas secretarias das fazendas nos estados ou órgão assemelhado nos municípios, sobre os planos orçamentários a serem aprovados e executados. Da mesma forma, poderia ter como finalidade identificar os entraves da participação da população nas audiências promovidas nos parlamentos para demonstração dos relatórios de gestão fiscal, previstos na LRF. Os resultados poderiam indicar linhas de atuação para a administração pública na sua correção.

Nesse ponto, deve-se ressaltar a necessidade da edição de lei federal, regulamentando o art. 67 da LRF, ou seja, a composição detalhada e a forma do conselho de gestão fiscal, que pretende ser um órgão plural, com a participação de entidades representativas da sociedade que detenham conhecimento técnico na área financeira e orçamentária. Ainda a participação do próprio Ministério Público e de outros agentes públicos de todos os poderes e esferas de governo com a função de não só acompanhar a gestão pública e estabelecer normas e padrões na área da contabilidade pública e gestão, mas também produzir o compartilhamento de *expertises*, estabelecer critérios de eficiência na execução do orçamento, quanto aos gastos, à arrecadação, ao endividamento e a sua transparência, os quais devem ser observados nacionalmente.[435]

---

[435] BRASIL. *Lei de Responsabilidade Fiscal.* "Art. 67. O acompanhamento e a avaliação, de forma permanente, da política e da operacionalidade da gestão fiscal serão realizados por conselho de gestão fiscal, constituído por representantes de todos os Poderes e esferas de Governo, do Ministério Público e de entidades técnicas representativas da sociedade, visando a: I – harmonização e coordenação entre os entes da Federação; II – disseminação

Esse conselho, então, cumpriria a função de ser um órgão do Estado brasileiro responsável pela elaboração de trabalhos para melhoria da gestão pública, de compartilhamento de conhecimentos, de produção de normas gerais de direito financeiro e orçamentário, servindo de núcleo para a avaliação da concretização das políticas públicas.[436] Diante do que se apresentou, é possível extrair a possibilidade de atuação do Ministério Público no campo extrajudicial ou judicial, sendo que, no campo extrajudicial, é possível visualizar diversas opções de atuação, até mesmo de composição (na área cível e criminal) ou de realização de um termo de ajuste de conduta (TAC), para solucionar o problema antes de se dirigir ao Judiciário.

Aqui há a possibilidade de, mesmo diante de um ato administrativo que cause lesão a direitos sociais, não se recorrer ao Judiciário, caso seja ele corrigido a tempo razoável e no modo adequado pela atuação extrajudicial do Ministério Público, restituindo-se o direito de quem foi ou seria lesado – inclusive, é o que se deseja cada vez mais. Entretanto, se não for possível a resolução do problema no campo extrajudicial, não pode o Ministério Público se furtar a adotar as medidas judiciais adequadas para defender os interesses sociais, previstos no orçamento, no que se refere à sua concretização.

A exigibilidade do direito social pelo Ministério Público, portanto, deve se dar na análise do processo orçamentário e no momento correto e, sempre que possível, antes dos efeitos das irregularidades, de modo a se prevenir ou se corrigir o ato administrativo lesivo ao direito fundamental.

Nesse momento, passa-se a abordar os aspectos que devem estar presentes na estruturação e forma de atuação do Ministério Público no campo orçamentário.

---

de práticas que resultem em maior eficiência na alocação e execução do gasto público, na arrecadação de receitas, no controle do endividamento e na transparência da gestão fiscal; III – adoção de normas de consolidação das contas públicas, padronização das prestações de contas e dos relatórios e demonstrativos de gestão fiscal de que trata esta Lei Complementar, normas e padrões mais simples para os pequenos Municípios, bem como outros, necessários ao controle social; IV – divulgação de análises, estudos e diagnósticos. §1º O conselho a que se refere o *caput* instituirá formas de premiação e reconhecimento público aos titulares de Poder que alcançarem resultados meritórios em suas políticas de desenvolvimento social, conjugados com a prática de uma gestão fiscal pautada pelas normas desta Lei Complementar. §2º Lei disporá sobre a composição e a forma de funcionamento do conselho."

[436] TOLLINI, Hélio Martins; AFONSO, José Roberto R. A Lei 4.320 e a Responsabilidade Orçamentária. *In*: CONTI, José Maurício; SCAFF, Fernando Facury (Coord.). *Orçamentos públicos e Direito Financeiro*. São Paulo: Revista dos Tribunais, 2011. p. 497-498.

4.5 A estrutura, formas e contribuições preventiva e corretiva da atuação do Ministério Público no decorrer do processo orçamentário – uma sugestão de atuação institucional

Diante da necessidade de se criarem condições mínimas que conformem a atividade do Ministério Público no trato das questões orçamentárias e financeiras, passa-se a identificar a estrutura, com base nas atribuições específicas a serem desenvolvidas. Essas atribuições devem ser estabelecidas no âmbito da instituição e com uma abordagem sobre a receita e a despesa, na perspectiva da qual o trabalho a ser desenvolvido deve buscar o tratamento integral para o processo orçamentário, não se podendo enxergar o instrumento de concretização dos direitos sociais de maneira separada. São impossíveis a fiscalização e o controle da despesa sem a dimensão da receita e vice-versa.

A execução orçamentária mais próxima do que foi planejado depende sempre de uma realista elaboração do orçamento, com a previsão da receita e da despesa condizente com os parâmetros estabelecidos nas regras jurídicas e de responsabilidade fiscal, tanto preocupadas com a arrecadação e limitação da concessão de benefícios fiscais quanto na aplicação dos recursos de forma responsiva, ou seja, atendendo ao que se deliberou.

Assim, as atribuições devem englobar as funções de fiscalização e controle sobre as receitas e despesas, isto é, sobre o processo orçamentário, com atuação nas áreas administrativa (aproximação dos demais órgãos de controle externo), cível e criminal; além disso, acompanhamento das leis orçamentárias no âmbito do controle da constitucionalidade, promovendo as representações de inconstitucionalidade ao procurador-geral de Justiça e adotando outras ações e medidas, como a promoção do mandado de injunção.

Para tanto, o Conselho Nacional do Ministério Público poderia editar regra padrão de atuação mínima, de caráter impositivo, com as atribuições e estruturas, de maneira a fomentar o trabalho na área do direito financeiro e orçamentário. Com isso, diversos ramos do Ministério Público podem regulamentar a atividade, por sua essencialidade nos dias atuais e sua relação direta com as necessidades dos cidadãos perante o Estado. Dessa forma, talvez seja essa a atribuição que, atendendo a diretriz constitucional de defesa da sociedade e do Estado democrático, aproxime ainda mais a instituição da população.

Como sugestão, passa-se a descrever algumas atividades que devem fazer parte do rol das atribuições no desenvolvimento da atuação institucional: I – promover e acompanhar as medidas judiciais e administrativas necessárias à defesa da ordem jurídica, do regime democrático e dos interesses sociais relativos à sua área de atuação; II – promover e acompanhar a ação penal pública em decorrência de crimes relacionados à respectiva área de atuação, assim definidos em legislação especial; III – firmar o acordo de não persecução penal; IV – instaurar e presidir o inquérito civil público e o procedimento de investigação preliminar, relativo à matéria de sua área de atuação; V – promover e acompanhar a ação civil pública relativa a matérias de sua área de atuação; VI – tutelar os direitos difusos, coletivos sociais e individuais indisponíveis, relativos à matéria da área de sua atuação; VII – promover e acompanhar medidas judiciais, extrajudiciais ou administrativas decorrentes da recusa, retardamento ou omissão no atendimento às requisições por elas formuladas; VIII – promover e acompanhar outras medidas judiciais, extrajudiciais ou administrativas, bem como exercer as atribuições cometidas pela legislação em vigor ao Ministério Público, na proteção dos direitos difusos, coletivos e individuais homogêneos, atinentes à ordem jurídica relativa à matéria da área de sua atuação, inclusive no que diz respeito a sanções previstas na legislação especial, aplicáveis aos agentes públicos nos casos de improbidade administrativa, nos termos de leis especiais; IX – tomar dos interessados compromisso de ajustamento de conduta às exigências legais nas matérias afetas às respectivas atribuições; X – firmar acordo de não persecução cível; XI – instaurar inquéritos civis e procedimentos de investigação preliminar destinados à propositura de ações de responsabilidade por atos de improbidade administrativa de suas respectivas atribuições, bem como promover as ações e medidas cabíveis; XII – manter cadastro atualizado dos órgãos e entidades públicas ou privadas que prestem auxílio ou assistência na área de sua atuação; XIII – oficiar nas audiências judiciais e extrajudiciais de sua atribuição; XIV – expedir recomendações a órgãos e entidades públicas e privadas, com vistas à observância da lei e dos princípios da administração pública, à prevenção de condutas lesivas à ordem jurídica, relativa à matéria da área de sua atuação e à efetividade dos serviços e atividades a ela relacionadas; XV – buscar, sempre que possível, uma atuação conjunta com os ministérios públicos estaduais e/ou com os demais ramos do Ministério Público da União, em questões que envolvam atribuições concorrentes ou conexas; XVI – acompanhar as publicações do Diário Oficial da União e do Diário Oficial do Distrito Federal relacionadas à área de sua atuação; XVII – acompanhar e, se for o caso, apresentar propostas de modificação regulamentar e legislativa

O PAPEL DO MINISTÉRIO PÚBLICO NA CONCRETIZAÇÃO DEMOCRÁTICA DO ORÇAMENTO | 211

relacionadas à área de sua atuação; XVIII – representar ao procurador-geral de Justiça, se for o caso, pela inconstitucionalidade de lei local ou, na hipótese de lei federal, para que seja formulada representação sobre a inconstitucionalidade da norma para o procurador-geral da República; XIX – exercer outras atribuições previstas em lei ou por ato do conselho; XX – zelar pelo efetivo cumprimento das normas referentes à previsão, instituição e arrecadação da Receita Tributária previstas na Lei de Responsabilidade Fiscal (Lei Complementar nº 101, de 4 de maio de 2000) e outras normas congêneres; XXI – zelar pelo efetivo cumprimento das normas previstas na Lei de Responsabilidade Fiscal (Lei Complementar nº 101, de 4 de maio de 2000) referentes à renúncia de receitas; XXII – acompanhar as metas de arrecadação de tributos, as medidas de combate à sonegação fiscal, de cobrança da dívida ativa e dos créditos executáveis pela via administrativa, a fim de propor medidas para dar eficiência a essas políticas e fiscalizar a legalidade dos atos; XXIII – acompanhar as metas fiscais estabelecidas na Lei de Diretrizes Orçamentárias que tenham referência com a receita tributária, a fim de zelar pelo cumprimento do resultado primário pretendido; XXIV – promover a responsabilização dos agentes públicos por meio da ação de improbidade administrativa, pelo descumprimento das normas relativas à previsão, instituição, arrecadação e renúncia de receitas tributárias; XXV – fiscalizar a correta aplicação dos recursos orçamentários e contribuições sociais destinados à área educacional, promovendo, conjunta ou separadamente, com outra promotoria, as medidas judiciais, no âmbito criminal e cível, inclusive as relativas à improbidade administrativa, bem como medidas no âmbito administrativo e extrajudiciais cabíveis; XXVI – fiscalizar a correta aplicação dos recursos orçamentários e contribuições sociais destinados à área da saúde, promovendo, conjunta ou separadamente, com outra promotoria, as medidas judiciais, no âmbito criminal e cível, inclusive as referentes à improbidade administrativa, bem como medidas no âmbito administrativo e extrajudiciais cabíveis; XXVII – fiscalizar a correta aplicação dos recursos orçamentários e contribuições sociais proveniente de receitas vinculadas e relacionados com outras áreas, promovendo, conjunta ou separadamente, com outra promotoria, as medidas judiciais, no âmbito criminal e cível, inclusive as referentes à improbidade administrativa, bem como medidas no âmbito administrativo e extrajudiciais cabíveis; XXVIII – acompanhar o processo orçamentário, desde a elaboração, bem como a criação de créditos adicionais, transferências e remanejamentos; XXIX – acompanhar a elaboração e divulgação da LDO no prazo e com os conteúdos determinados pela LRF, bem como a sua execução, como deliberado; XXX – acompanhar a elaboração e divulgação da LOA no prazo e com os conteúdos determinados pela LRF; XXXI acompanhar a execução orçamentária, desde o momento do estabelecimento da política de desembolso financeiro; XXXII – acompanhar e fiscalizar se as normas que permitem o contingenciamento estão sendo observadas; XXXIII – acompanhar os atos da administração que criem despesas e suas fases, principalmente o empenho e os restos a pagar; XXXIV – acompanhar a geração de despesa e suas limitações no último exercício financeiro do mandato, principalmente a geração de restos a pagar e seus cancelamento; XXXV – acompanhar as despesas relacionadas com limites de gastos com pessoal e de endividamento; XXXVI – acompanhar a elaboração, divulgação e conteúdo dos relatórios de transparência fiscal, especialmente o Relatório de Gestão Fiscal – RGF e do Relatório Resumido da Execução Orçamentária; XXXVII – participar de conselhos, associações ou de grupos de cidadãos que cuidem da matéria objeto da atribuição específica; XXXVIII – firmar compromisso e ter uma atuação proativa junto ao Tribunal de Contas; XXXIX – requisitar documentos, informações, auditorias e inspeções realizadas e em realização no Tribunal de Contas; XL – incentivar e fomentar as audiências públicas de prestação de contas pelos gestores públicos; XLI – fiscalizar outros aspectos do processo orçamentário, elaboração e execução do orçamento, necessários para a defesa da ordem jurídica, do regime democrático e dos interesses sociais e individuais indisponíveis, adotando todas as medidas necessárias à sua prevenção ou correção.

Indica-se também que as atribuições poderiam ser desenvolvidas sob uma coordenação geral, que seria responsável por realizar estudos, pesquisas e pareceres, além de manter atualizado o banco de dados, acessível aos membros do Ministério Público, contendo procedimentos, atuações extrajudiciais e ações judiciais. Responderia, também, pela capacitação e pela orientação dos órgãos executores responsáveis pela atividade nos municípios, devendo a atividade específica constar das atribuições nas localidades.

A coordenação geral também seria responsável por auxiliar os trabalhos dos municípios, caso a atuação se mostre necessária e com a devida justificativa. Afora isso, a coordenação pode concentrar a informação sobre as atividades desenvolvidas no Estado para fins de análise e divulgação, firmar acordos de cooperação técnica e solicitar auxílio de profissionais das áreas analisadas para melhor proporcionar a tomada de decisão, bem como se valer de órgãos ou entidades de pesquisa do país para essa finalidade. Ficaria, ainda, a coordenação responsável por identificar e informar aos órgãos de controle do Ministério Público sobre a ocorrência de omissão reiterada na prática das atribuições previstas para a atividade de fiscalização e controle do orçamento público.

No que diz respeito às formas de atuação, além dos procedimentos e processos já abordados, tanto em fase extrajudicial quanto judicial, é preciso ir além e perceber que a atuação das instituições necessita incorporar os instrumentos do mundo digital, utilizando-se das formas modernas de comunicação que dispõem de diversos pontos favoráveis. Pode-se fazer referência a alguns deles: produzir a comunicação de forma ágil e abrangente, fácil e acessível ao grande público, motivos pelos quais se deve fazer uso das redes de internet. Grande parte da população, quase 80%, tem acesso à internet, segundo o IBGE, significando que em torno de 166 milhões de brasileiros possuem esse acesso.[437]

Se, por um lado, não é a totalidade da população, por outro, é possível supor que, pelo menos alguém, em quase todas as comunidades no Brasil, consegue acessar a internet. Esse fato é importante, especialmente para o Ministério Público, pois há necessidade de ele se aproximar das comunidades, de conselhos e de associações, no sentido de colher informações sobre as prioridades e dificuldades e de promover a integração e participação da população no processo orçamentário. Além disso, propicia a criação de comunidades virtuais para organização e divulgação de pesquisas de opinião, manutenção de dados, além de facilitar até mesmo a realização de reuniões e audiências públicas em locais distantes e de difícil acesso, como ocorre na região Norte do país.

A internet é um instrumento de comunicação de massa que hoje não tem apenas a função de transmissão e de recepção de voz, mas de transmissão de informações, de conhecimentos, das mais básicas às mais complexas. Sua eficiência já demonstrou que não só deve ser um grande aliado nos processos de decisão levados a cabo na iniciativa privada, mas também um aliado no serviço público, na sua melhoria, com o fim de propiciar, ao final, a entrega à população de seus direitos, como educação e saúde.

Manuel Castells, ao abordar o tema das redes sociais da internet e das comunidades virtuais, esclarece que "os usuários da Internet ingressam em redes ou grupos on-line com base em interesses em

---

[437] TOKARNIA, Mariana. Um em cada 4 brasileiros não tem acesso à internet. *Agência Brasil*. EBC. Disponível em: https://agenciabrasil.ebc.com.br/. Acesso em: 7 jul. 2020.

comum, e valores, e já que têm interesses multidimensionais, também os terão suas afiliações on-line". E continua, dizendo que:

A Rede é especialmente apropriada para a geração de laços fracos múltiplos. Os laços fracos são úteis no fornecimento de informações e na abertura de novas oportunidades a baixo custo. A vantagem da Rede é que ela permite a criação de laços fracos com desconhecidos, num modelo igualitário de interação, no qual as caraterísticas sociais são menos influentes na estruturação, ou mesmo no bloqueio, da comunicação.[438]

No campo da fiscalização do orçamento e do controle social, a utilização da rede de internet no Brasil já tarda em ser integralmente utilizada, não só para obter informações, como também fiscalizar e cobrar a prestação de contas dos gestores públicos. Nessa seara, a utilização da rede é quase inexistente, fato que deve ser mais um foco de atuação do Ministério Público, fazendo com que o controle social possa acontecer de uma maneira mais democrática e igualitária, propiciando oportunidades de participação de um grande número de cidadãos.

A internet já foi utilizada em vários países do mundo em experiências exitosas e outras nem tanto. Porém, todas demonstraram quantas são as possibilidades de sua utilização, aqui sempre pensando na questão orçamentária e de debate público.[439]

A propósito do debate público, um fato importante é que os políticos, em suas campanhas eleitorais, além da disseminação de ideias político-partidárias, têm veiculado informações diariamente nas mídias e redes sociais, mas sem a real integração com o cidadão, em um debate público sincero e democrático, situação que alguns aproveitam em prejuízo de muitos.[440]

A utilização da rede de internet pelo Ministério Público cria uma relação com os cidadãos, mesmo que de caráter fraco, porém mais direta e facilitada, ampla e sem as limitações naturais de tempo, de lugar e até classe social. Propicia o acesso de maneira mais ágil e

---

[438] CASTELLS, Manuel. *A sociedade em rede*. 8. ed. v. I. Tradução: Roneide Venancio Majer. São Paulo: Paz e Terra, 2000. p. 443-444.

[439] CASTELLS, 2000, *op. cit.*, p. 448. Diz que uma cidade digital de Amsterdã, criada em 1990 por intermédio de ex-líderes de movimentos sem-terra e do governo municipal, demonstrou o potencial extraordinário das redes de comunicação via computador na função de instrumentos do debate popular local auto-organizado e público. Em 1990, também, em Seattle, ativistas comunitários e de outras cidades dos Estados Unidos construíram redes comunitárias com a finalidade de fornecer informações e incentivar o debate entre cidadãos e reafirmar o controle democrático sobre as questões ambientais e a política local.

[440] Idem, p. 447-448.

rápida para a instituição e oportuniza, ao cidadão e às organizações sociais, o mesmo acesso.

Dessa sorte, o Ministério Público tem que investir na criação de redes de comunicação social, no exercício das atribuições, com foco nos responsáveis pela fiscalização da aplicação do dinheiro público nas comunidades. A finalidade é facilitar as informações e a prestação de contas à população, melhorando o controle social sem necessidade de grandes gastos e com muito mais eficiência na democratização do orçamento e na preocupação da concretização dos direitos sociais.

Por fim, é importante destacar que a atuação na fiscalização e no controle do orçamento pelo Ministério Público deve se dar não apenas para a correção das irregularidades, mas de maneira prévia e concomitante à elaboração e à execução do orçamento.

Para tanto, o Ministério Público deve ser dotado de meios adequados e suficientes à obtenção das informações, de estudos e de dados confiáveis junto às instituições, organismos e entidades públicas e privadas, isso para poder exercer de maneira efetiva o seu mister e evitar que o gasto público seja realizado de maneira inconstitucional, ilegal ou sem atender aos princípios da eficiência, efetividade, transparência e progressividade na concretização dos direitos sociais.

Essa atuação deve ser aproximada dos organismos fazendários do Poder Executivo, do Tribunal de Contas e do Parlamento, com a intenção de alertar e de trazer para o debate público situações que afetem a concretização dos direitos fundamentais.

Além disso, devem ser adotadas todas as medidas extrajudiciais e judiciais necessárias, já referidas em tópico específico, para impedir que uma decisão já tomada se transforme em prejuízo aos direitos sociais. Como exemplo, há o caso de edição de decreto do governador diminuindo a quantidade de vagas em creches em funcionamento, alegando apenas a probabilidade de ter uma receita líquida menor do que no ano anterior, sem qualquer outra medida de garantia para quem irá perder a vaga.

Afora a atuação preventiva, fundamental é a atuação concomitante, a ser adotada no momento em que, apesar de tomada a decisão e implementada a medida, deve agir o Ministério Público para diminuir o prejuízo aos direitos sociais, previstos no orçamento. Como exemplo, há o caso de recorte em dotações orçamentárias pelo contingenciamento, após detectar, durante o exercício, que a recomposição das dotações não foi feita de maneira proporcional. Os recursos foram encaminhados para gastos com publicidade, e não para a educação infantil.

Como esperado, ao final, deve o Ministério Público ter uma atuação também corretiva, quando o prejuízo acabar ocorrendo no exercício que findou. Esse é o motivo pelo qual determinadas decisões que prejudicam interesses sociais em um exercício podem ser corrigidas no ano seguinte, como a não aplicação dos valores advindos de receitas vinculadas, que devem ser aplicadas no exercício seguinte, como determina a legislação. Além disso, a falta de investimento obrigatório pode ser compensada no ano seguinte, quando ela não tiver sido devidamente observada. Isso demonstra que o fato de ter havido o término do exercício financeiro não significa impossibilidade de recuperar o prejuízo orçamentário.

5 Conclusão

Ao iniciar a pesquisa, constatou-se que o Poder Executivo praticava atos que não observavam as normas do orçamento público, relacionadas com as respectivas elaboração e execução. Surgiu, daí, uma dúvida relevante acerca de sua conexão com os prejuízos aos direitos sociais e sua relação com o arranjo institucional de controle ordinário da gestão de recursos públicos. Por esse motivo, entendeu-se necessária uma investigação do tema, dado que o problema tem impacto direto na realidade dos cidadãos, bem como poderia viabilizar uma solução jurídica com a utilização prática dos estudos desenvolvidos.

Dessa maneira, a pesquisa passou a analisar os fatos relacionados com os desvios no cumprimento das normas orçamentárias, buscando demonstrar sua conexão com os prejuízos às políticas públicas, aos direitos sociais e à democracia, além da sua correlação com o arranjo institucional ordinário de controle dos recursos públicos. A intenção, nesse caso, foi apresentar uma solução jurídica para o problema, inserindo no desenho institucional de controle dos recursos públicos a instituição do Ministério Público.

Partiu-se, então, para a materialização dos desvios no cumprimento das normas orçamentárias, que posteriormente foi utilizada como premissa das análises que se seguiram. A análise de documentos, a revisão bibliográfica e o levantamento de dados retrataram o desvio na elaboração do orçamento pela concessão de benefícios fiscais, alteração dos planejamentos e previsões não realistas. No que se refere ao descumprimento da execução orçamentária, a demonstração se deu pela análise dos dados dos programas voltados à educação infantil e ao saneamento básico urbano. O levantamento de dados e sua análise, descritos com detalhes na introdução, comprovaram a inexecução dos programas orçamentários autorizados, em patamar superior a 25% (índice insatisfatório, de acordo com o TCU) para o saneamento básico urbano em todos os municípios, exceto São Paulo. Em relação à educação infantil, apesar da relevante inexecução das dotações autorizadas, elas não ultrapassaram esse percentual, exceto em Fortaleza.

Afora isso, a relação dos desvios com o prejuízo aos direitos sociais restou comprovada não só pela inexecução aferida em relação aos valores autorizados pelo Parlamento, mas porque parcela significativa das dotações foi utilizada em outros programas por meio de créditos adicionais, que as desvincularam da originária destinação social. O fato demonstrou a relação entre desvio e inexecução do orçamento, pelo menos de modo indireto, uma vez que foi possível identificar a utilização de créditos adicionais com os superávits financeiros, advindos das sobras financeiras de dotações não executadas, conforme previsto no art. 43 da Lei nº 4.320/64.

A respeito da relação entre desvios e descumprimento das políticas públicas, a pesquisa demonstrou que não há como o Estado cumprir seu dever de prestação positiva de direitos sociais sem realizar e cumprir os planejamentos. Esses são obrigatórios para o poder público, no qual as políticas púbicas se inserem, uma vez que os recursos são escassos e devem atender a diversas necessidades públicas. Dessa sorte, não cumprida a política pública que pretende concretizar direitos sociais, os planejamentos acabam prejudicados.

Já em relação ao prejuízo à democracia com os desvios apurados, a análise teve por finalidade destacar a necessidade de atuação do Ministério Público sob dois argumentos centrais: o primeiro relacionado com o prejuízo ao processo deliberativo de escolhas das políticas públicas que integram o orçamento, e o segundo sob o ângulo da prejudicialidade na exigida participação do cidadão no processo orçamentário como parte integrante do processo.

Igualmente, a pesquisa descreveu o motivo pelo qual o controle ordinário da gestão dos recursos públicos é limitado e não altera a situação do problema. Como solução jurídica, utilizou o arranjo institucional, posto na Constituição Federal, para uma nova compreensão do sistema de controle de recursos públicos de forma mais ampla e com a atuação do Ministério Público.

Agora, passa-se a detalhar como se desenvolveram as análises específicas do objetivo e quais os resultados apurados. O trabalho abordou os desafios na concretização dos direitos sociais pela discussão de sua exigibilidade, da limitação econômica dos recursos públicos e da impositividade do planejamento como estratégia obrigatória para o setor público.

Nesse ponto, verificou-se que os direitos sociais são impositivos, especialmente quando inseridos no orçamento público, vez que, além de sua caraterização como direito fundamental, eles ganham dimensão normativa suficiente e adequada para serem exigidos pelos órgãos de controle e pelo cidadão.

Ficou claro que todos os direitos possuem custos e não são hierarquizáveis, sob o argumento de que se trata de direitos de prestação positiva ou negativa, bem como de dimensões distintas. Os custos devem compor o orçamento público do Estado para fazer face às despesas, logo, seu cumprimento é obrigatório, pois são o resultado das escolhas feitas no processo democrático.

Afirmaram-se a necessidade e a importância de se compreender o planejamento como método impositivo para viabilizar as políticas públicas, diante da limitação de recursos e do extenso rol de necessidades básicas a serem atendidas, prescritas constitucionalmente. Como resultado, demonstrou-se que o planejamento, apesar de ser obrigatório, especialmente no processo orçamentário, não tem sido observado como devido. Houve manipulação que resulta em prejuízos para as políticas públicas e aos direitos sociais.

O orçamento foi descrito como instrumento que congrega todos os interesses antagônicos de ordem social, política e econômica, bem como filtro democrático das escolhas difíceis. Utilizando uma linguagem própria, ele torna concreto o que é abstrato e dá a interpretação à Constituição, em termos de realização do direito nela descrito, ou seja, propicia a densidade normativa necessária para tornar real um direito social. O orçamento, portanto, não é peça de ficção, mas realidade a ser concretizada; não é ato autorizativo no sentido de dar integral poder ao Executivo.

Afora isso, correlacionou-se a destinação do orçamento como instrumento jurídico que viabiliza a realização dos direitos sociais às funções dos poderes públicos e do Ministério Público, apresentando os problemas resultantes da manipulação do orçamento pelo Poder Executivo e, ainda, pela atuação do Poder Judiciário.

Demonstrou-se, ainda, que o orçamento é o instrumento de realização dos direitos sociais por excelência, uma vez que as políticas públicas que atravessam o debate democrático, para sua materialização, necessitam de recursos públicos e de planificação (metas, objetivos, prioridades) para sua execução. Isso se dá no âmbito do orçamento, quando passa no crivo dos requisitos jurídicos, fático-financeiro e da razoabilidade. Fica clara a relação com o planejamento público e com as políticas públicas, na qual se estabelece, inclusive, sua vinculação com a categoria normativa das políticas públicas denominada de "normas de efetivação", as quais possuem a capacidade de concretizar direitos abstratos.

A relação entre o orçamento e os poderes públicos também foi abordada quando se pontuou que o Poder Executivo tem uma função relevante, porque cabem a ele, em grande medida, a elaboração e a execução do orçamento. Porém, ele deve observar as limitações e as deliberações do Poder Legislativo que moldam o orçamento. As competências gerais de cada poder foram abordadas, ficando demonstrado o descumprimento de várias regras orçamentárias. Identificaram-se algumas condutas do Poder Executivo que, de maneira reiterada, não observam as limitações jurídicas e as deliberações democráticas, principalmente deixando de cumprir o orçamento e realizando a alocação de recursos em outra área, de acordo com o próprio entendimento. Além disso, esclareceu-se que a manipulação do planejamento pelo Executivo não só desvirtua a deliberação democrática com prejuízos para os direitos sociais, como provoca impacto na judicialização de direitos subjetivos, o que não contribui para a resolução do problema e aumenta o desarranjo nas políticas públicas. Esse fato também provoca a atuação do Ministério Público.

Sobre a atuação do Poder Legislativo, ressaltou-se que ele ganhou competências importantes, relacionadas com o planejamento orçamentário, especialmente no que se refere à LDO. Ao mesmo tempo, também se esclareceu a necessidade de que o Legislativo assuma o papel de fiscal e de corresponsável pela elaboração e pelo cumprimento do orçamento.

Na função do Tribunal de Contas no sistema de controle externo, diante dos descumprimentos das normas orçamentárias, destacou-se a limitação de suas competências, que são adstritas a questões administrativas. Esse fator restringe a efetividade no controle dos atos de gestão dos recursos públicos, surgindo o papel do Ministério Público como instituição responsável pelo controle jurisdicional dos atos de gestão mais ampla dos recursos públicos.

O Ministério Público, apesar de suas atribuições constitucionais e legais, não tem atuação de fiscalização no orçamento como atividade sistematizada e coordenada. É necessário compreender a importância dessa atuação para o arranjo institucional de controle de recursos públicos, a fim de implementar uma linha de atuação que o aproxima do cidadão. Isso porque uma das vertentes é assegurar, fomentar e fortalecer o controle social, além da fiscalização do processo orçamentário. Essa fiscalização deve se dar em espaço institucional não ocupado, uma vez que diversos dispositivos constitucionais e legais, que tratam da matéria, não estão sendo colocados em prática.

O distanciamento do Ministério Público no trato dessas questões deveu-se a um equivocado entendimento acerca do arranjo institucional do controle de recursos públicos desenhado na Constituição. As matérias sobre direito financeiro e orçamentário ficaram, em um primeiro momento, sob os cuidados dos tribunais de contas e de seus ministérios públicos, o que acabou impactando a atuação apenas complementar do Ministério Público.

No que se refere à problemática atuação do Judiciário sobre as políticas públicas, a pesquisa demonstrou que, apesar de sua legitimidade para decidir sobre qualquer caso a ele levado, sua decisão pode ser desestruturante do planejamento orçamentário ou não. A decisão só não seria desestruturante se já houvesse programa e recursos previstos para sua aplicação, no caso de inexecução sem qualquer justificativa. Todas as outras decisões sobre alocação não prevista acabam sendo interventivas no processo de planejamento orçamentário, cujas consequências negativas se exibem para a democracia; para os eleitos ao atendimento das políticas públicas, com a retirada de seus direitos em prol de outros; para quem não acessa o Judiciário, gerando injustiça; para o direito social, entendido na perspectiva coletiva.

Na análise das reservas do possível e do mínimo existencial, a princípio como partes antagônicas, destacou-se que elas servem, no caso de direito social, previsto no orçamento, como argumentos jurídicos complementares na imposição de sua entrega pelo Estado.

Como segundo passo, foram analisadas as formas de se suplantarem os desafios elencados, estabelecendo como parâmetros a necessária reformulação teórica do sentido normativo do orçamento e seu caráter impositivo. Isso se deu com base no entendimento e na aplicação do direito financeiro e orçamentário, sob a lente da Constituição Federal, descrito pela vinculação entre a Lei Orçamentária e os direitos fundamentais, ao se realçarem o aspecto jurídico do orçamento, sua natureza impositiva e os direitos subjetivos dele advindos.

O trabalho demonstra que o orçamento precisa ter uma nova dimensão de interpretação e aplicação, voltada a atender os direitos fundamentais. Isso deve ser feito com a compreensão de que ele é instrumento jurídico e assim deve ser tratado. Ressaltou-se que a superação do "idealismo constitucional", que entende poder pensar juridicamente os direitos fundamentais sem levar em conta a dimensão financeira, e o "pragmatismo ou legalismo do orçamento", sem levar em conta os direitos fundamentais, são fórmulas para a resposta sobre o equilíbrio entre necessidade e escassez de recursos.

Foi esclarecido que os direitos inseridos no orçamento ganham a dimensão normativa necessária e adequada à sua exigência. Ressaltou-se, também, que a discussão sobre sua natureza jurídica, que já parecia sem sentido, nessa perspectiva, deixa de vez qualquer ilação sobre a aplicação da teoria de Paul Laband. Passa, então, a ser instrumento legal sob qualquer aspecto, material e formal, com a função de concretizar os direitos previstos em políticas públicas com impositividade, inclusive, agora descrita na EC nº 100/19. A perspectiva da concretização dos direitos coletivos ou difusos se dá na medida em que os direitos sociais, inseridos no orçamento, geram, no mínimo, um direito público subjetivo que qualifica a atuação de instituições como o Ministério Público na defesa da sociedade.

Há um espaço institucional que deve ser ocupado pelo Ministério Público, espaço esse assegurado por determinações constitucionais de defesa da ordem jurídica, do regime democrático e dos interesses sociais; há um rol de dispositivos constitucionais e legais a serem postos em prática, cujo objetivo é preservar as normas orçamentárias. O Ministério Público é a instituição que possui todo o aparato e instrumental necessários para uma atuação eficiente frente à exigência dos poderes públicos do *accountability* e da responsabilização. Quando necessário, inclusive, pode fazê-lo de forma extrajudicial.

Em relação ao arranjo institucional ordinário de controle da gestão de recursos públicos, sob a perspectiva do processo orçamentário, a pesquisa esclareceu que o controle realizado pelo Poder Legislativo e pelos tribunais de contas é limitado pelas respectivas competências e pelo aspecto político. A limitação relativa ao último aspecto pode ser explicada não só em função de sua estruturação institucional, mas também pela própria atividade-fim, como é o caso do Poder Legislativo. O fato não propicia a produção de tratamento adequado ao problema, tanto em termos de prestação de contas (*accountability*) quanto de responsabilização dos agentes públicos, principalmente governadores e presidente da República. A atuação diz respeito à atividade de defesa da ordem jurídica e do regime democrático pelo Ministério Público.

A necessária compreensão sobre a alteração do arranjo institucional de controle da gestão de recursos públicos também foi destacada, pois se verificou que a integração do Ministério Público ao sistema de controle é capaz de imprimir maior *accountability* e responsabilização ao processo se comparada ao resultado do tratamento dos desvios pelo controle técnico e externo atualmente praticada. Aqui se retratou a limitação do controle ordinário feito pelos tribunais de contas sob a ótica de sua competência administrativa, que já não permite ampla descoberta da aplicação do aspecto jurídico-constitucional e do direito fundamental nela inserido, porque seu posicionamento se baseia mais em parâmetros administrativos e gerenciais.

Além disso, identificou-se a estruturação política da instituição e, ainda, o fato de que ela não está aberta ao diálogo institucional, esse como parâmetro de integração na atuação. Esse fato dificulta a efetiva responsabilização dos atos ilegais, praticados na gestão de recursos públicos pelas demais instituições que participam desse processo de controle. Afora isso, ficou claro que a atuação do Ministério Público, com o fim de atender os anseios coletivos, é capaz de diminuir as demandas individuais por direitos sociais levadas ao Judiciário. Esse órgão tem a função não de se imiscuir na atividade administrativa, mas de evitar prejuízos aos valores fundamentais da República brasileira, com os desvios dos poderes no cumprimento das normas orçamentárias.

Como último objetivo descrito na pesquisa, mostrou-se importante definir o papel do Ministério Público como indutor da exigibilidade dos compromissos democráticos, previstos no orçamento público, e sua instrumentalização. Para tanto, foram descritos, pormenorizadamente, os aspectos da fiscalização a ser empreendida sob os ângulos do controle feito na elaboração do orçamento e na execução, com a finalidade de assegurar a participação do cidadão no processo orçamentário.

Afora isso, foram discriminadas as ferramentas à disposição dessa instituição, tanto administrativas quanto judiciais – ação civil pública, as ações de inconstitucionalidade, a ação penal –, trazendo-se outras que podem ser grandes aliadas na atuação no âmbito extrajudicial e judicial. É o caso do acordo de não persecução cível e criminal, bem como da possibilidade da utilização do mandado de injunção perante a justiça estadual. Por fim, apresentou-se uma proposta de atuação institucional, sugerindo estrutura e formas de atuação no processo orçamentário.

Diante disso, analisando a hipótese, verificou-se que os desvios no cumprimento das normas do orçamento, tanto na fase de elaboração quanto na de execução, causaram prejuízo à concretização de direitos sociais, direitos subjetivos veiculados em políticas públicas, e ao processo democrático, fatos que legitimam, pelo interesse social, a atuação do Ministério Público. Descortinou-se, ainda, que, independentemente da violação do direito subjetivo, esse órgão tem atribuições constitucionais para a defesa da ordem jurídica, que a todo tempo é violada, bem como para defesa do regime democrático. Por isso, sua atuação no processo do orçamento público deve ser pautada na perspectiva da preservação da obrigatoriedade de implementação das escolhas feitas como prioridades de direitos a serem concretizados e no aspecto do fomento e garantia da participação efetiva do cidadão no processo orçamentário, fundamentos que demandam, por si só, sua atuação na área.

Com relação ao problema de pesquisa, consubstanciado na pergunta-chave, demonstrou-se que há espaço institucional para a atuação do Ministério Público, que tem legitimidade, capacidade jurisdicional e instrumentos necessários para atuar no controle de gestão dos recursos públicos. Os fundamentos para essa atuação não se esgotam na defesa dos direitos subjetivos, relacionados com a inexecução de programas orçamentário e voltados à concretização dos direitos sociais. Restam as determinações constitucionais da defesa da ordem jurídica, que não tem sido observada pelo controle externo ordinário nem calcada no regime democrático. É necessário fomentar e garantir a participação do cidadão no processo orçamentário e, ainda, exigir dos poderes públicos o cumprimento do que foi deliberado democraticamente e descrito no orçamento.

Nesse sentido, em complemento, descreveu-se um padrão mínimo de linhas de ação que o Ministério Público deve ter como ponto de partida em sua atuação no processo orçamentário, na fiscalização nas fases de elaboração e execução: a) aspecto da fiscalização, como órgão de controle externo jurisdicional das políticas públicas, na elaboração dos orçamentos; b) aspecto da defesa do cidadão perante os demais órgãos e poderes públicos, no cumprimento de políticas públicas e dos direitos fundamentais, previstos no orçamento; c) aspecto do controle social, com o fomento e o incentivo, por meio de maior transparência de dados e informações orçamentárias públicas, da efetivação das regras que determinam a participação dos cidadãos e dos conselhos nos processos do orçamento. A atuação do Ministério Público deve ter como preocupação a efetividade das políticas públicas, pois o que importa é a melhoria da realidade e o atendimento das necessidades básicas dos cidadãos.

Acerca do caminho perseguido como metodologia para análise das informações e da bibliografia, foi feito um levantamento de dados orçamentários e de informações em documentos e em bibliografias. A análise dos dados empíricos foi realizada na introdução do trabalho, e os resultados foram posteriormente manejados como parâmetros de análise na discriminação dos pontos de atuação do Ministério Público nas fases de elaboração e de execução do orçamento.

No que se refere às premissas de descumprimento do orçamento, na fase de elaboração, foi demonstrado que o desvio possui íntima ligação com o arranjo institucional atual, o qual não inclui a atuação efetiva do Ministério Público, o que torna mais difícil ultrapassar os entraves que se apresentam. As referidas premissas abarcaram a concessão reiterada de benefícios fiscais, a previsão irreal das receitas e a alteração das leis orçamentárias LDO e LOA, comprovando-se a relação com a diminuição ou com a falta de recursos públicos para aplicação em direitos sociais, além do desrespeito às regras descritas.

As planilhas elaboradas tomaram como parâmetro dados referentes ao período de 2014 a 2018, divulgados pela transparência pública sobre o orçamento do governo federal e das capitais Brasília (DF), Fortaleza (CE), Manaus (AM), São Paulo (SP) e Porto Alegre (RS), constantes dos Relatórios Resumidos da Execução Orçamentária – RREO de cada unidade federada. Tais dados retrataram a execução orçamentária dessas capitais, sendo, portanto, uma amostra relevante e representativa do país, uma vez que abrangeu as cinco regiões e demonstrou parâmetros distintos no processo de execução do orçamento.

Em relação às dificuldades ou limitações encontradas na pesquisa, pode-se citar o fato de que não foi possível identificar para os programas elencados, de educação infantil e de saneamento básico, de forma individualizada, os saldos dos valores de disponibilidade financeira para cada um dos programas no fim do ano. Inclusive, essa é uma das formas de não se vincularem os valores que foram objeto de contingenciamento e que vão servir para o ano seguinte. Tal dado, que não se sabe se existe ou não, teria demonstrado de forma direta a utilização de mecanismo de desvio de dotações orçamentárias por parte do Poder Executivo, o que se fez de forma indireta, apesar de ter ficado claro que nem mesmo a dotação empenhada é devidamente realizada.

Por fim, a pesquisa trouxe várias afirmações úteis para a reflexão sobre o problema enfocado, o que se passa a elencar: comprovou-se a importância do orçamento público no papel de instrumento de concretização dos direitos sociais, pois ele congrega todos os interesses antagônicos de ordem social, política e econômica, bem como é um filtro democrático das escolhas difíceis. Utilizando linguagem própria, ele torna concreto o que é abstrato, dá a interpretação para a Constituição em termos de realização do direito nela descrito, ou seja, propicia a densidade normativa necessária para tornar real um direito social.

O orçamento não é peça de ficção, mas realidade a ser concretizada. Não é ato autorizativo no sentido de dar integral poder ao Executivo para direcionar os recursos públicos para onde bem entender, sem acordo, sem justificativa plausível e dentro dos limites impostos na Constituição. Dessa forma, ele deve ser observado como uma vinculação direta com a realização dos direitos sociais, assim como tem vinculação a Constituição com os direitos fundamentais, dado que os direitos referidos são sua fonte e seu fundamento.

A superação do "idealismo constitucional", que entende poder-se pensar juridicamente os direitos fundamentais, sem levar em conta a dimensão financeira, bem como o "pragmatismo ou legalismo do orçamento", sem levar em conta os direitos fundamentais, é a formula para a resposta do equilíbrio entre necessidade e escassez de recursos financeiros.

Diante da afirmação de que as normas de implementação de políticas públicas que concretizam direitos fundamentais têm plena eficácia e aplicabilidade, é indiscutível essa característica para aquelas que são consideradas como direitos subjetivos pela Constituição. É o caso do direito à saúde e à educação infantil, sendo elas plenamente exigíveis. Além disso, os direitos sociais, mesmo que não tenham essa característica descrita na Constituição, quando constam do orçamento, passam a ter a mesma impositividade dos demais, não cabendo, portanto, a argumentação de Paul Laband, para quem as normas orçamentárias não veiculavam obrigações e deveres, portanto, era incabível a responsabilização dos agentes públicos por seu descumprimento.

Pontua-se que a infindável discussão sobre a natureza jurídica do orçamento, por tanto tempo debatida, acaba de ser encerrada, pois a Emenda Constitucional nº 100/19 incluiu parágrafo ao art. 165 da CF, que prevê, no seu §10, que a "administração tem o dever de executar as programações orçamentárias, adotando os meios e as medidas necessários, com o propósito de garantir a efetiva entrega de bens e serviços à sociedade".

A visão dos institutos, princípios e regras do direito financeiro e orçamentário, utilizando a roupagem dada pela Constituição Federal, precisa ser compreendida e absorvida pelos poderes públicos, especialmente pelos Poderes Legislativo e Executivo, com o fim de os interpretarem e aplicarem com a força dos direitos fundamentais. Portanto, a reformulação teórica do sentido do orçamento e seu caráter jurídico e impositivo devem ser exigidos pelo Ministério Público como instituição responsável pela alteração do tratamento dos poderes públicos em respeito aos direitos dos cidadãos, verdadeiros detentores do poder e destinatários das prestações positivas devidas pelo Estado.

O Poder Legislativo necessita assumir o novo papel conferido pela Constituição, como fiscal da aplicação dos recursos públicos. Deve pautar suas decisões não mais em uma mera formalidade de fiscalização e de controle nem na troca de interesses que não atendem as necessidades básicas da sociedade, mas, sim, no poder que identifica e legitima o *checks and balances* em prol dos que necessitam do Estado para a melhoria da condição de vida e oportunidades.

Já o Poder Executivo precisa observar não só a formalidade das regras e princípios orçamentários, mas também a finalidade direta e indireta que justifica e legitima sua atuação em nome dos cidadãos.

Não basta criar um programa que atenda um direito social sem criar as dotações necessárias; não basta ter dotações e não as executar como deveria; não basta ter dotações e as desviar por meio de procedimentos, como contingenciamentos ou transferências de recursos para outras finalidades que não foram as escolhidas no processo democrático; não basta ter o programa, a dotação, e não liberar o valor financeiro para o gasto.

Os tribunais de contas, por sua vez, devem incorporar a suas práticas a comunicação interinstitucional em todas as fases, abrindo-se para o processo de controle externo geral do Estado. Esse controle engloba o Ministério Público e o Judiciário, fato que auxiliará em muito o combate a práticas ilícitas recorrentes do Poder Executivo, no que concerne à elaboração e à execução do orçamento. Ainda propiciará receber demandas dos demais órgãos para tornar mais efetiva e vinculada a observância aos direitos fundamentais.

A atuação do Ministério Público, que não pretende e nem pode substituir as demais instituições de controle e da administração, intenta somar esforços nesse sentido a fim de atribuir mais efetividade aos respectivos processos. Deve essa atuação ser pautada pela força indutora da exigência das políticas públicas, cujas escolhas devem ser concretizadas, uma vez que essa atuação não só universaliza a política, mas também diminui o espaço para seu desarranjo.

A pesquisa ainda indicou outros instrumentos de atuação à disposição do Ministério Público, como o acordo de não persecução cível e criminal e a possibilidade da utilização do mandado de injunção perante a Justiça estadual. Por fim, apresentou-se uma proposta de atuação institucional, sugerindo estrutura e formas de atuação no processo orçamentário, conforme já dito.

O Ministério Público, como instituição dotada pela Constituição Federal do poder de proteger e promover a defesa da ordem jurídica, do regime democrático e dos interesses sociais e individuais indisponíveis, tem a obrigação de fiscalizar e controlar o cumprimento das normas orçamentárias, exigindo-as dos poderes públicos e, ainda, fomentando e garantindo ao cidadão o exercício efetivo do controle social, com a finalidade de produzir na realidade a mudança social que a Constituição idealizou.

REFERÊNCIAS

ABRAMOVICH, Victor; COURTIS, Christian. Apuntes sobre la exigibilidad judicial de los derechos sociales. *Cuadernos eletrônicos de Filosofia del derecho*, n. 4, 2001.

ABRANCHES, Sérgio. *Presidencialismo de coalizão*: raízes e evolução do modelo político brasileiro. São Paulo: Companhia das Letras, 2018.

ALEXY, Robert. *Teoria dos direitos fundamentais*. Tradução: Virgílio Afonso da Silva. 5. ed. São Paulo: Malheiros Editores, 2008.

AMARTYA, SEN. Democracy as a universal value. *Journal of Demoracy*, v. 10, n. 3, 1999, p. 1-17. Disponível em: https://www.journalofdemocracy.org/. Acesso em: 6 jul. 2020.

APPIO, Eduardo. *A ação civil pública no Estado Democrático de Direito*. Curitiba: Juruá, 2005.

APPIO, Eduardo. *Controle judicial das políticas públicas no Brasil*. Curitiba: Juruá, 2006.

ARENHART, Sérgio Cruz. As ações coletivas e controle das políticas públicas pelo poder judiciário. *Revista eletrônica do Ministério Público Federal*. Custos Legis, ano I, n. 1, p. 1-20, 2009. Disponível em: www.prrj.mpf.mp.br/. Acesso em: 6 jul. 2020.

ATRIA, Fernando. Existen derechos sociales? XVI Jornadas Argentinas de Filosofia Jurídica y Social. *Caderno n. 2*, 2002. Disponível em: https://www.amprs.com.br. Acesso em: 6 jul. 2020.

AVILA, Humberto. Neoconstitucionalismo: entre a Ciência do Direito e o Direito da Ciência. *Revista Eletrônica de Direito do Estado (REDE)*, n. 17, p. 5, 2009. Disponível em: http://www.direitodoestado.com.br/. Acesso em: 22 jun. 2020.

BARCELLOS, Ana Paula de. Constitucionalização das políticas públicas em matéria de direitos fundamentais: o controle político-social e o controle jurídico no espaço democrático. *In*: SARLET, Ingo Wolfgang; TIMM, Luciano Benetti (Orgs.). *Direitos fundamentais*: orçamento e "reserva do possível". 2. ed. Porto Alegre: Livraria do Advogado, 2010. p. 101-132.

BARCELLOS, Ana Paula de. *A eficácia jurídica dos princípios constitucionais*: o princípio da dignidade da pessoa humana. Rio de Janeiro: Renovar, 2002.

BARROS, Maurício. Orçamento e discricionariedade. *In*: CONTI, José Mauricio; SCAFF, Fernando Facury (Coord.). *Orçamentos públicos e Direito Financeiro*. São Paulo: Revista dos Tribunais, 2011. p. 975-1.007.

BARROS, Sérgio Rezende. *Contribuição dialética para o constitucionalismo*. Campinas: Millennium, 2007.

BARROSO, Luís Roberto. *A dignidade da pessoa humana no Direito Constitucional contemporâneo*: natureza jurídica, conteúdos mínimos e critérios de aplicação. 2010. Disponível em: http://www.luisrobertobarroso.com.br/. Acesso em: 2 nov. 2018.

BARROSO, Luís Roberto. *Curso de Direito Constitucional Contemporâneo*. Os conceitos fundamentais e a construção do novo modelo. São Paulo: Saraiva, 2009.

BARROSO, Luís Roberto. *Direito Constitucional e a efetividade das normas*. 5. ed. Rio de Janeiro: Renovar, 2001.

BARROSO, Luís Roberto. *Interpretação e aplicação da Constituição*: Fundamentos de uma dogmática Constitucional transformadora. 6. ed. São Paulo: Saraiva, 2004.

BARROSO, Luís Roberto. Neoconstitucionalismo e constitucionalização do Direito (o triunfo tardio do Direito Constitucional no Brasil). *Revista de Direito Administrativo*, v. 240, p. 1-42. Disponível em: http://bibliotecadigital.fgv.br/. Acesso em: 5 jul. 2020.

BARROSO, Luís Roberto. O Constitucionalismo Democrático no Brasil: Crônica de um Sucesso imprevisto. *Caderno da Escola Superior da Magistratura do Estado do Pará*, v. 6, n. 10, p. 39-59, 2013.

BLIACHERIENE, Ana Carla; RIBEIRO, Renato Jorge Brown. Fiscalização financeira e orçamentária: controle interno, controle externo e controle social do orçamento. *In:* CONTI, José Mauricio; SCAFF, Fernando Facury (Coord.). *Orçamentos públicos e Direito Financeiro*. São Paulo: Revista dos Tribunais, 2011. p. 1.209-1.233.

BRASIL. *Constituição Federal de 1988*. Presidência da República. Disponível em: http:// www.planalto. gov.br/. Acesso em: 7 jul. 2020.

BRASIL. *Lei Complementar nº 101*, de 04 de maio de 2000. Lei de Responsabilidade Fiscal. LRF. Estabelece normas de finanças públicas voltadas para a responsabilidade na gestão fiscal e dá outras providências. Disponível em: http://www.planalto.gov.br/. Acesso em: 7 jul. 2020.

BRASIL. *Lei 8.429/92*, de 02 de junho de 1992. Brasília-DF: Presidência da República, [2020]. Dispõe sobre as sanções aplicáveis aos agentes públicos nos casos de enriquecimento ilícito no exercício de mandato, cargo, emprego ou função na administração pública direta, indireta ou fundacional e dá outras providências. Disponível em: http://www. planalto.gov.br/. Acesso em: 7 jul. 2020.

BRASIL. Instituto Brasileiro de Geografia e Estatísticas IBGE. *PNAD. Contínua 2018: educação avança no país, mas desigualdades raciais e por região persistem*. Agência IBGE notícias, 19 jun. 2019. Disponível em: https://agenciadenoticias.ibge.gov.br/. Acesso em: 22 jun. 2020.

BRASIL. Governo Federal. *Decreto 678/92*, de 6 de novembro de 1992. Promulga a Convenção Americana sobre Direitos Humanos (Pacto de São José da Costa Rica), de 22 de novembro de 1969. Disponível em: http://www.planalto.gov.br/ccivil_03/decreto/ d0678.htm. Acesso em: 7 jul. 2020.

BRASIL. *Decreto n. 3.321*, 30 de dezembro de 1999. Promulga o Protocolo Adicional à Convenção Americana sobre Direitos Humanos em Matéria de Direitos Econômicos, Sociais e Culturais "Protocolo de São Salvador", 17 nov. 1988. Presidência da República, Casa Civil. Subchefia de Assuntos jurídicos. Brasília-DF, dez. 1999. Disponível em: http:// www.planalto. gov.br/. Acesso em: 22 jun. 2020.

BRASIL. *Decreto n. 591*, 6 de julho de 1992. Promulga o Pacto Internacional sobre Direitos Econômicos, Sociais e Culturais. Presidência da República, Casa Civil. Subchefia de Assuntos jurídicos. Disponível em: http://www.planalto.gov.br/. Acesso em: 22 jun. 2020.

BRASIL. *Emenda Constitucional nº 100, de 26 de junho de 2019*. Altera os arts. 165 e 166 da Constituição Federal para tornar obrigatória a execução da programação orçamentária proveniente de emendas de bancada de parlamentares de Estado ou do Distrito Federal. Disponível em: http://www.planalto.gov.br/ccivil_03/constituicao/emendas/emc/emc100. htm. Acesso em: 7 jul. 2020.

REFERÊNCIAS | 231

BRASIL. *Lei 4.320/64*, de 17 de março de 1964. Estatui Normas Gerais de Direito Financeiro para elaboração e controle dos orçamentos e balanços da União, dos Estados, dos Municípios e do Distrito Federal. Brasília-DF: Presidência da República, [2020]. Disponível em: http://www.planalto.gov.br/. Acesso em: 7 jul. 2020.

BRASIL. *Lei 10.257/2001*, de 10 de julho de 2001. Regulamenta os arts. 182 e 183 da Constituição Federal, estabelece diretrizes gerais da política urbana e dá outras providências. Disponível em: http://www.planalto.gov.br/ccivil_03/leis/leis_2001/l10257. htm. Acesso em: 7 jul. 2020.

BRASIL. *Lei 11.445/2007*, de 5 janeiro de 2007. Estabelece as diretrizes nacionais para o saneamento básico; cria o Comitê Interministerial de Saneamento Básico; altera as Leis nº 6.766, de 19 de dezembro de 1979, 8.666, de 21 de junho de 1993, e 8.987, de 13 de fevereiro de 1995; e revoga a Lei nº 6.528, de 11 de maio de 1978. Disponível em: http:// www.planalto.gov.br/ccivil_03/_ato2007-2010/2007/lei/l11445.htm. Acesso em: 7 jul. 2020.

BRASIL. *Lei 7.347/85*, de 24 de julho de 1985. Disciplina a ação civil pública de responsabilidade por danos causados ao meio-ambiente, ao consumidor, a bens e direitos de valor artístico, estético, histórico, turístico e paisagístico e dá outras providências. Disponível em: http://www.planalto.gov.br/ccivil_03/leis/l7347orig.htm. Acesso em: 7 jul. 2020.

BRASIL. *Lei 10.028/2000*, 19 de outubro de 2000. Altera o Decreto-Lei nº 2.848, de 7 de dezembro de 1940 – Código Penal, a Lei nº 1.079, de 10 de abril de 1950, e o Decreto-Lei nº 201, de 27 de fevereiro de 1967. Disponível em: http://www.planalto.gov.br/ccivil_03/ LEIS/L10028.htm. Acesso em: 7 jul. 2020.

BRASIL. Instituto Nacional de Estudos e Pesquisas Educacionais Anísio Teixeira. INEP. *Censo Escolar 2018 revela crescimento de 18% nas matrículas em tempo integral no ensino médio.* 2019. Disponível em: http://portal.inep.gov.br/. Acesso em: 22 jun. 2020.

BRASIL. Supremo Tribunal Federal STF. *Agravo em Recurso Extraordinário. ARE 436996-6-RS.* Diário da Justiça, 3 de fevereiro de 2006. Disponível em: http://www.stf.jus.br/ Acesso em: 14 jul. 2020.

BRASIL. Supremo Tribunal Federal STF. *Recurso Extraordinário. RE: 273834 RS.* Diário da Justiça, de 18 de setembro 2000. Disponível em: http://www.stf.jus.br/. Acesso em: 14 jul. 2020.

BRASIL. Supremo Tribunal Federal. *Ação Declaratória de Preceito Fundamental. ADPF 45-9* Diário da Justiça, 4 de maio de 2004. Disponível em: http://www.stf.jus.br/. Acesso em: 6 jul. 2020.

BRASIL. Supremo Tribunal Federal. *Ação Direta de Inconstitucionalidade. ADI-MC: 2484-1 DF.* Diário de Justiça, 14 de novembro de 2003. Disponível em: http://redir.stf.jus.br/. Acesso em: 7 jul. 2020.

BRASIL. Supremo Tribunal Federal. *Ação Direta de Inconstitucionalidade. ADI: 2925 DF.* Diário da Justiça, 4 de março de 2005. Disponível em: http://www.stf.jus.br. Acesso em: 7 jul. 2020.

BRASIL. Supremo Tribunal Federal. Tribunal Pleno. *Ação Direta de Inconstitucionalidade. ADI: 2100 RS,* Reqte: Governador do Rio Grande do Sul. Reqdo: Assembleia Legislativa do Estado do Rio Grande do Sul. Rel. Min. Néri da Silveira, Brasília, DF, 17 de dezembro de 1999. DJ, 1 de junho de 2001. Disponível em: www.stf.jus.br/. Acesso em: 7 jul. 2020.

BRASIL. Supremo Tribunal Federal. *Ação Direta de Inconstitucionalidade. ADI 4048 DF.* Diário da Justiça, 22 de fevereiro de 2011. Disponível em: http://www.stf.jus.br/. Acesso em: 7 jul. 2020.

BRASIL. Supremo Tribunal Federal. *Ação Direta de inconstitucionalidade. ADI 3949 DF.* Diário da Justiça, 7 de agosto de 2009. Disponível em: http://www.stf.jus.br/. Acesso em: 7 jul. 2020.

BRASIL. Supremo Tribunal Federal. *Ação Direta de Inconstitucionalidade. ADI: 4663 DF.* Diário da Justiça, Brasília-DF, 16 de outubro de 2014. Disponível em: http://www.stf. jus.br/. Acesso em: 7 jul. 2020.

BRASIL. Supremo Tribunal Federal. *Ação Direta de Inconstitucionalidade. ADI: 5449 MC.* Diário da Justiça, 22 de abril de 2016. Disponível em: http://www.stf.jus.br/. Acesso em: 7 jul. 2020.

BRASIL. Supremo Tribunal Federal. *Ação Direta de Inconstitucionalidade. ADI: 789-1DF.* Diário da Justiça, 19 de dezembro de 1994. Disponível em: http://www.stf.jus.br/. Acesso em: 7 jul. 2020.

BRASIL. Supremo Tribunal Federal. *Agravo em Recurso Extraordinário. ARE 639337.* Diário de Justiça, 5 de setembro de 2011. Disponível em: http://www.stf.jus.br/. Acesso em: 7 jul. 2020.

BRASIL. Supremo Tribunal Federal. *Agravo Regimental no AI nº 809.338-RJ.* Diário da Justiça, 24 de março de 2014. Disponível em: http://www.stf.jus.br/. Acesso em: 7 jul. 2020.

BRASIL. Supremo Tribunal Federal. *Recurso Extraordinário. RE 566.471.* Diário da Justiça, 16 de março de 2020. Disponível em: http://www.stf.jus.br/. Acesso em: 13 jul. 2020.

BRASIL. Supremo Tribunal Federal. *Recurso Extraordinário. RE 636553-RS.* Diário da Justiça 50, 9 de março de 2012. Disponível em: http://www.stf.jus.br/portal/. Acesso em: 7 jul. 2020.

BRASIL. Supremo Tribunal Federal. *Recurso Extraordinário. RE 643978/SE.* Diário da Justiça, 25 de outubro de 2019. Disponível em: http://www.stf.jus.br/. Acesso em: 7 jul. 2020.

BRASIL. Supremo Tribunal Federal. *Recurso Extraordinário. RE 729744.* Diário da Justiça, 23 de agosto de 2017. Disponível em: http://www.stf.jus.br/. Acesso em: 7 jul. 2020.

BRASIL. Supremo Tribunal Federal. *Recurso Extraordinário. RE 956475-RJ.* Diário da Justiça, 17 de maio de 2016. Disponível em: http://www.stf.jus.br/. Acesso em: 7 jul. 2020.

BRASIL. Tribunal de Contas da União. *Relatório e parecer prévio sobre as contas do presidente da República de 2019.* Brasília-DF, 10 de junho de 2020. Disponível em: https://pesquisa. apps.tcu.gov.br/. Acesso em: 7 jul. 2020.

BRASIL. Tribunal de Contas da União. *Relatório e parecer prévio sobre as contas do presidente da República de 2019.* Disponível em: https://pesquisa.apps.tcu.gov.br/. Acesso em: 7 jul. 2020.

BRITTO, Carlos Ayres. *O humanismo como categoria constitucional.* Belo Horizonte: Fórum, 2012.

BUCCI, Maria Paula Dallari. *Fundamentos para uma teoria jurídica das políticas públicas.* São Paulo: Saraiva, 2013.

REFERÊNCIAS | 233

BUCCI, Maria Paula Dallari. O conceito de política pública em direito. *In*: BUCCI, Maria Paula Dallari (Org.). *Políticas públicas*. Reflexões sobre o conceito jurídico. São Paulo: Saraiva, 2006. p. 1-47.

BUJANDA, Fernando Sainz de. *Lecciones de derecho financiero. 7. ed*. Madrid: Universidad Complutense, 1989.

CALIENDO, Paulo. *Direito Tributário e análise econômica do Direito*. São Paulo: Elsevier, 2008.

CALIENDO, Paulo. Reserva do possível, direitos fundamentais e tributação. *In*: SARLET, Ingo Wolfgang; TIMM, Luciano Benetti (Org.). *Direitos fundamentais, orçamento e "reserva do possível"*. 2. ed. Porto Alegre: Livraria do Advogado, 2010. p. 175-186.

CAMPOS, Francisco. *Parecer*. Orçamento – Natureza Jurídica – lei material e lei formal – Exposição e crítica da doutrina de Laband. Rio de Janeiro: [s.l.], 1948. Disponível em: http://bibliotecadigital.fgv.br/. Acesso em: 7 jul. 2020.

CANOTILHO, José Joaquim Gomes. *Constituição dirigente e vinculação do legislador*. Contributo para a compreensão das normas constitucionais programáticas. Coimbra: Coimbra, 1982.

CANOTILHO, José Joaquim Gomes. *Direito Constitucional*. Coimbra: Almedina, 1993.

CARVALHO, André Castro. Uma Teoria de Direito Constitucional Financeiro e Direito Orçamentário substantivo no Brasil. *In*: CONTI, José Mauricio; SCAFF, Fernando Facury (Coord.). *Orçamentos públicos e Direito Financeiro*. São Paulo: Revista dos Tribunais, 2011. p. 41-79.

CARVALHO, Paulo de Barros. *Fundamentos jurídicos da incidência tributária*. São Paulo: Saraiva, 2004.

CASTELLS, Manuel. *A sociedade em rede*. 8. ed. v. 1. Tradução: Roneide Venancio Majer. São Paulo: Paz e Terra, 2000.

COELHO, Cristiane. O caráter democrático do Orçamento de Investimento. *In*: CONTI, José Mauricio; SCAFF, Fernando Facury (Coord.). *Orçamentos públicos e Direito Financeiro*. São Paulo: Revista dos Tribunais, 2011. p. 265-281.

CONTI, José Mauricio. Iniciativa legislativa em matéria financeira. *In*: CONTI, José Mauricio; SCAFF, Fernando Facury (Coord.). *Orçamentos públicos e Direito Financeiro* São Paulo: Revista dos Tribunais, 2011. p. 283-307.

CONTI, José Mauricio. Planejamento e responsabilidade fiscal. *In*: SCAFF, F, F.; CONTI, J. M. (Coord.). *Lei de Responsabilidade Fiscal*: 10 anos de vigência - questões atuais. São José: Conceito, 2010. p 39-56

CORTI, Horácio Guillermo. Derechos fundamentales y presupuesto público: una renovada relación en el marco del neocontitucionalismo periférico. *In*: CONTI, José Mauricio; SCAFF, Fernando Facury (Coord.). *Orçamentos públicos e Direito Financeiro*. São Paulo: Revista dos Tribunais, 2011. p. 127-185.

CREPALDI, Silvio Aparecido; CREPALDI, Guilherme Simões. *Direito Financeiro*: teoria e prática. Planejamento, elaboração, controle e gestão do orçamento público exercícios e questões com respostas. Rio de Janeiro: Forense, 2009.

CRETELLA JÚNIOR, José. *Dos atos administrativos especiais*. Rio de Janeiro: Forense, 1998.

CUNDA, Daniela Zago Gonçalves. Controle de políticas públicas pelos tribunais de contas: tutela da efetividade dos direitos e deveres fundamentais. *Rev. Bras. de Políticas Públicas*, v. 1, n. 2, p. 111-147, 2011.

DAHL, Robert A. *A democracia e seus críticos*. Tradução: Patrícia de Freitas Ribeiro. São Paulo: WMF Martins Fontes, 2012.

DALLARI, Adilson Abreu. Orçamento impositivo. *In*: CONTI, José Mauricio; SCAFF, Fernando Facury (Coord.). *Orçamentos públicos e Direito Financeiro*. São Paulo: Revista dos Tribunais, 2011. p. 309-327.

DI PIETRO, Maria Sylvia Zanella. *Direito Administrativo*. 10. ed. São Paulo: Atlas, 1998.

DIMOULIS, Dimitri. *Positivismo jurídico*: introdução a uma teoria do direito e defesa do pragmatismo jurídico-político. São Paulo: Método, 2006.

DISTRITO FEDERAL. Tribunal de Contas do Distrito Federal. *Processo 206/2001*. Decisão nº 5884/2005. Diário Oficial do Distrito Federal de 28 de novembro de 2005. Disponível em: https://www.tc.df.gov.br/. Acesso em: 22 jun. 2020.

DISTRITO FEDERAL. Tribunal de Contas do Distrito Federal. *Processo 206/2001*. Decisão nº 5884/2005, Diário Oficial do Distrito Federal de 28 de novembro de 2005. Disponível em: https://www.tc.df.gov.br/. Acesso em: 22 jun. 2020.

DISTRITO FEDERAL. Tribunal de Contas do Distrito Federal. *Relatório analítico e parecer prévio sobre as contas do governo do Distrito Federal de 2011*. Brasília-DF, 22 de maio de 2013. Disponível em: https://www.tc.df.gov.br/. Acesso em: 22 jun. 2020.

DISTRITO FEDERAL. Tribunal de Contas do Distrito Federal. *Relatório Analítico e Parecer prévio sobre as Contas do Governo do Distrito Federal de 2015*. Brasília-DF, 01 de agosto de 2017. Disponível em: https://www.tc.df.gov.br/. Acesso em: 22 jun. 2020.

DISTRITO FEDERAL. Tribunal de Justiça do Distrito Federal. *Apelação Cível 20040 111048070*. Diário da Justiça, 4 de junho de 2008. Disponível em: http://www.tjdft.jus. br/. Acesso em: 7 jul. 2020.

DUARTE, Clarice Seixas. Direito público subjetivo e políticas educacionais. *São Paulo Perspectiva*, v. 18, n. 2, 2004. Disponível em: http://dx.doi.org/. Acesso em: 6 jul. 2020.

ESPADA, João Carlos. Direitos sociais de cidadania. Uma Crítica a F. A Hayek e R. Plant *Análise Social*. Instituto de Ciências Sociais da Universidade de Lisboa, v. XXX, n. 131-132, p. 265-287, 1995.

FAGUNDES, Miguel Seabra. *O controle dos atos administrativos pelo Poder Judiciário*. Rio de Janeiro: Forense, 1967.

FARIA, Rodrigo Oliveira de. *Natureza jurídica do orçamento e flexibilidade orçamentária*. 2010. 288 f. Dissertação (Mestrado em Direito Econômico e Financeiro) – Faculdade de Direito, Universidade de São Paulo, São Paulo, 2010.

FONROUGE, Carlos M. Giuliani. *Derecho Financiero*. 3. ed. v. I. Buenos Aires: Depalma, 1977.

FRISCHEISEN, Luiza Cristina Fonseca. Políticas públicas: planejamento, desenvolvimento e fiscalização. Conselhos gestores e democracia participativa. O papel do Ministério Público. *In*: BUCCI, Maria Paula Dallari (Org.). *Direitos humanos e políticas públicas*. São Paulo: Instituto Pólis, 2001. p. 44-52.

GIACOMONI, James. *Orçamento público*. 16. ed. São Paulo: Atlas, 2012.

REFERÊNCIAS | 235

GOMES, Mário Soares Caymmi. Apontamentos para uma análise retórica da reserva do possível como limitador da eficácia dos direitos fundamentais. Entre Aspas. *Revista da UNICORP*, v. 3, p. 80-98, 2013.

GONÇALVES, Cláudia Maria da Costa. *Direitos fundamentais sociais*. Releitura de uma Constituição Dirigente. 2. ed. Curitiba: Juruá, 2011.

GRAU, Eros Roberto. *A ordem econômica na Constituição de 1988*. Interpretação e Crítica. São Paulo: Revista dos Tribunais, 1990.

GUASTINI, Ricardo. *Distinguendo*: studi dei teoria e metateoria del diritto. Torino: Giappichelli, 1996.

GUSTIN, Miracy Barbosa de Sousa; DIAS, Maria Tereza Fonseca. *(Re)pensando a pesquisa jurídica*: teoria e prática. 3. ed. Belo Horizonte: Del Rey, 2010.

HABERMAS, Jürgen. *Direito e democracia*. Entre facticidade e validade. Tradução: Flávio Beno Sienbeneichler. v. I. Rio de Janeiro: Tempo Brasileiro, 1997.

HACHEM, Daniel Wunder. São os direitos sociais "direitos públicos subjetivos"? Mitos e confusões na teoria dos direitos fundamentais. *Revista de Estudos Constitucionais, Hermenêutica e Teoria do Direito* (RECHTD), v. 11, n. 3, p. 404-436, 2019. Disponível em: http://revistas.unisinos.br/. Acesso em: 6 jul. 2020.

HESSE, Konrad. *A força normativa da Constituição*. Porto Alegre: Sergio Antonio Fabris Editora, 1991.

HOLMES, Stephen; SUNSTEIN, Cass. *The cost of rights*: why liberty depends on Taxes. New York/London: W.W. Norton & Company, 1999.

HOWLETT, Michael; RAMESH, M.; PERL, Anthony. *Política pública*. Seus ciclos e subsistemas. Uma abordagem integral. Trad. Técnica Francisco G. Heidemann. Rio de Janeiro: Elsevier, 2013.

LABAND, Paul. *Derecho presupuestario*. Tradução: José Zamit. Madrid: Instituto de Estudios Fiscales, 1979.

LAFER, Celso. *A reconstrução dos direitos humanos*: um diálogo com o pensamento de Hannah Arendt. São Paulo: Companhia das Letras, 1988.

LEITE, Harrison Ferreira. *Autoridade da lei orçamentária*. Porto Alegre: Livraria do Advogado, 2011.

LOEWENSTEIN, Karl. *Teoria de la Constitución*. Tradução: Alfredo Gallego Anabitarte. Barcelona: Ariel, 1986.

MÂNICA, Fernando Borges. Teoria da reserva do possível: direitos fundamentais a prestações e a intervenção do poder judiciário na implementação de políticas públicas. *Cadernos da Escola de Direito*, v. 1, n. 8, p. 89-104, 2017. Disponível em: https://portaldeperiodicos.unibrasil.com.br/. Acesso em: 2 jun. 2020.

MARCHETTI, Rafaela. *Obrigatoriedade da educação infantil a partir de quatro anos de idade*: percepções de Educadores e Familiares. 2015. 101 f Dissertação (Mestrado em Ciências Humanas) – Faculdade de Educação, Universidade Federal de São Carlos, São Paulo, 2015.

MARINO, Leonardo Romero. Moldando a "reserva do possível" no tempo: a sustentabilidade fiscal como direito difuso fundamental. *Revista Brasileira de Políticas Públicas*, v. 5, n. 1, p. 171-193, 2015.

MARTINS JÚNIOR, Wallace Paiva. *Controle da administração pública pelo ministério público* (ministério público defensor do povo). São Paulo: Juarez de Oliveira, 2002.

MASSA-ARZABE, Patrícia Helena. Dimensão jurídica das políticas públicas. *In*: BUCCI, Maria Paula Dallari (Org.). *Políticas públicas*: reflexões sobre o conceito jurídico. São Paulo: Saraiva, 2011. p. 21-71.

MAZZILLI, Hugo Nigro. O Ministério Público e a defesa do regime democrático. *Revista de Informação Legislativa*, v. 35, n. 138, p. 65-73, 1998. Disponível em: http://www.mazzilli.com.br/. Acesso em: 6 jul. 2020.

MENDONÇA, Eduardo. Da faculdade de gastar ao dever de agir: o esvaziamento contramajoritário de políticas públicas. *In*: SOUZA NETO, Cláudio Pereira de; SARMENTO, Daniel (Coord.). *Direitos sociais*: fundamentos, judicialização e direitos sociais em espécie. Rio de Janeiro: Lumen Juris, 2010. p. 231-278.

MONCADA, Luís S. Cabral de. Perspectivas do novo direito orçamental português. *In*: *Estudos de Direito Público*. Coimbra: Coimbra, 2001.

MOTA, Ana Carolina Y. H de Andrade. *Accountability no Brasil*: os cidadãos e seus meios institucionais de controle dos representantes. 2006. 250 f. Tese (Doutorado em Ciência Política) – Faculdade de Filosofia, Letras e Ciências Humanas, Universidade de São Paulo, São Paulo. 2006.

MOURA, Emerson Affonso da Costa; RIBEIRO, Jamir Calili. Direitos fundamentais sociais, orçamento público e reserva do possível: o dever de progressividade nos gastos públicos. *Revista de Direito Brasileira*, v. 16, n. 7, p. 225-241, 2017. Disponível em: www.indexlaw.org/. Acesso em: 22 jun. 2020.

NOBREGA, Marcos. Orçamento, eficiência e performance budget. *In*: CONTI, José Mauricio; SCAFF, Fernando Facury (Coord.). *Orçamentos públicos e Direito Financeiro*. São Paulo: Revista dos Tribunais, 2011. p. 693-728.

OLIVEIRA, Regis Fernandes de. *Curso de Direito Financeiro*. São Paulo: RT, 2008.

OLIVEIRA, Weder de. *Curso de responsabilidade fiscal*. v. I. Brasília: Fórum, 2013.

OLIVEIRA, Weder de. *Lei de diretrizes orçamentárias*: gênese, funcionalidade e constitucionalidade – retomando as origens. Belo Horizonte: Fórum, 2017.

OLSEN, Ana Carolina Lopes. *A eficácia dos direitos fundamentais sociais frente à reserva do possível*. 2006. 206 p. Dissertação (Mestrado em Direito) – Faculdade de Direito. Universidade Federal do Paraná, Curitiba, 2006.

OLSEN, Ana Carolina Lopes. *Direitos fundamentais sociais*. Efetividade frente à reserva do possível. Curitiba: Juruá, 2008.

PIOVESAN, Flávia. *Direitos humanos e direito constitucional internacional*. São Paulo: Saraiva, 2012.

PONTES, Paulo Araújo; FREIRE JÚNIOR, José. REFIS: Avaliação dos impactos na Arrecadação Tributária do Ceará. *Discussão n 130*. IPECE, Governo do Ceará. Secretaria de Planejamento, 2019. Disponível em: https://www.ipece.ce.gov.br/. Acesso em: 7 jul. 2020.

PULIDO, Carlos Bernal. Fundamento, conceito e estrutura dos direitos sociais: uma crítica a "existem direitos sociais?" *In*: SOUZA NETO, Cláudio Pereira de; SARMENTO, Eduardo *et al.* (Coord.). *Direitos sociais*: fundamentos, judicialização e direitos sociais em espécie. Rio de Janeiro: Lumen Juris, 2010. p. 137-175.

REFERÊNCIAS | 237

REALE, Miguel. *Lições Preliminares de Direito*. 11. ed. São Paulo: Saraiva, 1984.

RICHARDSON, Roberto Jarry. *Pesquisa social*: métodos e técnicas. São Paulo: Atlas, 2012. p. 63.

SAKAI, Juliana; PAIVA, Natália. Quem são os conselheiros dos Tribunais de Contas? *Transparência Brasil*. Relatório. [internet]. 2016. Disponível em: https://www.transparencia. org.br. Acesso em: 22 jun. 2020.

SALIONE, Beatriz Camasmie Curiati. *Administração pública por resultados e os contratos de gestão com as organizações sociais*: o uso do *balanced scorecard* como ferramenta de avaliação de desempenho. 2013. 306 f. Dissertação (Mestrado em Direito do Estado) – Faculdade de Direito, Universidade de São Paulo, São Paulo, 2013.

SANTANA, Izaias José de. O princípio da separação de poderes e a implementação das políticas públicas no sistema orçamentário Brasileiro. *In*: CONTI, José Maurício; SCAFF, Facury (Coord.). *Orçamentos Públicos e Direito Financeiro*. São Paulo: Revista dos Tribunais, 2011, p. 1.111-1.134.

SÃO PAULO. Tribunal de Justiça de São Paulo. 11ª Câmara de Direito Público. *Apelação Cível n. 1005065-75.2016.8.26.0073*. Diário da Justiça, 6 de março de 2019. Disponível em: http://www.tjsp.jus.br. Acesso em: 7 jul. 2020.

SÃO PAULO. Tribunal de Justiça de São Paulo. *Ação Declaratória de Inconstitucionalidade. ADIN Nº: 0494816-60.2010.8.26.0000*, de 14 set. 2011. Disponível em: http://www. urbanismo.mppr.mp.br/. Acesso em: 7 jul. 2020.

SARLET, Ingo Wolfgang. *A eficácia dos direitos fundamentais*. Uma teoria geral dos direitos fundamentais na perspectiva constitucional. 12. ed. Porto Alegre: Livraria do Advogado, 2015.

SARLET, Ingo Wolfgang. Dignidade (da pessoa) humana, mínimo existencial e justiça constitucional: algumas aproximações e alguns desafios. *Revista do CEJUR/TJSC*: Prestação Jurisdicional, v. 1, n. 1, p. 29-44, 2013.

SARMENTO, Daniel. A proteção judicial dos direitos sociais: alguns parâmetros éticos-jurídicos. *In*: SOUZA NETO, Claudio Pereira de; SARMENTO, Daniel (Coord.). *Direitos sociais fundamentos*: judicialização e direitos sociais em espécie. t. 2. Rio de Janeiro: Lumen Juris, 2010. p. 553-586.

SCAFF, Fernando Facury. A efetivação dos direitos sociais no Brasil, garantias constitucionais de financiamento e judicialização. *Jornada Internacional de Direito Constitucional Brasil/Espanha/Itália*. 2010, São. Paulo. Anais. São Paulo: Quartier Latin, 2010. p. 1.123-1.124.

SERRANO, Luis Sanchez. *Tratado de derecho financiero y tributário constitucional I*. Madrid: Marcial Pons, 1997.

SILVA, José Afonso. *Curso de Direito Constitucional Positivo*. 9. ed. São Paulo: Malheiros, 1993.

SILVA, Moacir Marques da. A lógica do planejamento público à luz da Lei de Responsabilidade Fiscal. *In*: CONTI, José Maurício; SCAFF, Fernando Facury (Coord.). *Orçamentos públicos e Direito Financeiro*. São Paulo: Revista dos Tribunais, 2011. p. 751-765.

SILVA, Sandoval Alves. *Direitos sociais*: leis orçamentárias como instrumentos de implementação. Curitiba: Juruá, 2007.

SOUZA NETO, Cláudio Pereira de. A justiciabilidade dos direitos sociais. Críticas e parâmetros. *In*: SOUZA NETO, Cláudio Pereira de; SARMENTO, Daniel (Coord.). *Direitos sociais*: fundamentos, judicialização e direitos sociais em espécie. Rio de Janeiro: Lumen Juris, 2010. p. 515-551.

STHIF, Kate. Congress' Power of the purse. *The Yale Low Journal*. v. 97, n. 7, 1988.

SUNSTEIN, C. R.; VERMEULE. A. Interpretation and institutions. *John M. Olin Law & Economics Working Paper*, n. 156, p. 1-57, 2002. Disponível em: https://chicagounbound. uchicago.edu/. Acesso em: 6 jul. 2020.

SUXBERGER, Antônio Henrique Graciano; LEMOS, Rubin. O orçamento público como instrumento de concretização da dignidade da pessoa humana. *Revista Jurídica da Presidência*, v. 22, n. 126, p. 88-112, 2020. Disponível em: http://dx.doi.org/. Acesso em: 22 jun. 2020.

TAVEIRA, Christiano de Oliveira; MARÇAL, Thais Boia. Proibição de retrocesso social e orçamento: em busca de uma relação harmônica. *RDA - Revista de Direito Administrativo*, v. 264, p. 161-186, 2013.

TOLLINI, Hélio Martins; AFONSO, José Roberto R. A Lei 4.320 e a responsabilidade orçamentária. *In*: CONTI, José Maurício; SCAFF, Fernando Facury (Coord.). *Orçamentos públicos e Direito Financeiro*. São Paulo: Revista dos Tribunais, 2011. p. 491-511.

TORRES, Ricardo Lobo. *O direito ao mínimo existencial*. Rio de Janeiro: Renovar, 2009.

TORRES, Ricardo Lobo. *Tratado de Direito Constitucional Financeiro e Tributário*: orçamento na Constituição. 3. ed. v. 5. Rio de Janeiro: Renovar, 2008.

TRATA BRASIL. *Painel Saneamento Brasil*. 2018. Disponível em: https://www. painelsaneamento.org.br. Acesso em: 22 jun. 2020.

TRISTÃO, Gilberto. Dificuldades na democratização do orçamento público. *Revista de Informação Legislativa*, ano 26, n. 104, p. 121-130, 1989.

TUGENDHAT, Ernst. *Lecciones de ética*. Barcelona: Gedisa, 1997.

WEINGARTNE NETO, Jaime; VIZZOTTO, Vinicius Diniz. Ministério Público, ética, boa governança e mercados: uma pauta de desenvolvimento e da economia. *In*: SARLET, I.; TIMM, L. *et al.* (Org.). *Direitos fundamentais, orçamento e "reserva do possível"*. 2. ed. Porto Alegre: Livraria do Advogado, 2010. p. 255-271.

WILDAVSKY, Aaron; CAIDEN, Naomi. *The new politics of the budgetary process*. 5. ed. New York: Pearson Longman, 2004.

ZAVASCKI, Teori Albino. *Processo coletivo*. Tutela de direitos coletivos e tutela coletiva de direitos. 6. ed. São Paulo: Revista dos Tribunais, 2014.

APÊNDICES

APÊNDICE 1 – DISTRITO FEDERAL

PLANILHA 1 – EDUCAÇÃO INFANTIL EM R$

Ano	Dotação autorizada A	Dotação empenhada B	Dotação liquidada C	Saldo não liquidado diminuído dos restos a pagar não processados D = A - C - RPNP	Percentual de não execução da dotação autorizada E = D/A*100
2014	636.387.854,00	563.314.209,88	540.377.367,58	73.073.644,12	11,48%
2015	708.471.702,37	656.978.550,81	643.314.716,00	51.493.151,56	7,26%
2016	813.044.701,00	648.377.487,36	639.504.338,77	164.667.213,64	20,25%
2017	551.915.728,00	465.693.396,96	457.406.697,67	86.222.331,04	15,62%
2018	601.492.242,97	531.849.742,79	520.947.236,74	69.642.500,18	11,58%

Fonte: SIAC, ano 2014-2018.

PLANILHA 2 – SANEAMENTO BÁSICO URBANO EM R$

Ano	Dotação autorizada .	Dotação empenhada	Dotação liquidada	Saldo não liquidado diminuído dos empenhos não processados	Percentual de não execução da dotação autorizada
2014	99.782.056,00	4.568.613,34	4.388.750,39	95.213.442,66	95,42%
2015	711.615,00	511.864,93	297.526,19	199.750,07	28,07%
2016	8.077.587,00	5.901.824,19	202.667,65	2.175.762,81	26,93%
2017	21.535.997,00	9.911.856,60	8.806.207,78	11.624.140,40	53,97%
2018	47.195.619,00	15.086.434,82	14.439.071,05	32.109.184,18	68,03%

Fonte: SIAC, ano 2014-2018.

PLANILHA 3 – SALDOS DOS EXERCÍCIOS ANTERIORES (SUPERÁVIT FINANCEIRO) UTILIZADOS PARA CRÉDITOS ADICIONAIS EM R$

Ano	Valores em R$
2014	584.810.207,28
2015	1.550.637.638,03
2016	1.216.180.136,74
2017	1.088.501.816,08
2018	950.551.213,88
20192019	660.843387,64

Fonte: SIAC, ano 2014-2018.

APÊNDICE 2 – PORTO ALEGRE

PLANILHA 4 – EDUCAÇÃO INFANTIL EM R$

Ano	Dotação Autorizada	Dotação empenhada	Dotação Liquidada	Saldo não liquidado diminuído dos empenhos não processados	Percentual de não execução da dotação autorizada
2014	165.756.487,97	120.111.103,49	119.012.099,52	45.645.384,48	27,53%
2015	187.938.783,58	139.840.136,69	134.873.700,26	48.098.646,57	25,59%
2016	162.108.430,78	141.700.542,91	140.904.653,10	20.407.887,87	12,59%
2017	176.373.837,86	148.456.704,43	144.687.422,08	27.917.132,65	15,82%
2018	211.030.855,94	182.916.969,54	180.736.711,69	28.113.886,40	13,32%

Fonte: SMF/GIT, ano 2014-2018.

PLANILHA 5 – SANEAMENTO BÁSICO URBANO EM R$

Ano	Dotação autorizada	Dotação empenhada	Dotação liquidada	Saldo não liquidado diminuído dos empenhos não processados	Percentual de não execução da dotação autorizada
2014	404.506.704,29	304.612.623,00	286.297.426,44	99.894.081,29	24,70%
2015	407.288.486,25	265.184.284,11	247.193.195,36	142.104.202,10	34,09%
2016	454.875.670,59	328.801.457,55	307.928.590,85	126.074.213,00	27,71%
2017	436.142.201,61	307.265.299,14	259.813.320,90	128.876.902,50	29,55%
2018	380.662.220,51	311.033.125,99	260.629.615,24	69.629.099,45	18,29%

Fonte: SMF/GIT ano 2014-2018.

PLANILHA 6 – SALDOS DOS EXERCÍCIOS ANTERIORES (SUPERÁVIT FINANCEIRO) UTILIZADOS PARA CRÉDITOS ADICIONAIS EM R$

Ano	Valores em R$
2014	50.028.699,82
2015	119.401.165,44
2016	67.797.125,00
2017	76.442.028,25
2018	117.375.892,59
2019	126.489.361,94

Fonte: SMF/GIT, ano 2014-2018.

APÊNDICE 3 – FORTALEZA

PLANILHA 7 – EDUCAÇÃO INFANTIL EM R$

Ano	Dotação autorizada	Dotação empenhada	Dotação liquidada	Saldo não liquidado diminuído dos empenhos não processados	Percentual de não execução da dotação autorizada
2014	228.403.997,00	115.367.721,82	99.879.864,96	113.036.275,18	49,48%
2015	161.965.177,00	118.591.928,23	114.524.418,80	43.373.248,77	26,77%
2016	197.674.287,00	149.889.697,91	145.773.860,80	47.784.589,09	24,17%
2017	210.569.803,00	157.813.468,38	156.676.898,90	52.756.334,62	25,05%
2018	201.001.023,00	145.275.562,08	143.736.347,63	56.660.884,92	28,19%

Fonte: Sistema SIOF/GRPFOR-FC, ano 2014-2018.

PLANILHA 8 – SANEAMENTO BÁSICO URBANO EM R$

Ano	Dotação autorizada	Dotação empenhada	Dotação liquidada	Saldo não liquidado diminuído dos empenhos não processados	Percentual de não execução da dotação autorizada
2014	50.000,00	00,00	00,00	50.000,00	100%
2015	42.000,00	00,00	00,00	42.000,00	100%
2016	Inexistente	Inexistente	Inexistente	Inexistente	Inexistente
2017	Inexistente	Inexistente	Inexistente	Inexistente	Inexistente
2018	535,00	0,00	0,00	535,00	100%

Fonte: Sistema SIOF/GRPFOR-FC, ano 2014-2018.

PLANILHA 9 – SALDOS DOS EXERCÍCIOS ANTERIORES (SUPERÁVIT FINANCEIRO) UTILIZADOS PARA CRÉDITOS ADICIONAIS EM R$

Ano	Valores em R$
2014	147.128.034,00
2015	117.263.589,00
2016	48.945.602,00
2017	198.210.626,09
2018	197.132.580,00
2019	520.942.165,00

Fonte: Sistema SIOF/GRPFOR-FC, ano 2014-2018.

APÊNDICE 4 – MANAUS

PLANILHA 10 – EDUCAÇÃO INFANTIL EM R$

Ano	Dotação autorizada	Dotação empenhada	Dotação liquidada	Saldo não liquidado diminuído dos empenhos não processados	Percentual de não execução da dotação autorizada
2014	261.272.893,76	176.789.451,23	170.794.151,37	84.483.442,20	32,33%
2015	213.395.701,88	163.960.874,73	163.924.237,72	49.434.827,15	23,16%
2016	201.651.298,25	186.053.603,43	181.094.792,28	20.556.505,97	10,19%
2017	215.590.684,08	209.794.500,02	197.008.833,00	18.581.851,08	8,62%
2018	274.351.191,87	237.197.865,68	229.592.256,79	44.758.935,08	16,31%

Fonte: Secretaria Municipal de Finanças – SEMEF, ano 2014-2018.

PLANILHA 11 – SANEAMENTO BÁSICO URBANO EM R$

Ano	Dotação autorizada	Dotação empenhada	Dotação liquidada	Saldo não liquidado diminuído dos empenhos não processados	Percentual de não execução da dotação autorizada
2014	63.107.391,10	47.712.117,60	47.712.117,60	15.395.273,50	24,40%
2015	153.423.724,71	51.403.942,49	43.152.477,23	102.019.782,22	66,50%
2016	111.168.528,85	38.593.890,46	35.583.171,85	75.585.357,00	67,99%
2017	101.460.566,37	45.560.711,87	45.560.711,87	55.899.854,50	55,09%
2018	79.186.587,19	23.591.389,89	22.920.064,87	56.266.522,32	71,05%

Fonte: Secretaria Municipal de Finanças – SEMEF, ano 2014-2018.

PLANILHA 12 – SALDOS DOS EXERCÍCIOS ANTERIORES (SUPERÁVIT FINANCEIRO) UTILIZADOS PARA CRÉDITOS ADICIONAIS EM R$

Ano	Valores em R$
2014	189.457.944,32
2015	105.213.581,36
2016	149.511.526,99
2017	181.962.155,26
2018	214.121.558,95
2019	240.713.524,09

Fonte: Secretaria Municipal de Finanças – SEMEF, ano 2014-2018.

APÊNDICE 5 – SÃO PAULO

PLANILHA 13 – EDUCAÇÃO INFANTIL EM R$

Ano	Dotação autorizada	Dotação empenhada	Dotação liquidada	Saldo não liquidado diminuído dos empenhos não processados	Percentual de não execução da dotação autorizada
2014	1.659.627.961,70	1.369.033.058,81	1.301.910.429,86	290.594.902,89	17,51%
2015	1.770.108.138,98	1.665.171.161,54	1.562.493.873,03	104.936.977,44	5,92%
2016	2.138.754.973,41	1.824.242.658,86	1.799.707.721,44	314.512.314,55	14,70%
2017	2.127.711.250,60	2.064.017.007,31	2.011.531.174,40	63.694.243,29	2,99%
2018	5.882.444.536,74	5.830.076.581,36	5.621.757.842,72	52.367.955,38	0,89%

Fonte: SOF, ano 2014-2018.

PLANILHA 14 – SANEAMENTO BÁSICO URBANO EM R$

Ano	Dotação autorizada	Dotação empenhada	Dotação liquidada	Saldo não liquidado diminuído dos empenhos não processados	Percentual de não execução da dotação autorizada
2014	169.455.125,37	160.880.250,68	143.063.473,84	8.574.874,69	5,06%
2015	178.403.393,96	166.052.413,52	142.529.736,06	12.350.980,44	6,98%
2016	181.413.874,54	165.020.754,99	148.692.728,43	16.393.119,55	9,03%
2017	185.563.503,87	149.560.36,98	128.914.727,53	36.002.666,89	19,40%
2018	166.936.478,73	141.536.431,26	123.528.273,95	25.400.047,47	15,21%

Fonte: SOF, ano 2014-2018.

PLANILHA 15 – SALDOS DOS EXERCÍCIOS ANTERIORES (SUPERÁVIT FINANCEIRO) UTILIZADOS PARA CRÉDITOS ADICIONAIS EM R$

Ano	Valores em R$
2014	386.309.946,77
2015	40.564.521,13
2016	0,00
2017	163.181.789,90
2018	128.894.873,05
2019	1.861.314.811,34

Fonte: SOF e Demonstrativos da Adm. Indireta, ano 2014-2018.

APÊNDICE 6 – GOVERNO FEDERAL

PLANILHA 16 – EDUCAÇÃO INFANTIL EM MILHARES DE R$

Ano	Dotação autorizada	Dotação empenhada	Dotação liquidada	Saldo não liquidado diminuído dos empenhos não processados	Percentual de não execução da dotação autorizada
2014	3.644.917,00	2.729.154,00	129.257,00	915.763,00	25,12%
2015	3.825.284,00	442.507,00	49.619,00	3.775.664,00	98,70%
2016	512.558,00	483.010,00	79.988,00	432.570,00	84,39%
2017	177.059,00	162.226,00	104.545,00	72.514,00	40,95%
2018	176.405,00	176.262,00	78.822,00	97.583,00	55,32%

Fonte: SIAFI, STN/CCONT/GEINFC, ano 2014-2018.

PLANILHA 17 – SANEAMENTO BÁSICO URBANO EM MILHARES DE R$

Ano	Dotação autorizada	Dotação empenhada	Dotação liquidada	Saldo não liquidado diminuído dos empenhos não processados	Percentual de não execução da dotação autorizada
2014	2.272.584,00	1.691.319,00	483.056,00	581.265,00	25,58%
2015	2.480.713,00	1.093.551,00	260.353,00	2.220.360,00	89,50%
2016	640.698,00	563.562,00	409.888,00	230.810,00	36,02%
2017	909.539,00	858.701,00	714.601,00	194.938,00	21,43%
2018	926.898,00	921.137,00	558.626,00	368.272,00	39,73%

Fonte: SIAFI, STN/CCONT/GEINFC, ano 2014-2018.

PLANILHA 18 – SALDOS DOS EXERCÍCIOS ANTERIORES (SUPERÁVIT FINANCEIRO) UTILIZADOS PARA CRÉDITOS ADICIONAIS EM MILHARES DE R$

Ano	Valores em milhares (R$)
2014	212.476.735,00
2015	7.958.396,00
2016	39.765.320,00
2017	34.687,00
2018	8.921.976,00
2019	5.891.624,00

Fonte: SIAFI, STN/CCONT/GEINFC, ano 2014-2018.

Esta obra foi composta em fonte Palatino Linotype, corpo 10
e impressa em papel Offset 75g (miolo) e Supremo 250g (capa)
pela Gráfica Laser Plus.